数字营销技术分析与应用

主　编　丁明华　孔　磊
副主编　秦笑梅　冯　蓉　张　燕

北京理工大学出版社
BEIJING INSTITUTE OF TECHNOLOGY PRESS

版权专有　侵权必究

图书在版编目（CIP）数据

数字营销技术分析与应用 / 丁明华，孔磊主编. -- 北京：北京理工大学出版社，2023.12
ISBN 978-7-5763-3273-5

Ⅰ. ①数… Ⅱ. ①丁… ②孔… Ⅲ. ①数字技术-应用-市场营销 Ⅳ. ①F713.50

中国国家版本馆 CIP 数据核字（2024）第 005383 号

责任编辑：李　薇	**文案编辑**：杜　枝
责任校对：周瑞红	**责任印制**：施胜娟

出版发行 /	北京理工大学出版社有限责任公司
社　　址 /	北京市丰台区四合庄路 6 号
邮　　编 /	100070
电　　话 /	（010）68914026（教材售后服务热线）
	（010）68944437（课件资源服务热线）
网　　址 /	http://www.bitpress.com.cn

版 印 次 /	2023 年 12 月第 1 版第 1 次印刷
印　　刷 /	唐山富达印务有限公司
开　　本 /	787 mm×1092 mm　1/16
印　　张 /	14.25
字　　数 /	324 千字
定　　价 /	72.00 元

图书出现印装质量问题，请拨打售后服务热线，负责调换

前　言

随着互联网的发展，数字经济成为经济发展的主要驱动力，所有行业都在追求数字化转型，企业面临着从生产制造、供应链、市场营销到内部管理等多方面的数字化升级。营销的数字化转型是企业数字化升级的重要突破口。数字营销将数字化技术与营销策略相结合，以数字化方式推广产品和服务，推动了企业市场营销的转型。尤其是近几年，数字技术为营销赋能的手段逐渐成熟，在多个领域与层面的实践中均帮助品牌营销实现了跨越式前进。

数字化推动营销的连续性创新变革，定将为营销行业带来全新的作业模式，因此，人才能力的提升迫在眉睫。

数字营销是一门创新性和实践性较强的学科，本书在编写的过程中，广泛调研了数字营销行业和企业主要岗位的职业技能要求及人才需求情况，借鉴了最新的数字营销相关理论，具有以下鲜明特色：

1. 坚持"知行合一、工学结合"，注重学生营销技能和职业素养的综合培养。本书总体设计思路是根据"工学结合"人才培养模式的要求，采用工作过程系统化课程的设计方法，按照数字营销工作项目和流程循序渐进地设计学习情境和任务，通过知识、技能、思政三维学习目标的构建，实现新商科人才社会主义核心价值观、职业道德、法律意识、工匠精神、创新精神、团队精神等综合素质全方位的培养目标。

2. 采用实战性强的实际项目编写教材。本书立足真实商业环境，通过大量案例操作和分析，设置相应的项目和任务，让学生真正掌握数字营销技术的方法和技巧。

3. "岗课赛训"一体化融通，助力学生职业技能提升。本书依据数字营销技术应用职业技能等级标准和专业教学标准编写，将学生必备的专业知识和技能与证书、竞赛项目要求的知识和技能对接，搭建"岗""课""赛""训"连通的桥梁，将职业素质培养融入课堂教学和比赛训练，实现以赛促教、以考促学的目标，打造良好的学习氛围，助力学生提升职业技能。

尽管编者在编写过程中力求准确、完善，但书中难免有疏漏与不足之处，恳请广大读者批评指正，在此深表谢意！

目　录

项目一　数字营销概述 ··· 1

案例引入 ··· 2
工作任务一　数字营销认知 ··· 4
工作任务二　数字营销岗位认知 ·· 10
工作任务三　数字营销理论基础 ·· 17
工作任务四　营销技术 ·· 23
自测题 ·· 35

项目二　数字互动营销 ·· 36

案例引入 ··· 37
工作任务一　目标客户洞察 ·· 37
工作任务二　互动营销渠道策划 ·· 44
工作任务三　互动营销方式策划 ·· 59
自测题 ·· 71

项目三　数字化营销转化 ·· 73

案例引入 ··· 74
工作任务一　营销转化路径设计 ·· 74
工作任务二　直播营销转化 ·· 83
工作任务三　促销活动转化 ·· 93
工作任务四　体验式营销转化 ·· 102
自测题 ··· 111

项目四　搜索排名优化——SEO　　113

案例引入　　114
工作任务一　搜索引擎原理　　115
工作任务二　关键词分析与挖掘　　127
工作任务三　网站分析　　137
自测题　　143

项目五　搜索竞价营销——SEM　　145

案例引入　　146
工作任务一　搜索竞价排名广告营销　　146
工作任务二　固定广告位品牌营销　　160
自测题　　166

项目六　推荐引擎营销——信息流广告　　168

案例引入　　169
工作任务一　推荐内容优化　　170
工作任务二　推荐引擎广告营销　　177
自测题　　191

项目七　数字营销效果分析与优化　　193

案例引入　　194
工作任务一　效果分析与评估　　195
工作任务二　数字营销效果优化　　210
自测题　　217

参考文献　　219

项目一　数字营销概述

学习目标

知识目标

- 了解数字营销的概念
- 了解数字营销的岗位职责
- 熟悉 4P 营销理论的要素
- 熟悉各类数字营销技术
- 掌握 4R 营销理论的要素

技能目标

- 能够阐述主要数字营销技术在营销活动中的应用
- 能够从社会、企业、消费者三个方面阐述数字营销的价值

思政目标

- 正确认识我国数字营销行业的发展情况，在数字营销认知与学习过程中培养民族自豪感与自信心
- 养成爱岗敬业、诚实守信的职业道德
- 把握数字营销理论与技术发展的新趋势，树立与时俱进、开拓创新的意识
- 积极参与数字营销活动的分析和讨论，增强数据思维和研判能力

案例引入

"三只小牛"携手"谷爱凌"掀起数字化营销增长热潮！

近两年，在消费升级导向和新冠疫情的冲击下，消费者对乳制品的需求持续提升，优质、高价的高端牛奶逐渐成为市场新宠。商业咨询公司 Frost Sullivan 的统计数据显示，高端牛奶在中国液奶市场中的占比逐年提升，2009—2013 年高端牛奶零售额由 179 亿元增至 417 亿元，2020 年已突破 800 亿元，并且未来几年将继续维持 5%~15% 的增长高位。

面对高端牛奶持续升温的市场趋势，除特仑苏、金典两大龙头在不断地抢占市场份额外，众多新玩家也闻风而动，纷纷入局赛道，点燃常温牛奶市场"高端化"的战火。在头部乳企夹击、区域乳企围攻的背景下，作为"新生牛犊"的"三只小牛"，成立不久便实现品牌资产亿量级别增长。那么，它的突围思路是什么呢？

1. 洞察消费趋势重磅登场，借助数字化营销高速发展

定位中高端功能牛奶的"三只小牛"，是蒙牛新推出的子品牌。在消费者从"喝到奶"向"喝好奶"进阶的过程中，"三只小牛"以"选奶先选牛，好牛自然产好奶"的全新理念，打造荷斯坦系列、A2 系列及娟姗系列三大战略产品线，开辟了一条以奶牛为核心的差异化突围赛道。在消费升级的催化下，乳制品的需求呈现出多元化、特色化、功能化趋势。"三只小牛"精耕细分领域，根据目标人群需求，瞄准功能化消费场景，提供更具针对性的营养解决方案。荷斯坦系列满足大众人群日常的健康需求，A2 系列满足消费者为自己、爱人和孩子健康强化的高品质营养需求，娟姗系列提供针对性的功能需求——改善健康状态，为目标消费者提供优质和注重细节的产品。

随着品牌对消费者的信息传播和同消费者的沟通趋向线上化，消费者对线上渠道的信任感增强，数字营销形式不断崛起。越来越多乳企将营销方式从实体门店转移至线上，借助微信生态实现产品推广和市场扩张。在此背景下，"三只小牛"携手微盟布局私域渠道，通过朋友圈广告吸引消费者关注与传播，在私域渠道完成消费群体渗透，培养消费者认知，进而引导消费者进入小程序商城实现转化。借助全链路数字化营销打法，助力品牌实现品效协同增长！

2. 谷爱凌广告高势能吸睛，聚拢流量强势种草目标客群

疫情期间，随着用户在社交平台停留的时间越来越长，乳品宣传在社交平台的投放力度也持续增加。在纷繁的信息流中，通过全渠道丰富媒介投放，可以满足品牌强曝光需求，但如何将庞大的公域流量转化成高潜消费群体，是品牌推广的关键问题。为此，"三只小牛"选择携手微盟进行朋友圈广告投放，将微信生态内庞大的公域流量引流进品牌私域阵地，并配合智能人群定向工具，实现目标群体的快速转化。

2019 年，蒙牛与谷爱凌正式签约，宣布谷爱凌成为蒙牛品牌的代言人。2022 年 2 月，借势热搜霸榜的明星运动员谷爱凌，蒙牛旗下子品牌"三只小牛"开启了朋友圈广告的强曝光之旅，构建起品牌与用户之间深度连接的纽带。谷爱凌刷屏后，在社交媒体掀起一股热浪。蒙牛子品牌"三只小牛"随即借势推出朋友圈卡片广告，通过"问鼎冰雪之巅""为爱选牛，万里挑一"的主题文字和谷爱凌充满朝气的形象，传递出"三只小牛"的实力、功能、理念，助力产品跟随代言人的步伐高调出圈。

在视频广告中，通过闪动、霸气的画面和"宝藏女孩、凌空傲雪、牛牛牛"等充满元气的文案，搭配"0元品鉴'妈咪选牛'A2纯牛奶，成为珍牛品鉴官"活动，将谷爱凌的强大实力、拼搏精神与蒙牛所传递的"天生要强""牛牛牛"精神高度契合，唤起消费者情感共振，成功建立起代言人与"妈咪选牛"A2纯牛奶产品之间的强关联度，放大了蒙牛与谷爱凌合作的影响力。

3. 科学决策投放策略，锁定目标客群

在广告投放初期，微盟广告团队结合"三只小牛"的品牌定位，对"白领""保健养生""饮品"等相关标签的人群设置定投，并根据已购用户的行为、兴趣、年龄等数据进行多维度匹配，进行种子人群建模，帮助账户积累数据量，进行更大范围的人群画像分析（见图1-1）。

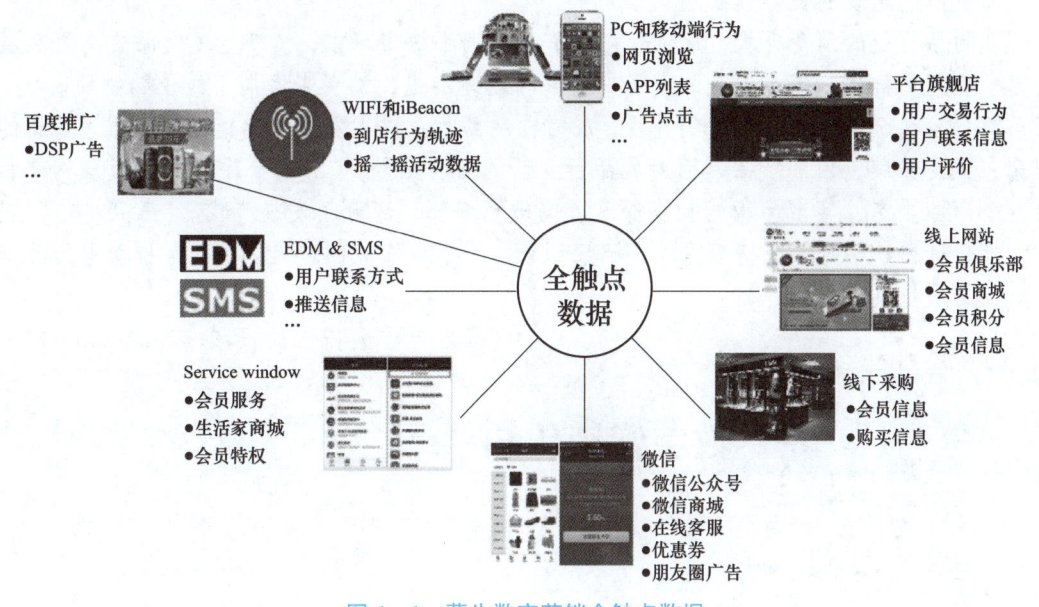

图1-1 蒙牛数字营销全触点数据

投放期间，"三只小牛"利用罗卡定向智能工具，对"高消费""电子商务""谷爱凌""运动"相关标签的人群再次进行拓展优化，缩小基础定向范围，实现更高效的投放。同时，配合双出价、多创意、自动扩量等多种广告投放工具，有效提升了广告投放效果。通过明星代言人广告吸引目标人群关注后，微盟广告团队依托微信生态，助力"三只小牛"打通多元链路与高潜客群实现建联，完善用户对品牌的认知，并构筑品牌官方微信小程序商城助力转化，实现数字化营销闭环。进入存量时代以来，如何高效拓展、沉淀并服务好用户，充分发挥用户的长线价值已成为品牌主必须思考的问题。为此，在获客前期，微盟广告团队帮助"三只小牛"选用"朋友圈广告引流+企业微信沉淀"的链路，完成用户从产品认知、沟通答疑到建立信任的全流程，以高效、及时的优质服务体验，实现用户长期运营。

在该链路下，"三只小牛"通过朋友圈吸睛广告，导流用户进入落地页界面了解"珍牛品鉴官"招募令活动，并通过"免费领取一箱牛奶"的福利优惠，吸引用户点击"申请成为品鉴官"按钮，添加企微好友进入品牌私域阵地。在后续的运营中，"三只小牛"聚焦中高端精致人群的兴趣点和心智层面的场景打造，通过让用户分享品牌故事的玩法，贯彻"好牛自然产好奶"的品牌主张，深耕"健康"和"优质"的圈层文化意志，实现用户对品牌的认知加深，投资回报率（Return on Investment，ROI）提升转化。

4. 朋友圈广告+小程序商城链路助力转化

微信小程序，因其可实现的场景之丰富，承载的想象之大，越来越受广告主重视。在获客后期，"三只小牛"携手微盟广告团队搭建了"朋友圈广告引流+小程序商城转化"的全链路营销路径，缩短交易转化过程，大大降低流量及获客成本。在该链路下，"三只小牛"通过明星吸睛外层广告、"下单赠199元开年礼包"的优惠福利等，吸引用户点击广告一键转化。直购的营销链路将品牌从产品到消费者之间的连接，用可视化的数据形式呈现，并应用在实时交互的营销场景中，构建起品牌的全链路数字化商业闭环，助力品牌实现品效协同增长的良好效果。

乳制品行业的消费升级，意味着在传统的高端牛奶市场中，又产生了对品质有更高层次需求的消费群体。而在传统的市场渠道红利逐渐消退，消费者倾向于线上购物的时代，乘风而行实现全链路数字化营销升级，成为乳制品行业进入发展快车道的重要推手。新的理念、新的品牌、新的产品，面对乳品行业新的增长热潮，"三只小牛"携手微盟构建私域电子商务生态，实现品牌的初步探索、突破与增长，迈开了发展步伐。"三只小牛"表示，未来将在数字营销中持续深入，积极创新，为市场发展创造更多可能，推动中国乳制品行业高质量发展。

（资料来源：中国商报网，2022-03-17）

工作任务一　数字营销认知

一、数字营销的含义

自20世纪90年代中期以来，随着互联网的广泛应用，大众参与度大幅提升，数字科技在突破传统传播技术的基础上创造出庞大的数字媒体渠道，消费者的生活方式也发生了巨大的变化，进入了由美国学者尼葛洛庞帝在1996年提出的"数字化生存"的新阶段。在这样的背景下，传统的营销模式已跟不上时代的步伐，适用于互联网时代的数字营销应运而生并快速发展，逐渐走向成熟。数字营销理论的发展与互联网的商业化应用基本同步，最早可以追溯到1994年。数字技术日新月异，数字营销工具层出不穷，数字营销研究也在不断向前发展，目前数字营销理论"大厦"已经颇具规模。那么，什么是数字营销呢？对于数字营销的定义，专家学者莫衷一是，随着时代的变迁和技术的发展，数字营销的内涵和外延也在不断更新。

结合数字营销现在的发展动态，本书将其定义为：借助互联网络、计算机通信技术和数字交互式媒体来实现营销目标的一种营销方式。它以一种及时的、定制化的和节省成本的方式与消费者进行沟通。数字营销利用先进的数字技术，以最经济有效的方式谋求新市场的开拓和新客户的优化。数字营销包含很多网络营销应用中的技术与实践，但范围更加广泛，既包括电视、广播、短信等非网络渠道，也包括社交媒体电子商务平台、搜索引擎等网络渠道。

数字营销的目标是让企业用最低的成本和最快的速度走向市场，满足客户的需求。数字营销充分发挥了现代通信技术、计算机技术的巨大作用，把营销的全过程都置于现代通信技术和计算机技术的掌控之下，让企业的神经遍布产品营销的每个角落，让企业营销的每一个终端都布满产品营销的传感器，从而改变企业和营销之间的信息不对称状态，实现每件商品销售可统计、市场变化可预知，从而达到用数字营销来指导企业的生产，用数字营销来指导营销策略的制定和实施，即帮助企业在市场经济商战中呈现"知己知彼，百战不殆"的良好态势。

数字营销不仅仅是一种技术手段的革命，而且是包含了更深层的观念革命。它是目标营销、直接营销、分散营销、客户导向营销、双向互动营销、远程或全球营销、虚拟营销、无纸化交易、客户参与式营销的综合。数字营销赋予了营销组合以新的内涵，其功能主要有信息交换、网上购买、网上出版、电子货币、网上广告、企业公关等，是数字经济时代企业的主要营销方式和发展方向。

二、数字营销的特点

1. 更优秀的集成方式

一方面，数字营销实现了前台与后台的紧密集成，这种集成是快速响应客户个性化需求的基础，也是一种从商品信息采集到商品销售及售后服务全程的营销渠道。另一方面，企业可以借助数字营销对不同的营销传播活动进行统一设计规划和协调实施，避免因缺乏一致性而产生消极影响。

2. 更个性化的营销服务

品牌和广告宣传有个性才能被人记住，被人记住了才能带来营销效果。以往传统的营销模式虽然也可以达到推广的目的，但是往往与个性化缺少关联。数字营销则不同，它既能够按照客户的需要提供个性化的产品，也能够跟踪客户消费习惯和爱好，为其推荐相关性高的产品，是一种更人性化的精准营销模式。"新常态"下的营销升级如图1-2所示。

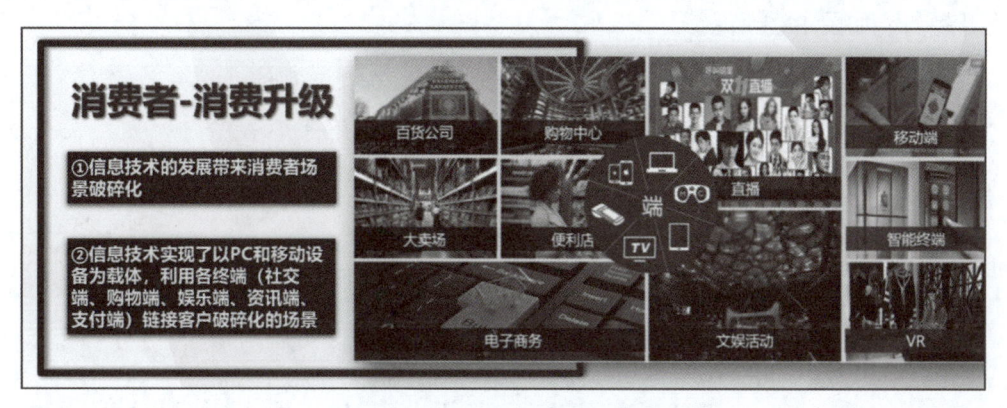

图1-2 "新常态"下的营销升级

3. 更丰富的产品信息

数字营销可以提供详尽的产品信息，包括尺寸规格、技术指导、使用方法以及保修信息等，同时还能对常见问题提供解决方法。用户可以通过网络更为方便快捷地获取相关信息。因此，数字营销能有效提高客户对企业、品牌和产品的好感度。

4. 更精准的营销方式

不同的企业和品牌都有自己独特的目标客户群体，通过数字营销的社群化运营方式，企业可以将品牌的潜在客户集中起来，以使每一次营销推广都能精准地面向这些有可能购买自己产品的客户，有效促成购买和转化。同时，通过分析营销数据，还能进一步了解潜在客户的关注点和兴趣爱好，使营销活动更有效。

5. 更低廉的成本

在互联网上发布信息，费用相对低廉；通过网络渠道直接采购产品，可缩短分销环节；通过数字营销推广方式可拓宽销售范围，节省促销费用，从而降低成本，提高产品竞争力。数字营销可以确保访问企业网站的大多数人是对此类产品感兴趣的客户，使受众更精确，减少无用信息的推送，节约推广费用，还可以依据订货情况来调整库存量，降低库存费用。

三、数字营销的价值

1. 社会价值

（1）数字营销成为经济发展的新引擎。《第 50 次中国互联网络发展状况统计报告》（以下简称《报告》）的数据显示，截至 2022 年 6 月，我国网民规模达 10.51 亿，互联网普及率达 74.4%，网民人均每周上网时长为 29.5 小时，网民使用手机上网的比例达 99.6%。数字营销作为数字经济的重要组成部分，在促进消费市场蓬勃发展方面正发挥着日趋重要的作用。

互联网应用持续发展。其中，短视频增长最为明显。从《报告》数据看，截至 2022 年 6 月，我国短视频用户规模达 9.62 亿，较 2021 年 12 月增长 2 805 万，占网民整体的 91.5%；即时通信用户规模达 10.27 亿，较 2021 年 12 月增长 2 042 万，占网民整体的 97.7%；网络新闻用户规模达 7.88 亿，较 2021 年 12 月增长 1 698 万，占网民整体的 75%；网络直播用户规模达 7.16 亿，较 2021 年 12 月增长 1 290 万，占网民整体的 68.1%；在线医疗用户规模达 3 亿，较 2021 年 12 月增长 196 万，占网民整体的 28.5%。数字广告市场规模呈总体上升趋势，如图 1-3 所示。

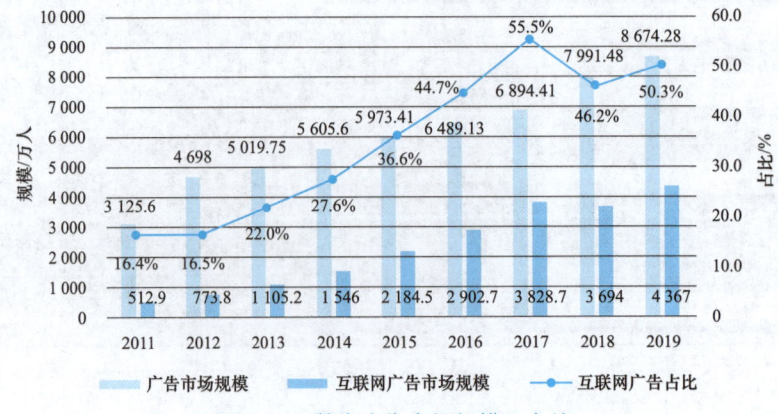

图 1-3 数字广告市场规模及占比

（2）数字营销发展催生了新职业。伴随着数字经济的深入发展，诸多传统行业的商业逻辑发生了改变，出现了大量新的就业机会。近几年，我国人力资源和社会保障部联合国家市场监督管理总局、国家统计局向社会发布多批新职业信息，与数字营销相关的新职业如表1-1所示。

表1-1 与数字营销相关的新职业

批次	职业名称
第一批	人工智能工程技术人员、物联网工程技术人员、大数据工程技术人员、云计算工程技术人员、数字化管理师、农业经理人等
第二批	连锁经营管理师、供应链管理师、网约配送员、人工智能训练师、全媒体运营师等
第三批	区块链工程技术人员、互联网营销师、信息安全测试员、区块链应用操作员、在线学习服务师等

2. 企业价值

在当前企业的数字化进程中，数字营销发挥着推动与借鉴的作用。在大企业迫切进行转型、中小企业不断成长的数字化环境下，如何抓住时代机遇，打破认知天花板，拓展服务边界，不仅对数字营销提出了更高的要求，也是企业实现升级乃至蜕变的良好机会。数字营销以技术和数据为依托，积极主动赋能和服务企业数字化，在企业数字化转型发展当中扮演着越来越重要的角色。目前，数字营销对企业的价值主要体现在以下六个方面：

（1）基础流量。数字营销的目的是帮助企业解决营销当中存在的实质性销售问题，帮助企业或品牌对基础流量进行更好的维护和建设，使其保持稳定，实现稳步增长。

（2）用户增长。数字营销是一种主要运用技术手段来实现品牌传播与营销的方式，通过大数据分析等技术进行精准化、个性化的信息推送，最终实现营销目的。在此过程中不断扩大品牌声量，拉动用户增长，扩大品牌的消费者体量。

（3）私域流量。随着流量红利逐渐消失，公域流量的获客成本越来越高，私域流量获得了全方位的关注。利用数字营销的一些方式方法，如直播带货、小程序营销等，可以将公域流量转变为私域流量，形成属于品牌本身的私域流量池，从而进行更好的维护和运营，实现品牌的长期价值。

（4）数据分析。数字营销与数据息息相关，没有大数据作为坚实的基础和支持，数字营销的精准性就无从谈起。因此，在数字营销的过程中，数据量和分析技术至关重要。通过对大量数据进行有效分析，能够清晰洞察和判断品牌消费者的兴趣爱好、行为习惯等，对后期的个性化品牌传播与营销起到了基础性作用。

（5）内容营销。在碎片化的信息环境下，信息的内容价值显得更加重要。因此，越来越多的品牌开始将"内容营销"作为品牌的一个核心营销战略。例如，用于展示产品功能、企业形象的品牌商业广告就属于主流的内容营销方式之一。无论是品牌本身还是代理公司，都在思考如何进行内容营销，如何讲述品牌故事，而数字营销通过直观的数据分析和洞察，能够为内容营销的价值点提供充足的支撑，从而为品牌内容营销提供坚实的条件和基础。

（6）活动运营。数字营销能为品牌活动运营提供更多维的数据支撑，从而推动活动运营的顺利开展。总体而言，数字营销对传统企业的数字化建设与升级具有重大价值，不仅能为企业提供更好的营销策略与服务，也能为企业的数字化转型与升级提供更多的参考。

对于众多企业而言，数字营销正在展现着超强的活力，也赋予企业及品牌更多的可能性。与企业数字化转型升级的路径相同，随着技术、方式、方法的升级与迭代，数字营销需要进行更多的创新，确保能持续引领企业和品牌发展。

3. 消费者价值

数字营销不是单方面将信息推送给潜在消费者，而是与消费者建立对话。这意味着企业既是信息提供者，也是信息接收者。通过数字营销，消费者可以在购买的各个阶段与企业进行互动。

（1）购物便利。随着数字营销技术的发展，推荐引擎和搜索引擎越来越理解用户的需求，不仅能基于消费者行为分析进行个性化推荐，而且能基于消费者搜索行为进行有效展示。消费者可以根据自己的兴趣和爱好大范围地搜索和选择商品，数字营销缩短了消费者购买路径，提供了更多、更便利的购买场景。

（2）价格实惠。一方面，基于大数据能够实现广告的精准投放，数字营销降低了商品的推广成本；另一方面，消费者可以方便地利用网络获取商品信息和比价，使同类商品价格显性化、透明化。因此，消费者可以获得更加实惠的价格。

（3）促销手段多样。数字营销技术的应用，使各种场景下促销活动的种类越来越丰富。消费者可以根据自己的需求，选择最有利的促销方案。例如，可以通过关注店铺获取优惠券，也可以参加跨店铺满减活动，还可以选择拼团、转发分享优惠等活动。

（4）提升消费者体验。随着消费形态的迭代更新，企业把消费者视为核心并以此布局，营造优质的消费体验，既让品牌高速增值，也让消费者不断提升获得感。例如，以互联网为依托，通过运用大数据、人工智能等先进技术手段，使线上服务、线下体验，以及现代物流深度融合，消费者可以线下体验，线上购买。

（5）满足消费者需求。数字营销不但能够满足消费者需求，而且可以创造消费者需求。通过对用户行为的具体数据分析、智能判断、精准直达用户内心，甚至可以做到比用户本人还了解用户；融合企业的服务和产品，与用户的需求自动匹配，进行连接，创造更深层次的消费者需求，激发购买欲望。

拓展阅读

数字营销在中国的发展历程

从理论上讲，自1997年第一代互联网技术开始，数字营销的发展序幕就拉开了，但数字营销的专业化程度明显提升并为企业广泛应用应该是从2000年开始的。从2000年到2021年这20多年间，数字营销大致经历了四个阶段（见图1—4）。

第一阶段，营销形式数字化（2000—2010年）

这个阶段从互联网应用普及开始，主要是营销形式的数字化。在这个阶段，数字化营销还没有形成清晰的脉络和固定的方法，突出表现为：企业网站建设发展迅速，专业化程度越来越高；网络广告形式不断创新，互联网应用不断发展；搜索引擎营销发展，形成了

■第一阶段 营销形式数字化（2000—2010年）

■第二阶段 以流量增长为核心的数字营销成为主流（2011—2017年）

■第三阶段 建立全域数字化生态（2018—2019年）

■第四阶段 加速以数字化生态为核心的企业营销模式转型（2020年以后）

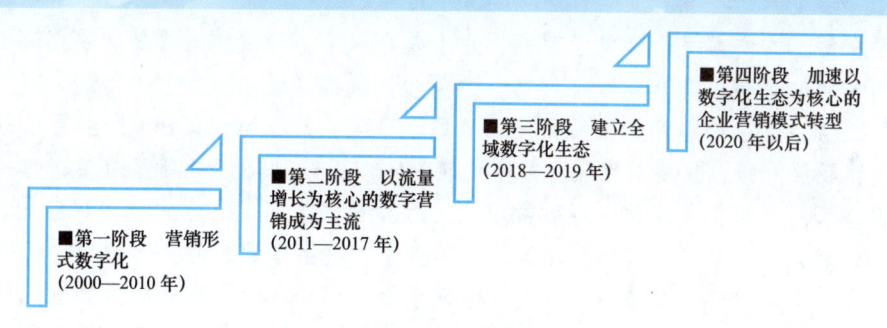

图1-4 数字营销发展的四个阶段

基于自然检索的搜索引擎推广方式和付费搜索引擎广告等模式；网络论坛、博客、RSS、聊天工具、网络游戏等网络介质不断涌现和发展。但只有少数大型知名消费品品牌（如宝洁、联合利华等）才会去尝新，比如建立企业网站或品牌体验网站，做SEO、论坛等。网络营销形式如图1-5所示。

第二阶段，以流量增长为核心的数字营销成为主流（2011—2017年）

图1-5 网络营销形式

在早期，流量增长来得轻而易举，只要品牌方愿意付出一定的成本，一般都能获得很好的投资回报，当时衡量数字营销活动有效性的主要指标之一就是流量的增长。同时，这个阶段的营销方式变化非常快，从传统网络广告的引流到社交媒体的出现，从微博到微信，再到抖音、快手短视频，数字化的媒体风向每1~2年就变一次。在这个阶段，品牌方最缺的就是流量。有流量，就有商业潜力，就能产生高市值，然后就可以拿到比较高的投资。所以以争夺用户为主要目的的营销活动到最后就反映到争夺流量上。品牌之间展开激烈的竞争，通过补贴用户，短时间内将利润以补贴的方式回馈用户，获取用户的关注，增强用户对品牌的黏性。2017年是支付宝和微信的补贴大战元年，这场战役其实就是阿里巴巴和腾讯为了争夺手机支付用户，让用户养成移动支付习惯的大战。为了形成用户群迅速扩大的规模优势，同样的补贴大战也发生在滴滴和Uber之间。谁抢到了用户，形成了流量优势，谁就在某个领域有了发言权。

第三阶段，建立全域数字化生态（2018—2019年）

近几年，以流量争夺为主要目的的现象已经少了很多。各大品牌方逐渐意识到流量的争夺终究是个红海，争抢流量就如价格战一样，终究是不可持续的，也成不了企业获得长远发展的核心竞争力。今天的企业主和品牌方，已经开始构建属于品牌自己的数字化生态。"全域"这个词代表着今天数字化渠道的多样化，媒体渠道和信息的碎片化，也意味着品牌和消费者进行沟通的介质和方式的广泛化。这也得益于社交媒体在中国的百花齐放和近几年的蓬勃发展。从最早的BBS、论坛、门户网站到今天的微博、微信、视频网站、短视频平台，以及垂直类的知识分享和内容创造平台，所有这些互联网平台都在抢占用户的时间和注意力。所以在这个阶段，企业要注重构建全渠道的数字化营销方式，用所有可能和消费者接触的渠道和用户进行双向的沟通和交流，要有自己的官方网站、公众号、意见领袖，还要有第三方交易平台和电子商务，线上整合线下，形成端对端的营销闭环。

第四阶段，加速以数字化生态为核心的企业营销模式转型（2020 年以后）

疫情之后，企业纷纷开始推动数字化转型。今天，几乎所有 CEO 的主要目标都是：我要转型，我要升级，我要数字化。数字化转型一定是从顶层设计到落地实施的一整套商业流程改造，涵盖员工数字化、经营数字化、营销模式数字化和客户体验数字化。

在云计算、大数据、人工智能发展的大趋势下，数字营销成为企业数字化转型升级中最核心、市场受众最广、发展潜力和发展空间最大的一个板块。现在的数字营销就是"一切始于用户，一切为了用户"，采取以用户为中心的策略加速商业模式创新，提升用户体验，以实现新的增长。

工作任务二 数字营销岗位认知

一、企业营销组织结构

数字经济是将信息化视为一种全新生产力的社会经济模式。品牌的数字化转型远不止营销与传播，而与整体的价值链和供应链重建休戚相关，管理权限的变革决定了品牌数字营销的走向，也使后者的组织结构发生松动，需要企业在既有营销体系之下整合数字部门，重塑内部的营销生态系统。企业数字营销部门是执行数字营销计划、服务市场购买者的职能部门。数字营销部门的组织形式受宏观市场营销环境，企业市场营销管理哲学，企业自身所处发展阶段、经营范围、业务特点等因素的影响。具体的数字营销部门组织结构如图 1-6 所示。

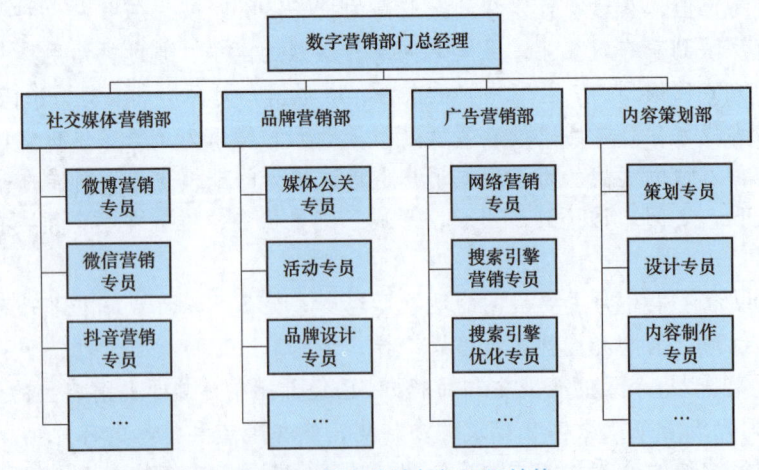

图 1-6 数字营销部门组织结构

二、营销类岗位群能力需求

数字经济时代，数字营销企业及服务商需要满足多元化的营销需求。通过对从前程无忧、智联招聘、Boss 直聘等专业招聘网站采集到的 30 万条数据进行智能语义识别和数据清洗，并借助企业访谈进行修正，中国商业联合会归纳总结出企业数字营销所需的六大类岗位：广告推广类岗位、互动营销类岗位、品牌运营类岗位、内容策划类岗位、APP 运营类岗位、营销策划类岗位（见图 1-7）。

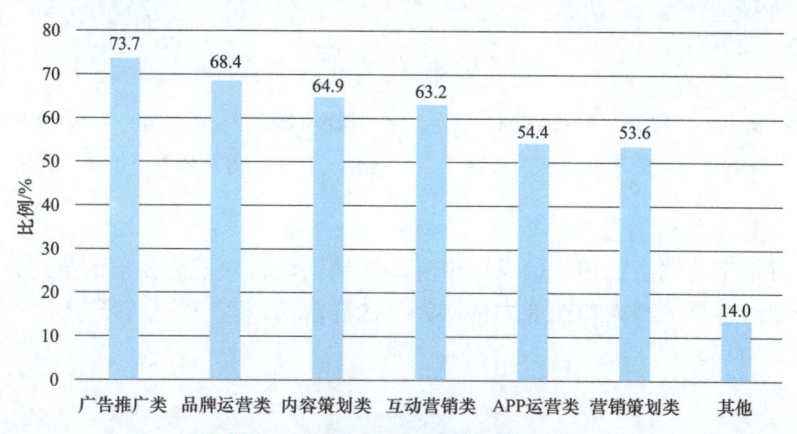

图 1-7 数字营销企业紧缺岗位群

1. 广告推广类岗位群能力需求

通过分析广告推广类岗位群对能力要求的描述，得出招聘此类岗位的企业最看重应聘人员的能力依次为：SEO 优化、信息流推广、SEM 推广、网站推广、网络推广、APP 推广、小程序推广、网络渠道推广。其中 SEO 优化、信息流推广、SEM 推广等主流推广模式占比较高，分别为 26.6%、23.0%、22.0%（见图 1-8）。

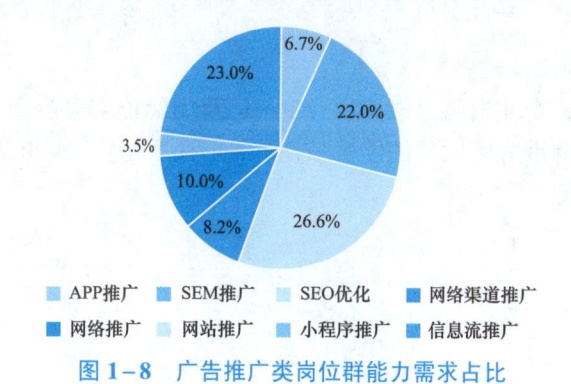

图 1-8 广告推广类岗位群能力需求占比

2. 品牌运营类岗位群能力需求

通过分析数字营销企业招聘信息库中品牌运营类岗位群对能力要求的描述，得出招聘此类岗位的企业最看重应聘人员的能力依次为：品牌宣传、品牌管理、品牌营销（见图 1-9）。

3. 内容策划类岗位群能力需求

通过分析数字营销企业招聘信息库中内容策划岗位群对能力要求的描述，得出招聘此类岗位的企业最看重应聘人员的能力分别为：内容策划、内容营销、视频策划与制作（见图 1-10）。

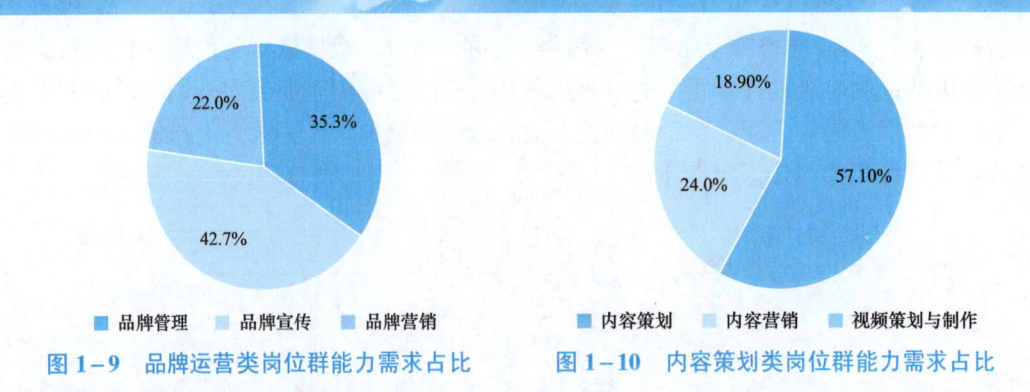

图 1-9 品牌运营类岗位群能力需求占比　　图 1-10 内容策划类岗位群能力需求占比

4. 互动营销类岗位群能力需求

通过分析数字营销企业招聘信息库中互动营销岗位群对能力要求的描述，得出招聘此类岗位的企业最看重应聘人员的能力依次为：社群营销、客户关系管理、用户运营、口碑营销（见图1-11）。

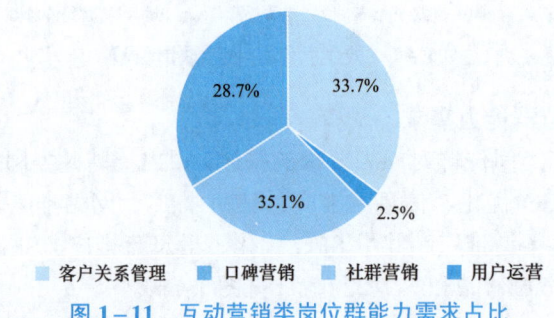

图 1-11 互动营销类岗位群能力需求占比

5. APP 运营类岗位群能力需求

通过分析数字营销企业招聘信息库中 APP 运营类岗位群对能力要求的描述，得出招聘此类岗位的企业最看重应聘人员的能力依次为：小程序运营、APP 运营、APP 活动运营、小程序活动运营（见图1-12）。

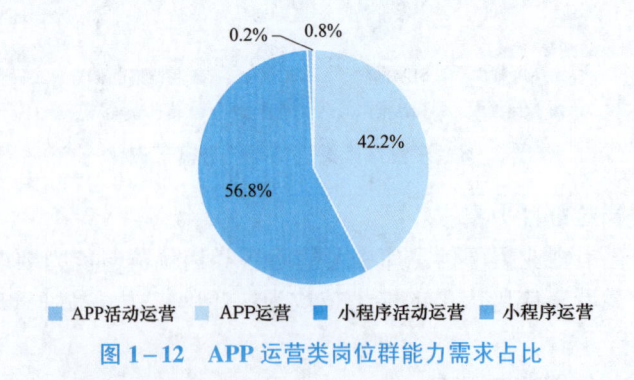

图 1-12 APP 运营类岗位群能力需求占比

6. 营销策划类岗位群能力需求

通过分析数字营销企业招聘信息库中营销策划岗位群对能力要求的描述，得出招聘此类岗位的企业最看重应聘人员的能力分别为：营销数据分析、网络营销策划、数字营销策划（见图1-13）。

根据岗位的不同，侧重点也会不同，需要的人才专业背景也会有相应的差异，比如营销推广、内容运营需要偏营销类的专业背景，而营销策划、品牌运营更需要数字类的专业背景。通过对招聘信息数据库的分析，具有市场营销、广告学专业背景的员工占比为 42.9%。这说明数字营销人才既要具备一定的营销专业知识，也要具有一定的广告学专业知识。

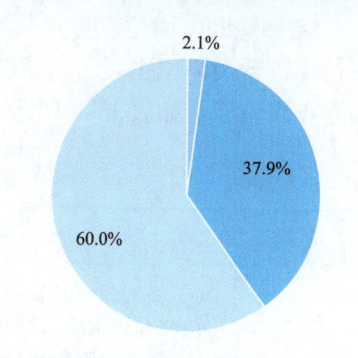

■ 数字营销策划　■ 网络营销策划　■ 营销数据分析

图 1-13　营销策划类岗位群能力需求占比

三、数字营销岗位职责

1. 广告推广类岗位职责

广告推广类岗位主要面向 SEO（搜索引擎优化）、SEM（搜索引擎推广）、信息流推广、APP 推广四大工作领域。广告推广类岗位职责如表 1-2 所示。

表 1-2　广告推广类岗位职责

工作领域	岗位职责
SEO	① 负责公司网站 SEO（百度、360、抖音等）；能够根据公司战略发展要求制定全面的搜索引擎优化策略，提升品牌词、核心词、长尾词的搜索引擎收录及自然排名；负责以搜索引擎优化为主的网络营销研究、分析与服务工作。 ② 负责网站的外部链接组织与软文宣传（包括微博、微信公众号以及其他第三方平台）。 ③ 负责研究竞争站点，深入挖掘用户搜索需求，改进 SEO 策略，不断提升业务关键词排名与整体搜索流量。 ④ 负责站内优化，制定行业网站各频道的 SEO 标准及策略并形成相应要求的文档，监督网站编辑执行并进行实时监控
SEM	① 负责搜索引擎推广账户的日常优化及管理工作。 ② 运用搜索引擎排名机制提高网站流量。 ③ 控制账户消费金额，通过合理运用账户资金实现广告预期效果。 ④ 统计每日的消费、流量数据，根据数据报告制定关键词优化策略和投放策略。 ⑤ 根据运营要求，灵活控制推广力度和资金投入，提高投资回报率
信息流推广	① 负责广告投放策划和优化策略的定制及执行，对投放数据进行监控和分析，并优化投放效果。 ② 熟练操作信息流推广等推广后台。 ③ 定期和搜索媒体沟通，了解产品变化并应用到推广方案中。 ④ 定期提供数据分析报告并找出相应的改进方法，保证信息流广告正常有效的推进。 ⑤ 监控和研究竞争对手及其他网站搜索营销策略，提前调整方案，不断优化账户，提高 ROI
APP 推广	① 负责应用市场优化（APP Store Optimization，ASO）。 ② 负责 APP 的渠道推广工作，以提升 APP 用户下载量和激活量。 ③ 根据公司要求制订有效的 APP 渠道推广计划并实施。 ④ 定期统计推广数据并进行有效分析，不断优化推广方案

2. 品牌运营类岗位职责

品牌运营类岗位主要面向品牌管理、品牌传播及品牌推广（营销）三大工作领域。品牌运营类岗位职责如表1-3所示。

表1-3 品牌运营类岗位职责

工作领域	岗位职责
品牌管理	① 根据公司品牌的不同发展阶段，提供品牌的整合营销及品牌建设战略规划，制定阶段化品牌推广目标和方案并落实。 ② 负责品牌与竞品的市场调研，把握行业及竞争对手的最新动态，制定应对策略。 ③ 拓展和策划各个主流广告平台的市场品牌活动，包括但不限于搜索引擎、信息流投放、小程序广告等付费或免费合作渠道，制定投放或合作的计划方案；监控投放渠道的流量和转化数据并开展分析，根据数据表现调整和优化投放
品牌传播	① 协助制定传播方针和政策，为部门管理与开展工作提供数据支持，保证部门稳定，品牌传播高效、专业化运行。 ② 负责新媒体资源整合优化、资源谈判及购买、媒体关系维护等工作，保证媒体资源满足策略计划，达到预期效果
品牌推广（营销）	① 组织实施媒体传播项目，协助在沟通中引入第三方监控资源，对媒体投放进行监控，保证投放的准确性并及时调整，确保年度媒体传播项目有序进行。 ② 在部门总预算的基础上，制订季度、月度媒体投放总结和预算调整计划。 ③ 按照精准投放预算，协助完成精准投放计划

3. 内容策划类岗位职责

内容策划类岗位主要面向文案内容策划和视频内容策划两大工作领域。内容策划类岗位职责如表1-4所示。

表1-4 内容策划类岗位职责

工作领域	岗位职责
文案内容策划	① 结合市场舆情和变动，主动挖掘客户公司产品的宣传卖点，策划合适的选题稿件。 ② 撰写日常宣传文案、推广文案、活动文案等营销文案。 ③ 能结合市场变化、客户需求和行业发展趋势，及时提出具有实际执行意义的方案。 ④ 配合市场部门的营销执行计划，完善文案创意，完成创意执行的具体工作。 ⑤ 负责整体创意文案的撰写工作，包含社交媒体账号内容发布、活动主题与标语设计、论坛软文创作等
视频内容策划	① 根据视频平台的产品特性，进行视频内容创作与筛选，能够跟踪与分析相关数据，不断为平台视频内容提供符合渠道传播的创意。 ② 有敏锐的市场嗅觉，能够跟踪与分析目标用户和竞品的变化趋势，并能够挖掘产品的可切入点。 ③ 研究视频热点话题和网络流行趋势，关注底层逻辑，深挖用户需求，拆解并提炼热门视频的亮点与框架。 ④ 深挖产品卖点，定位目标用户，洞察需求，创作以市场导向为核心的创意脚本。 ⑤ 与视频团队协同完成视频制作，跟进后期发布与投放。 ⑥ 跟进视频投放效果，分析数据，持续优化内容

4. 互动营销类岗位职责

互动营销类岗位主要面向社群营销、用户运营及客户关系管理三大工作领域。互动营销类岗位职责如表1-5所示。

表1-5　互动营销类岗位职责

工作领域	岗位职责
社群营销	① 锁定精准用户，通过微信、微博、论坛等工具带动社群扩展，有效实现用户拉新。 ② 组织策划社群主题活动，提升社群用户黏性及活跃度，搭建用户成长体系。 ③ 负责用户信息管理，保证沟通及时有效，通过对用户需求和反馈的收集整理推动产品改进，不断提高用户的满意度。 ④ 负责其他渠道新用户在社群内的分流与沉淀，提升社群客户黏性，定期形成社群运营分析报表
用户运营	① 负责KOL、核心用户和种子用户的运营，及时发现、挖掘、管理优质用户。 ② 设计运营活动方案，引入目标用户，提升用户活跃度，促进其购买产品。 ③ 制定并实施清晰的用户互动策略，通过持续互动转化潜在用户，提升公司及产品口碑。 ④ 负责收集用户的线上反馈意见，及时发现并处理问题。 ⑤ 完成"种子用户"人群画像库的建立
客户关系管理	① 建立并完善服务体系；对客户的触点页面和流程体验进行分析，结合客户洞察，定位挑战和机遇，提出优化和改进建议。 ② 负责开展客户体验调研，发现客户问题。调研形式包括但不限于问卷调研、客户及员工访谈、同业调研、数据分析等。 ③ 负责参与公司客户体验管理指标体系搭建，监控公司客户体验指标变化，落实客户体验指标管理。 ④ 参与客户关系管理体系的规划建设，包括体系架构、实施方案、系统建设的规划设计等；参与建立、优化、整合客户关系的相关流程，在系统层面落地并执行推广。 ⑤ 策划客户服务活动并负责方案的落地实施

5. APP运营类岗位职责

APP运营类岗位主要面向APP内容运营、APP活动运营及小程序运营三大工作领域。APP运营类岗位职责如表1-6所示。

表1-6　APP运营类岗位职责

工作领域	岗位职责
APP内容运营	① APP的专题栏目内容运营和专题策划，可围绕时下热点内容进行专题的策划及创作。 ② 负责社交平台内容运营和管理，优化UGC内容，积极与用户互动，鼓励并引导用户创作内容。 ③ 协调内外部资源，解决内容层面上的用户体验痛点。 ④ 优化用户体验，参与规划社交社区板块和产品功能设计，分析和学习竞品运营策略
APP活动运营	① 策划并推进各类APP线上活动、话题、专题等，提升用户活跃度并拉动用户增长。 ② 根据各方资源构思富有创意、迎合热点及节日的活动或进行专题策划。 ③ 负责推进营销活动，统筹协调活动资源，收集活动反馈并进行跟踪分析总结；对活动效果负责，完善活动方案

续表

工作领域	岗位职责
小程序运营	① 负责小程序的活动策划、产品运营、用户运营、数据分析。 ② 负责各场景、各品类差异化的梳理及沉淀，提升私域流量。 ③ 负责微信小程序矩阵的推广运营及购买转化，能够制定符合小程序用户增长的活动运营策略，增加用户黏性，打造有活力的高质量用户群。 ④ 制定分销机制，完善社群激励机制，挖掘核心粉丝并维护客户关系，提升核心用户的留存率和转化率。 ⑤ 负责小程序销售数据、商品规划数据、店铺日常数据等的监管及分析

6. 营销策划类岗位职责

营销策划类岗位主要面向内容营销策划和品牌营销策划两大工作领域。营销策划类岗位职责如表1–7所示。

表1–7　营销策划类岗位职责

工作领域	岗位职责
内容营销策划	① 根据品牌调性和不同平台的运营策略，搭建社交媒体内容矩阵，规划发布内容。 ② 独立输出营销内容，如选题、策划、文案、视频脚本、公众号文章等。 ③ 配合运营团队，根据平台运营活动节奏策划活动主题，跟进活动落地。 ④ 深入洞察消费者需求，分析运营数据和用户数据，及时复盘调整，提升用户量、阅读量和互动量
品牌营销策划	① 根据品牌策略独立策划品牌活动，整合内部资源以确保活动顺利落地，把控时间节点，按时完成工作进度。 ② 结合品牌年度规划、实时热点和行业趋势，围绕品牌定位输出创意内容，形式包括但不限于文字、图片、视频等。 ③ 进行跨品牌合作洽谈，制定符合品牌定位的可落地执行的合作方案。 ④ 追踪媒体投放效果，进行传播效果分析

拓展阅读

2020中国数字营销人才发展报告

中国广告协会发布了《2020中国数字营销人才发展报告》（以下简称《人才发展报告》），全面梳理了国内数字营销人才的发展现状、需求、痛点，以及人才培养与专业教育中的问题。同时，也为各方在数字营销人才建设中的作用和发力方向提出了建议。

1. 数字营销人才供给乏力

《人才发展报告》指出，数字营销已成为数字经济中的重要一环。截至2019年，互联网广告在整体广告市场中的占比已超过50%。伴随着行业的蓬勃发展，人才供给"断层"趋势明显，行业人才缺口持续扩大。据协会测算，2020年互联网营销人才缺口达1 000万，占行业人才总需求的2/3。超过六成的代理商和超过八成的广告主已感到行业人才"严重匮乏"。伴随着品牌对营销转化率需求的提升，与之相应的效果类、数据类、策划类岗位人才供需矛盾尤为突出，这在一定程度上制约了行业的创新发展。

2. 人才供需之间存在落差

广告主和广告代理商虽然在数字营销岗位设置上存在一定差异，但在人才需求上呈现出更广泛的共性。例如，营销师、优化师是各方最紧俏的人才资源，但招聘满意度整体较低。高校作为数字营销人才的重要供给侧，已陆续细分出数字营销方向并设置相关课程。但课程占比和师资力量等方面尚无法满足行业需求，同时缺少实践平台，导致毕业生经验不能满足企业需求。数字营销相关岗位分布如图1-14所示。

中国代理商提供的数字营销相关岗位分布

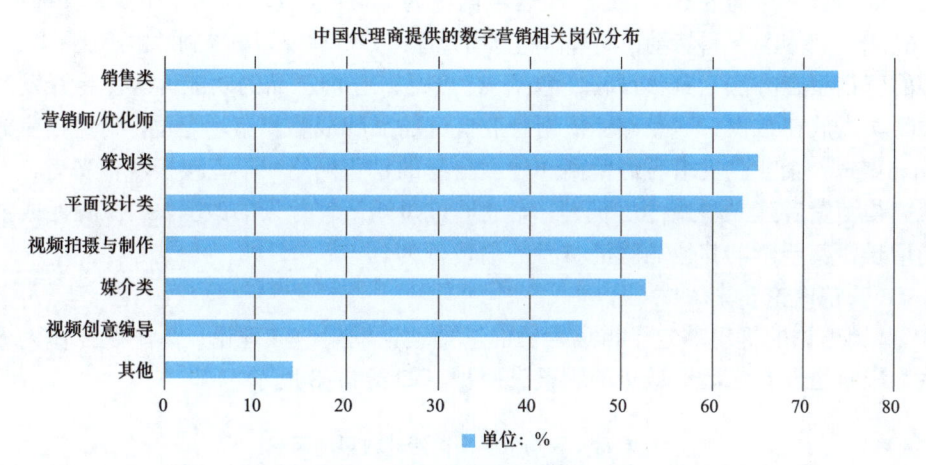

岗位	占比（%）
销售类	74
营销师/优化师	69
策划类	65
平面设计类	63
视频拍摄与制作	54
媒介类	53
视频创意编导	46
其他	14

图1-14 数字营销相关岗位分布

数据来源：中国广告协会

3. 设立人才标准，引导人才培养及进阶发展

《人才发展报告》指出，由于数字营销在媒体类型、媒体技术、评估方式等方面与传统营销存在本质差异，数字营销人才既要掌握营销通用技能，又要不断适应数字时代的变化常态。作为人才评估参考标准的中国广告协会和腾讯广告数字营销人才能力评估指标体系，也录入《人才发展报告》中。这一体系综合体现了数字营销从业者一级、二级能力指标，同时也指出了不同层级人才所需匹配的能力重点。

4. 多方协作推动行业人才建设

对于人才生态的整体建设，《人才发展报告》给出了政府、行业协会、企业和高校的不同分工及各自可发挥价值的建议。尤为重要的一点是联合参与各方实现协力，共同构建"政企学研用"一体化平台。

工作任务三　数字营销理论基础

4P、4C、4R理论是市场营销学的重要组成部分，对当前数字营销体系的构建和整体营销策划的实施提供了重要的理论依据。

一、以产品销售为导向的 4P 营销理论

1. 4P 营销理论

4P 营销理论是随着营销组合理论的提出而出现的。1953 年,美国营销学者尼尔·博登在美国市场营销学会的就职演说中创造了"市场营销组合"这一术语,意指市场需求或多或少地在某种程度上受到所谓"营销变量"或"营销要素"的影响。1960 年,美国营销学者杰罗姆·麦卡锡在其著作《基础营销》中首次将企业营销变量或营销要素归纳为四个基本策略的组合,即产品(Product)、价格(Price)、渠道(Place)和促销(Promotion),由于四个英文单词的首字母均为 P,故这一组合被简称为"4Ps",即通常所说的 4P 营销理论。

1967 年,菲利普·科特勒在其著作《营销管理:分析、规划与控制》中确认了以"4Ps"为核心的营销组合方法。具体而言,包括 a. 产品:强调产品的功能诉求,将开发产品功能与独特卖点放在首位;b. 价格:依据企业自身的品牌战略和市场定位,制定相应的价格策略;c. 渠道:企业注重培育经销商和建立自身的销售网络,不直接接触消费者,而是通过分销商与消费者建立联系;d. 促销:企业通过短期销售行为的改变,刺激和促成消费者消费的增长,甚至影响其他品牌消费者的消费行为。

2. 4P 营销理论要素

4P 营销理论的提出奠定了市场营销的基础理论框架。该理论以单个企业作为分析单位,认为影响企业营销活动效果的因素有两种,如表 1-8 所示。

表 1-8 影响企业营销活动效果的因素

因素类型	环境	内容
可控因素	内部	产品、价格、分销、促销
不可控因素	外部	社会、人口、技术、经济、环境、政治、法律、道德

企业营销活动的实质是一个利用内部可控因素适应外部环境的过程,即通过对产品、价格、渠道、促销的计划和实施,对外部不可控因素做出积极动态的反应,从而促成交易的实现并满足个人与组织的目标。换言之,如果公司生产出适当的产品,定出适当的价格,利用适当的分销渠道并辅之以适当的促销活动,那么该公司就会获得成功。所以营销活动的核心在于制定并实施有效的市场营销组合。4P 营销理论是对以下各种可控因素的归纳,如图 1-15 所示。

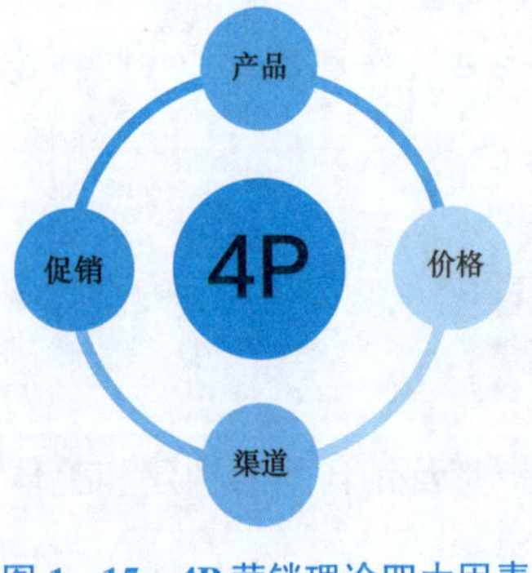

(1)产品策略。企业以向目标市场提供各种适合消费者需求的有形产品和无形产品的方式来实现其营销目标,包括对与同产品有关的品种、规格、样式、质量、包装、特色、商标、品牌,以及各种服务措施等可控因素的组合和运用。

(2)定价策略。企业按照市场规律通过制定或调整价格等方式来实现其营销目标,包括对基本价格、折扣价格、津贴、付款期限、商业信用,以及各种定价方法和定价技巧等可控因素的组合和运用。

图 1-15 4P 营销理论四大因素

（3）渠道策略。企业以合理选择分销渠道和组织商品实体运转的方式来实现其营销目标，包括对渠道覆盖面、商品流转环节、中间商、网点设置，以及储存运输等可控因素的组合和运用。

（4）促销策略。企业利用各种信息传播手段刺激消费者的购买欲望，以促进产品销售的方式来实现其营销目标，包括对广告、人员推销、营业推广、公共关系等可控因素的组合和运用。

二、以消费者需求为导向的 4C 营销理论

1. 从 4P 到 4C 的演变

随着市场竞争日趋激烈，媒介传播速度越来越快，4P 营销理论已无法完全满足当今时代的要求，以 4P 营销理论指导营销实践已经越来越难以适应新经济的需要。从本质上讲，4P 营销理论思考的出发点是企业。企业经营者要生产什么产品，期望获得怎样的利润而制定相应的价格，要将产品以怎样的卖点传播和促销，并以怎样的渠道销售。这忽略了顾客作为购买者的利益特征，忽略了顾客是整个营销服务的真正对象。

1990 年，美国学者罗伯特·劳特朋（Robert Lauterborn）提出了与传统的 4P 营销理论相对应的 4C 营销理论，促使 4P 营销组合向 4C 营销组合转变，具体表现为产品（Product）向顾客（Customer）转变，价格（Price）向成本（Cost）转变，分销渠道（Place）向便利（Convenience）转变，促销（Promotion）向沟通（Communication）转变，如图 1-16 所示。

4C 营销理论强调以顾客为中心，强调企业应该首先把追求顾客满意度放在第一位，产品必须满足顾客需求，降低顾客的购买成本。产品和服务在研发时要充分考虑顾客的购买力，充分注意到顾客购买过程中的便利性，并且应该以顾客为中心实施有效的营销沟通。4C 营销理论的提出进一步明确了企业营销策略的基本前提和指导思想，但从操作层面上讲，必须通过 4P 营销理论来具体运作，所以可以认为，4C 营销理论深化了 4P 营销理论。

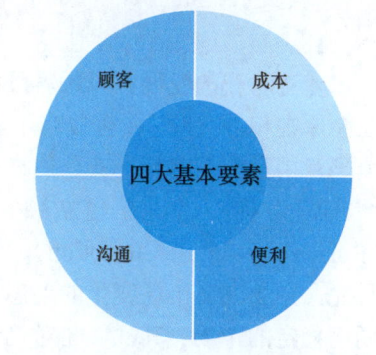

图 1-16　4C 营销理论四大基本要素

2. 4C 营销理论要素

4C 营销理论的核心是顾客战略。而顾客战略也是许多成功企业的基本战略原则，例如，沃尔玛以"顾客永远是对的"作为基本的企业价值观。4C 营销理论的基本原则是以顾客为中心进行企业营销活动规划设计，主要包含以下基本要素：

（1）顾客。企业必须先研究顾客，根据顾客需求来提供产品。企业提供的不仅是产品和服务，更重要的是由此产生的客户价值。顾客需求有显性需求和隐性需求之分，显性需求满足是迎合市场，隐性需求满足是引导市场。

（2）成本。4C 营销理论的成本不仅涉及企业的生产成本，而且包括顾客的购买成本。产品定价的理想情况应该是既低于顾客的心理价格，又能够让企业营利。此外，成本还包括购买和熟练使用产品的时间成本、学习成本、机会成本、使用转换成本、购买额外配件或相关产品成本等的总和。

（3）便利。便利是指为顾客提供最大的购物和使用便利。4C 营销理论强调，企业在制定分销策略时要更多地考虑顾客的便利性。要通过良好的售前、售中和售后服务，让顾客享受到便利。便利是客户价值不可或缺的一部分，它的目标是通过缩短顾客与产品的物理距离和心理距离，提升产品被选中的概率。例如，可口可乐处处皆可买到，驾校提供上门接送服务，都是产品便利性的体现。

（4）沟通。4C 营销理论认为，企业应通过同顾客进行积极有效的双向沟通，建立基于共同利益的新型顾客关系。这不再是企业单向的促销和顾客劝导，而是在双方的沟通中找到能够同时实现各自目标的方法。以顾客为导向更能使企业实现竞争的差异性，培养企业的核心竞争力。沟通更强调顾客在整个营销过程中的互动，在互动过程中，可以实现信息的传递和情感的联络。

4C 营销理论以顾客需求为导向，对市场营销组合涉及的四个基本要素进行了重新界定，它强调企业应当把顾客的满意度放在首位，其次是降低顾客的购买成本，同时应当对顾客购买的便利性予以足够重视，而不是从企业角度出发，以企业为中心进行营销活动的策划。最后应当以顾客为中心进行充分沟通，高效与高价值的沟通是企业不可多得的营销资本。

三、以关系营销为导向的 4R 营销理论

1. 从 4C 到 4R 的演变

随着时代的发展，以顾客战略为核心的 4C 营销理论也显现出局限性。当顾客需求与社会原则相冲突时，顾客战略不能很好地适应，从而 4R 营销理论应运而生。21 世纪伊始，美国营销学者艾略特·艾登伯格在其著作《4R 营销》中提出了 4R 营销理论。该理论以关系营销为核心，重在建立顾客忠诚。它阐述了四个全新的营销组合要素，即关联（Relativity）、反应（Reaction）、关系（Relation）和回报（Retribution）。4R 营销理论强调：首先，企业应在市场变化的动态中与顾客建立长久互动的关系，以防止顾客流失，赢得长期而稳定的市场；其次，面对迅速变化的顾客需求，企业应学会倾听顾客的意见，及时寻找、发现和挖掘顾客的渴望、不满及可能发生的变化，同时建立快速反应机制以针对市场变化快速做出反应；再次，企业与顾客之间应建立长期而稳定的朋友关系，从实现销售转变为实现对顾客的责任与承诺，以促进顾客再次购买和培养顾客忠诚度；最后，企业应追求市场回报，将市场回报当作企业进一步发展和持续建立市场关系的动力与源泉。

2. 4R 营销理论要素

4R 营销理论是一种以关系营销为核心，注重企业和客户关系的长期互动，重在建立顾客忠诚的理论。它既从厂商的利益出发，又兼顾消费者的需求，是一种更为实际、有效的营销理论。4R 营销理论主要包括以下关键要素：

（1）关联。即认为企业与顾客是一个命运共同体。在 4R 营销理论中，建立并发展与顾客之间的长期关系是企业经营的核心理念和重要内容。

（2）反应。在相互影响的市场中，对经营者来说最难实现的问题不在于如何控制、制订和实施计划，而在于如何站在顾客的角度及时倾听，进而从推测性商业模式转换为高度回应需求的商业模式。

（3）关系。在企业与顾客的关系发生了本质性变化的市场环境中，抢占市场的关键已

转变为与顾客建立长期而稳固的关系。与此相适应产生了 5 个转向：第一，从一次性交易转向强调建立长期友好合作关系；第二，从着眼于短期利益转向重视长期利益；第三，从顾客被动适应企业单一销售转向顾客主动参与到生产过程中；第四，从相互的利益冲突转向共同的和谐发展；第五，从管理营销组合转向管理企业与顾客的互动关系。

（4）回报。任何交易与合作关系的巩固和发展，都是经济利益问题。因此，一定的合理回报既是正确处理营销活动中各种矛盾的出发点，又是营销活动的落脚点。

4R 营销理论的最大特点是以竞争为导向，在新的层次上概括营销的新框架、根据市场不断成熟和竞争日趋激烈的形势，着眼于企业与顾客的互动与双赢，不仅积极地适应顾客的需求，而且主动创造需求，运用优化和系统的思想去整合营销，与顾客形成独特的关系，把企业与顾客联系在一起，形成竞争优势。其反应机制为互动与双赢，既为建立关联提供了基础和保证，也延伸和升华了便利性。在该理论中，回报兼顾了成本和双赢两方面的内容，追求回报，企业必然实施低成本战略，充分考虑顾客愿意付出的成本，实现成本最小化，在此基础上获得更多的市场份额，形成规模效益。这样，企业为顾客提供价值和追求回报二者之间相辅相成。同任何理论一样，4R 营销理论也有其不足和缺陷，如与顾客建立关联关系，需要一定的实力基础或某些特殊条件，并不是任何企业都可以轻易做到的。

3. 数字时代的 4R 营销理论

在数字时代，新的数字化营销方式对原有的营销模式进行了升级甚至是颠覆，新的概念、理论和科技应用不断涌现，数字营销人员既需要进行思维的转换，又需要实操的营销工具和可以"落地"的理论武器。

在数字时代，营销不仅要对"STP（市场细分、目标市场、市场定位）+4P"的传统思维模式进行升级，而且必须建立一套战略性的、可操作的、容易理解并可以精准概括的数字营销方法论。在此基础上，科特勒咨询机构以数字化为背景提出了数字时代的 4R 营销理论，他将营销的四大要素重新归结为：数字化画像与识别（Recognize）、数字化信息触达（Reach）、客户关系连接（Relationship）和营销关系交易与回报（Return），如图 1-17 所示。该理论虽然也是以关系营销为出发点，但它是一套基于互联网的数字化战略。这个战略以互联网技术和市场数字化为大前提，虽然有一定的局限性，但是它对互联网发展趋势的把握和重视，值得现代企业借鉴和学习。

图 1-17 数字时代的 4R 营销理论四大要素

（1）数字化画像与识别。数字化画像与识别是第一步，数字化时代之前主要是对目标消费者的整体分析，通过样本推测与定性研究的方法进行，而数字化时代最大的变化在于可以通过大数据追踪消费者的网络行为，如对 Cookie（储存在用户本地终端上的数据）的追踪，对移动数字行为的追踪，对支付数据和购物偏好的追踪等，这些行为追踪可以形成大数据用户画像，如图 1—18 所示。技术手段与营销思维的融合是数字时代最大的变化。例如，京东通过消费者画像，为其用户列出了 300 多个标签特征，而海尔的消费者画像则是一个包含 7 个层级、143 个维度、5 326 个节点的用户数据标签体系。

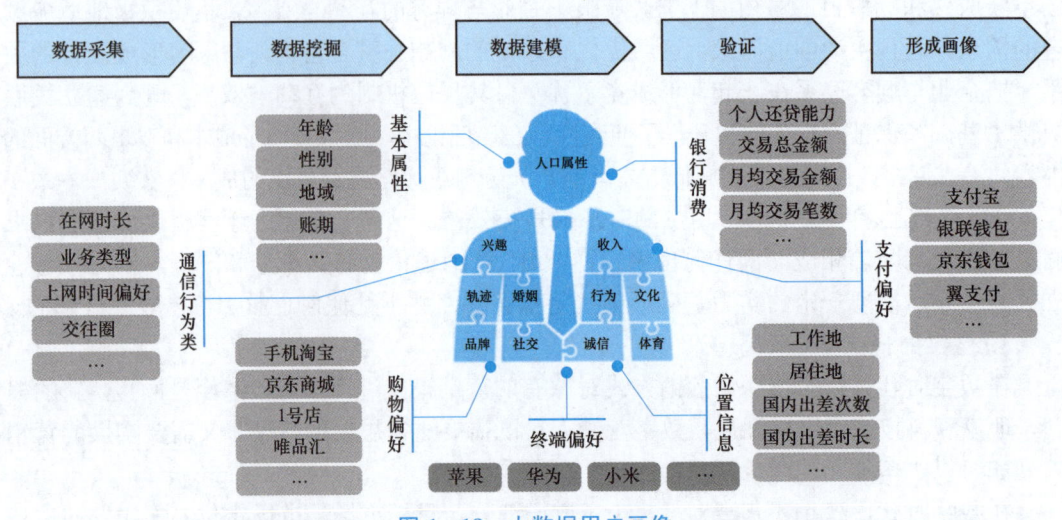

图 1—18 大数据用户画像

再如，最早做智能音箱的亚马逊一度认为其目标客户是白领。通过数据反馈才知道，美国最早的用户群体是家庭主妇。她们在做饭的时候，在花园里面享受阳光的时候，都会通过智能音箱播放音乐、菜谱或者与它对话。基于这个数据，亚马逊迅速调整了自己的营销战略，一度占领了智能音箱市场。

（2）数字化信息触达。数字化信息触达是第二步，也是绝大多数进行数字营销的企业实施 4R 营销理论的关键一步。以前触达消费者的手段在数字时代发生了变化，出现了 AR、VR、社交媒体、APP、搜索、智能推荐、O2O（Online to Offline，线上到线下）等多种触达途径。这些途径很多是数字化时代前所不具备的。如何基于消费者画像实施信息触达是企业进行数字营销的基础，让技术、数据与客户融合是触达的重点。

对于高科技产品来讲，核心在于找到产品社群，比如，大疆无人机的用户社群在哪里？有多少人？通过逐步触达这些社群，利用数字化的手段寻找自己的目标客户。所以，社群是信息触达客户的有效手段。

（3）客户关系连接。客户关系连接是第三步，也是信息触达的后续步骤。前两步只解决了瞄准、触达的问题，并没有实现客户资产转化，不能确保数字营销的有效性。最关键的一步在于数字营销"是否建立了持续交易的基础"，即社群的建立与发展。例如，小米活跃的品牌社群可以保证企业在"去中介化"的情境中与客户直接发生深度联系。客户关系连接就是帮助客户来实现自我，为企业积累客户资产。如何构建流量池和客户池，如何构建私域流量等，均属于客户资产这个范畴。

（4）营销关系交易与回报。营销关系交易与回报是第四步，也是最后一步，它解决了营销的回报问题。数字时代的 4R 营销理论的核心理念就是通过数据连接客户，进入电子商务平台或者数据化平台的每个页面中进行优化、改善，促成交易并获得回报。比如，可采用社群资格商品化、社群价值产品化、社群关注媒体化、社群成员渠道化、社群信任市场化等操作框架来实现客户资产变现。

根据该理论，数字营销最大的特点就是企业运用数据智能来做消费者运营（洞察消费者心理，影响消费者行为，衡量消费者变化）。消费者逐渐成为企业的一部分，最终实现数据赋能。企业只有以消费者为中心，精准地进行价值主张、重塑营销模式，才能走得更远。

拓展阅读

4C 营销理论在内容营销中的应用

对于希望生成面向消费者的有效产品信息的内容营销人员而言，4C 营销理论非常有价值。4C 营销理论可以帮助内容营销人员与受众建立联系，使消费者成为品牌的拥护者。

1. 顾客

内容应针对顾客，而不是公司。这意味着内容需要具备对顾客有意义的见解、技巧和新闻，供受众使用，以满足他们的需求。从实际角度看，顾客更有可能回头再看直接与他们相关而不是与公司相关的内容。例如，时装零售商应提供有关特定季节或活动的着装技巧，或是就潮流趋势和操作指南等方面给出提示。这种方法有助于与顾客建立持久的关系，不断吸引他们回顾并将他们转变为品牌的拥护者。

2. 成本

成本不仅包括产品的货币成本，而且包括使用产品的成本。在内容营销中，这意味着文章要易于阅读，要使用有吸引力的布局和正确的语言。例如，创建一个内容丰富且外观精美的网站，确保该网站易于浏览并且针对不同的屏幕和人群进行了优化。

3. 便利

在内容营销中，便利性将转化为消费者阅读内容的频率。许多因素都会降低这种便利性，如弹窗广告过多或移动设备缺乏优化。内容必须易于通过多种渠道访问，搜索引擎已得到良好的优化。

4. 沟通

互联网为内容营销商提供了多种选择，根据观众的需求，可以与目标受众建立交流连接。随着渠道选择不断增加，选择确保信息成功传播的渠道是沟通的关键。

工作任务四　营销技术

技术的发展为营销行业带来了全新的机遇和挑战。互联网的发展是影响营销技术变革的重要因素，它打破了原有的边界，包括时间和距离。品牌可以不受限制地与消费者进行联系；消费者也可以通过互联网接触不同的市场，在更广泛的产品中进行选择，准确找到他们所需要的商品。品牌可以同步获取消费者的信息,利用大数据技术更详细地了解消费者。

一、营销技术的含义

营销技术(Marketing Technology,简称 MarTech)也称营销科技,是由美国学者斯科特·布林克尔(Scott Brinker)在 2010 年提出的新理念。营销技术是术语"营销"和"技术"的混合词,指当今高度数字化的商业世界中营销和技术的交集。营销技术可以简单定义为技术对营销的赋能,或者是营销人员通过大数据等技术手段解决企业营销问题的工具与方法的集合,如图 1-19 所示。

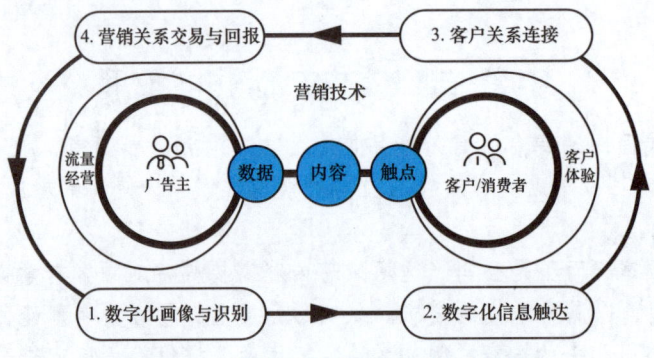

图 1-19 营销技术连接广告主与消费者

拓展阅读

数字化技术助力海尔零售转型升级的同时赋能下沉市场

互联网及数字化技术的飞速发展,对中国消费市场影响深远,下沉市场正释放全新的消费活力。

2月7日,海尔天猫优品 2023 年春季启动会在成都召开。会上围绕用户全流程最佳体验聚焦 2023 年全新战略方向,讨论数字化产品、数字化触点、数字化营销、数字化口碑和数字化运营五个方面的数字化转型升级。这标志着海尔智家正式拉开下沉市场 2023 年春季启动序幕。用领先的业务模式、业务策略、数字化体系全面赋能下沉市场转型升级,形成对用户的全圈层定制方案及最优体验,为行业开拓更广阔的发展空间。

一是优化数字化产品。通过聚焦高端,主推精品货品,更新迭代成套产品等,为用户展现更全面、更高品质的美好生活场景解决方案;并且通过产品迭代、权益升级、套系升级,优化数字化网络,精简系统流程,让用户想买就能买得到,而且买得又快又好,没有后顾之忧。

二是全域数字化触点。要深入挖掘下沉市场,布局上通过聚焦四类网络,在区/县建地标店,重点县/镇及核心商圈引入 A700 体验店,理想厨房聚焦前置用户需求,进驻还未开发的普通乡镇;通过完善建店体系支持,加快建店速度;打造四类样板店铺,实现建店流程标准化，在全国全面展开。

三是深化数字化营销。通过创新性活动、专注S级大促节点、内容创新等数字化营销体系，与用户精准交互，实现活动全量门店引爆和用户圈层的高声量传播。如在S级大促节点，充分运用兑呗系统，发放权益，运营用户；开发元宇宙系列产品，吸引用户关注；主推卡萨帝系列产品，实现高端突破等。

四是建设数字化口碑。通过"兑呗"实现线上提报、工单直连、评价闭环，优品门店可通过"兑呗"申请自卖自安自修授权，实现销售、服务一体化，保证用户得到高质量的售前、售后全流程服务；并且通过平台搭建实现口碑全流程可视，保证用户从进店到出店的全流程最优体验。

五是赋能数字化运营。围绕零售转型、用户最佳体验、最优效率，进行线上线下一体化、轻资产运营模式升级，2B及2C工作台开放，数字化显关差及专属组织服务。海尔在借助数字营销技术提升品牌影响力的同时，也为产品和市场赋能，确保产品和服务信息精准触达用户。由此可见，营销技术能全面驱动营销立体化和智能化，赋能企业快速发展。

（资料来源：中国财富网，2023-02-08）

随着互联网、移动互联网、大数据、人工智能等技术的发展，消费逐步实现了在线化。在企业和消费者之间，大量的技术被应用以来解决各种各样场景的问题，包括销售的场景、品牌塑造的场景、消费者沟通的场景。在这些场景中运用的所有技术和解决方案，就是营销技术。对于消费品行业，在产业价值链由"人找货"转向"货找人"的过程中，企业的市场营销以及客户运营能力在企业核心竞争力中占据了愈加重要的地位。通过科技辅助营销渠道，数字支持营销决策成为越来越多企业的选择。在此过程中，"营销技术（MarTech）"这一概念作为市场营销及科技的集合体，获得了越来越多的关注。不断涌现的新模式、新渠道、新技术为MarTech领域持续注入新的活力。尤其是在互联网流量红利逐渐消退、企业营销成本不断攀升、品牌竞争愈加激烈的大环境下，同精细化运营及追求稳定长效用户价值相关的刚性需求刺激了营销技术领域的进一步发展。

二、客户洞察技术

客户洞察是通过对客户情报的收集、整理和分析而对客户形成深刻理解。客户洞察技术可以告诉企业客户为什么会这样做，从而指导企业做出更好的业务决策，在客户和品牌之间建立良好的关系，提升客户的忠诚度。企业通过数据分析进行客户洞察，制定更有效的客户管理策略，优化面向目标客户发起的营销活动和互动行动。数据是对状态、事件和行为的记录，蕴藏着大量有意义和有商业价值的信息。客户洞察分析全流程如图1-20所示。

1. 客户聚类技术

发现数据中蕴藏的价值聚类是一种应用机器学

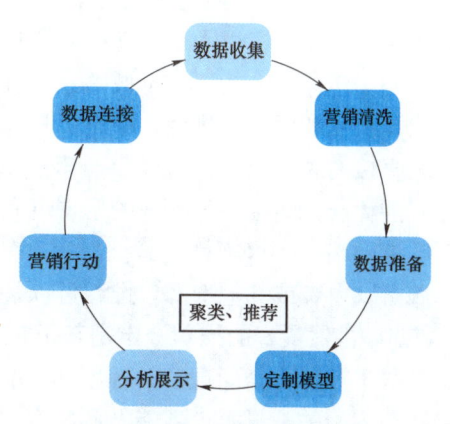

图1-20 客户洞察分析全流程

习算法的自动化数据分析技术，目的是从大量数据中发现可能的关联。如果说客户分层是基于相似的客户聚类技术的应用数据标签对客户进行划分，那么客户聚类就是应用机器学习的方法从大量数据中发现客户之间的相似性并实现自动归类的过程。聚类是一种强大的分析方法，在数据完备的理想情况下，能够对包含成百上千个标签属性的数据集进行编程计算和分析，从数据中发现具有相近个性特征和社群特征的客户族群。面向产品、品牌和行为的聚类是最常见的聚类分析应用。通过聚类模型发现的客户群体常用于指导具有针对性的营销策略设计。例如，从客户群体中找出谁最有可能购买新产品，发现对特定品牌感兴趣的群体。

（1）基于产品的聚类。产品聚类模型能够发现客户偏好购买的产品或产品组合，既可以很宽泛地发现不同产品品类之间可能存在的关联性，也可以很具体地研究某个特定产品与其他产品销量之间的关联性，从而帮助企业发现某类客户群与产品组合之间的购买关联性。产品聚类的发现能够帮助商家设计适合的产品推荐策略。例如，一个经营运动商品的在线零售商发现一些女性在购买儿童运动衣的时候也会给自己购买瑜伽服，这一发现有助于设计适合的产品组合促销。

（2）基于品牌的聚类。品牌聚类模型可以分析客户更愿意购买的品牌的特征。品牌聚类模型通过算法自动聚合出偏好某一特定品牌的客户群体，或者聚合出哪些客户对于特定品牌的新产品更感兴趣，识别哪些客户群体对某个品牌具有更强的忠诚度。品牌聚类模型能够识别出那些对品牌的偏好强于对产品型号的偏好的客户群体，尽管同类产品的其他品牌推出了功能更强或款式更时尚的新品，他们也愿意等到自己偏好的品牌推出类似的新产品时再购买。

（3）基于行为的聚类。行为聚类模型能够发现客户购买的行为表现差异，如对于购买渠道的偏好。有的客户只在实体店购买，有的客户喜欢在线购买；有的客户习惯自我选择，有的客户会在社交网络里先问问朋友的意见。行为聚类还经常用于发现客户对促销刺激的行为反应，如哪些客户只有在价格促销的刺激下才会购买，哪些客户对价格促销的刺激并不敏感。通过行为聚类模型算法，企业经常能够发现一些以前并不了解的新群体，从而改进客户识别和营销定位，结合特别设计的营销场景，进行相应的产品营销和服务策略策划。

2. 客户推荐技术

"喜欢这个产品的客户可能也喜欢……"这一著名的电子商务范式让推荐模型变得人人皆知。推荐模型通过主动推荐客户可能感兴趣的相关产品、服务或内容，已成为促进产品购买转化、维系客户忠诚关系、增加客户价值贡献的有效方式。数字化环境下的推荐可以是产品和服务的推荐，也可以是内容和知识的推荐。向客户成功推荐相关的产品能够带来直接的收入增长，向客户推荐相关的内容会增加客户与品牌的互动机会，给客户带来更好的体验，间接提升品牌的忠诚度和未来的购买转化率。从技术上来看，推荐模型应用贝叶斯网络、频繁项目集等机器学习算法构建协同过滤模型，实现向客户推荐相关的产品、服务、内容或其他选择。推荐可以是基于客户的应用，也可以是基于产品、服务和内容的应用。虽然最好的推荐一定是基于客户的个性特征和行为偏好相关性的，但在营销实践中，受限于对客户全面理解的程度和产品品类的可选择性，多数的交叉销售推荐与产品、服务和内容相关，只有少数能做到与客户相关。

当然，客户推荐技术并不仅仅应用在产品页面，也可以结合客户购买过程的浏览行为进行应用。例如，在客户结账的时候推荐客户在购物过程中曾经浏览的商品，有可能再次唤起客户的购买兴趣，增加结账时购买的转化率。客户推荐技术主要有以下两种方式：

（1）结合客户生命周期进行推荐。客户在生命周期的不同阶段有不同的特征和需求，可以据此来改进向客户推荐的产品和服务。商家能够根据客户购买的一些特定产品组合的历史记录准确地判断他们所处的家庭生命周期阶段，并据此进行相关的产品和服务推荐。一些特殊品类的生活消费产品有着明显的生命周期属性。例如，商家根据客户购买的婴儿产品规格能够判断出某个家庭孩子的数量、性别、年龄、身高、体重等特征。有孩子的家庭总是需要其他一些特定的商品和服务，商家基于这些洞察能够进行更加准确的推荐，如推荐适龄儿童的生活用品或玩具，或者预先植入下一成长阶段的产品品牌，引导这些家庭关注或试用，提升其后续选购相关产品和服务的转化率。对媒体内容的关注情况也可以用来预测客户的生命周期阶段。人们往往在制订计划的时候就会开始关注一些特定的信息，对特定的商品和服务产生搜索和内容学习的需求。在分析算法中加入与这些内容相关的行为信息，能够更加精准地判断客户对产品和服务的需求。

（2）让客户自主选择和管理推荐。企业应使用先进的数据分析技术预测客户的产品购买需求，向客户推荐相关性较高的产品和服务（见图1-21），同时提供让客户主动管理推荐的选项。这样用户能够对不感兴趣的推荐或系统推荐的不适合的产品进行标注和设置，以使推荐算法能够根据用户的选择进行学习和优化。推荐系统很难做到100%准确，适时地让客户参与对改进推荐的体验和最终转化帮助很大。在客户看来，商家的推荐中有些是自己根本不感兴趣的产品，有些推荐的产品是自己在其他地方已经购买过的，这些推荐重复出现无疑会影响客户的体验感。在推荐中引入客户主动管理的做法有许多好处：一方面，这样的交互能够增强客户浏览网站和购买过程的体验感；另一方面，客户对推荐产品的标注和设置可以帮助推荐算法持续学习和优化，进而提升下一次推荐的准确性，完善客户的个性化体验。

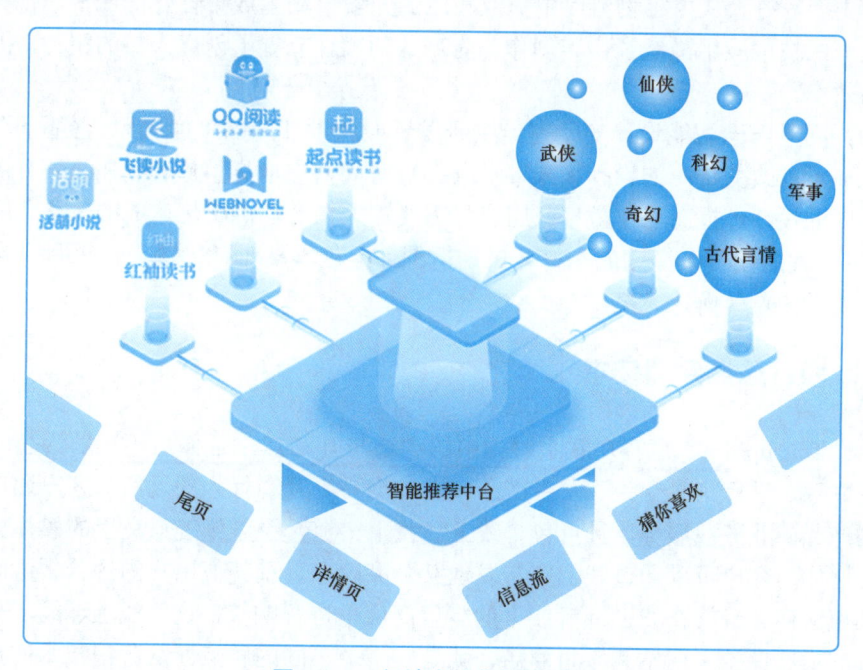

图1-21 阅读个性化智能推荐

三、内容营销技术

在营销过程中，内容是商品与消费者沟通的桥梁。数字营销环境下，面对多样化的营销目标、媒体平台、目标人群，企业对营销内容的需求迅速增加，营销内容需要动态化地响应和调整。这些变化对营销内容的生产、分发效率以及生产成本提出了极高的要求，仅仅依靠人力和机构创作已无法满足需求。需要运用内容营销的物料管理、创作、分发技术工具实现高效率低成本的内容营销。

1. 内容物料管理技术

内容物料管理技术，是指通过建立内容管理系统，把过去单次使用的营销内容拆解成各种营销内容物料的元素和片段并进行标签化、结构化储存的技术。它便于营销人员快速调用对应的内容物料。内容物料化的实现，一方面为营销内容合规检测、风险规避提供基础，另一方面也为营销内容的自动化、模板化生产做好准备。例如，Adobe 旗下的软件 Adobe Creative Cloud（Adobe 创意云）就可以提供营销内容素材的云存储和调用服务。

2. 内容生产技术

在营销内容物料库与内容模板的支持下，营销人员可以借助多种生产工具调取内容元素，自动组合、自创作、自适应，高效地、规模化地生产出适应不同媒体类型、不同终端、不同营销目标、不同用户偏好的营销内容。

这些辅助内容的生产工具一方面嵌入了各种可编辑、组件化的内容模板，营销人员可以调整组件进行模板自定义，也可以直接快速生产邮件广告、展示广告、问卷或投票等营销内容；另一方面可以完全脱离人工手动操作，实现内容的自动化生产。具体来讲，不仅可以做到简单的尺寸规格延展、图片视频截取和剪裁，也能在数据与算法的支持下匹配目标人群的内容喜好，从内容物料库中抓取相应的元素自动生成个性化的图片、视频等。营销内容生产的技术应用降低了内容创作与生产的门槛，节省了创意人员的精力，提高了内容生产的效率。

例如，阿里巴巴智能设计实验室自主研发了一款设计产品"鹿班"。它基于图像智能生成技术，可以改变传统的设计模式，使其在短时间内完成大量旗帜（Banner）图、海报照和会场图的设计，提高工作效率。用户只需要输入指令，讲明想达成的风格、图片的尺寸，"鹿班"就能代替人工完成素材分析、抠图、配色等耗时耗力的设计项目，实时生成多套符合要求的设计解决方案。

四、触点营销技术

触点（Touchpoint）是客户联系过程中的沟通与互动点。延伸后可理解为企业与客户之间产生联系、进行信息交换、发生产品或服务交易等互动行为的场所。客户通过触点感知企业的产品、业务或服务。触点包含线上和线下渠道，覆盖传统意义上的媒体渠道和销售通路。比如，客户可以通过线上广告发现某个品牌、查看其他用户的评论、访问企业官网或者其旗舰店，最终在线上或者线下的零售商店里进行购买，这些线上、线下与客户发生接触的广告、评论、网站和零售商店，就是一个个不同的触点。从营销技术的角度，可以分为两条技术路线。使用超级营销技术工具（也被称为"围墙花园"）：这种技术路线为广告主提供一站式服务，即使广告主没有任何自己的资源，也可以直接调用超级工具进行精准营销，或者将自己积累的数据资源与这些超级工具对接，去驱动这些互联网企业掌握的触点资源。这些超级营销技术工具包括阿里妈妈、百度凤巢、腾讯广告等。生态圈模式：这种技术路线是通过行业标准和数据流串联各种资源方，包括数据供应商、触点供应商、广告交易平台等在生态圈中担任不同职能的角色。数字广告领域的"程序化广告"模式就是最典型的案例。

触点营销技术主要应用于营销自动化、销售管理、社交媒体运营、数字广告、直复营销、用户体验、商业交易等领域，每个领域都有个性化的技术，以支持数字营销目标实现。

1. 营销自动化技术

营销自动化是近几年在市场上被讨论最多的营销技术领域，很多人直接把营销技术等同于营销自动化。营销自动化有许多含义，包括营销自动化工具、多渠道营销管理工具、数字营销资源池、跨渠道协同等，它的主要作用是整合广告主的数据、内容和触点资源。基于消费者的客户画像，根据预先配置的客户旅程图实时选取最优内容和最优触点进行信息的传递，实现营销的自动化。目前，营销自动化技术在以下场景中已经落地实施：

（1）全渠道获客。几乎所有企业都搭建两个及以上的获客触点，通过营销投放获取的潜在客户线索被集成至同一平台进行管理，在信息流转过程中难免造成线索流失或产生欠佳的用户体验。营销自动化可以有效解决这一问题，通过客户旅程及相关工具自动归类各个渠道的真实获客数据以及潜在客户的个人信息。

（2）用户信息集成。完整全面的用户数据集成将最大限度地还原用户需求与喜好，建立立体用户画像，帮助企业洞察用户。营销自动化将架起各平台系统之间的对接桥梁，匹配用户交易记录、会员信息，实时抓取客户的行为轨迹，在静态数据与动态数据的整合之下，使用户画像更为直观立体，方便后期进行定制化的互动，以产生更多客户价值。

（3）个性化营销管理。营销自动化提供个性化图文、个性化菜单栏、标签管理等可实现千人千面个性化营销的实用工具。标签管理工具可以根据客户的来源、购买潜力、所处的购买旅程阶段、购买频次、购买历史记录、兴趣偏好等进行多维度标签化管理，并以此实现精准个性化营销。

（4）数据分析。面对企业发布的类型和目的丰富的营销内容，如何整合线上线下全渠道的营销数据、获得更深刻的用户洞察、输出更加详细和实时的分析报告，需要智能化和精细化的营销自动化工具来实现。这些工具基于实时用户行为抓取数据，进行同步数据分析，从而为企业提供更具价值、更加详细的营销活动数据分析报告，帮助企业进行用户定向和精准营销。

（5）自动化客户沟通工具。自动化客户沟通工具可以部署在企业官网、官方微信公众号、服务号等多个渠道上，实现个性化的实时聊天并收集客户反馈的信息，从而显著缩短企业对用户的响应时间，帮助企业实现海量用户的实时交流。

2. 销售管理技术

销售是市场营销中的重要环节，在数字化大趋势下已开启了"传播销售一体化"的技术驱动变革。因此，服务于销售管理开发与优化的技术成为数字营销的重点内容。

销售管理技术一方面使销售人员能够对销售线索进行精细化区分，对不同的线索设计不同的追踪和管理策略，以更好地实现转化，达成销售；另一方面也能提供报价、成交、业绩分析等快捷服务组件，促进销售人员的协同合作，辅助并优化销售流程。

（1）销售线索管理技术。销售线索管理技术的一个重要职能就是让销售人员能够根据销售线索质量跟进和转化客户，提升销售线索的价值。销售线索一般分为联系人（Contacts）、线索（Leads）、机会（Opportunities）三个不同阶段，联系人是各种初级线索；线索是在媒体投放、社交互动、活动运营中获得的对商品和服务有意向的客户；机会则是销售人员正在跟进的有转化机会的客户。借助销售线索管理技术，企业不仅可以洞察客户，根据客户行为判定其所属的消费行为阶段与价值，帮助销售人员更好地识别客户；而且可以根据客户的差异给出个性化的销售建议，优化下一步的销售管理。

（2）销售协同管理技术。在销售管理辅助层面，销售协同管理技术强调服务性和协调性，以帮助销售人员进一步提高效率。具体应用工具包括简化成交流程的订单与报价工具、实时分析销售团队业绩的仪表盘工具、销售人员之间的协调沟通工具等。

3. 社交媒体传播技术

社交媒体平台的用户 ID（Identity Document，身份标识号码）体系屏蔽外部对平台资源的直接调用。在没有获得平台许可的情况下，广告主无法通过 Cookie ID、设备 ID、手机号等数字营销生态圈通用的 ID 体系来识别社交媒体中的用户，因此社交平台的营销技术都是基于"围墙花园"的模式进行建设的。对于社交媒体营销资源的调用形式主要有以下两种：

（1）社交平台开放的数据 API 接口。平台通过 API 接口方式对外提供大量社交用户的标准化数据。例如，微信的 API 数据相对丰富，广告主可以基于这些数据构建社会化客户关系管理（SCRM）体系。

（2）社交平台的超级营销技术工具。腾讯社交广告（前微信广点通）和微博的粉丝通都是这样的营销工具。2015 年年初腾讯社交广告在微信朋友圈中投放了第一轮广告，广告主分别是宝马、可乐和 vivo，投放费用为数千万元。

4. 数字广告投放技术

目前，数字广告是触点领域中最复杂的营销技术，它对接多方资源，通过广告手段实时地进行内容传播，整个体系的运行需要不同角色的技术对接。随着数字媒体的崛起，新的媒体模式、形态、传播方式在不断摸索中走向重构，已基本上改变了广告的形式与内容。从渠道上来看，新技术拓宽了数字广告传播的路径，丰富了广告的形式。例如，通过百度关键词等工具，当目标消费者在搜索关键词的时候，广告主可以通过百度提供的工具进行竞价，出价高者就可以获得更好的结果展示位置，让消费者看到自己的主页和推广内容。

数字广告的视觉特点就是让一切"动"起来，除了动态化平面广告、动态化 Logo 设计，还有更为活跃的动态化表情包。动态化表情包通过对 IP 形象设计的动态演绎，进行表情动画设计，让 IP 形象传播品牌形象和态度，提升品牌价值。例如，"小幸运"小青柑茶在节日营销中通过把产品和中国文化中的福、禄、寿、喜、财神、月老等元素进行结合，设计了 6 个中国吉祥形象，然后进行动态化表情设计，让产品在节日中传递出喜庆的气氛。

5. 渠道管理技术

在数字营销的全新环境下，商品在渠道中的流转速度得到了提升，需要对商品流转中的多种数据进行管理，对渠道中的各种角色（如经销商、物流商、促销人员等）进行数据化的管理和赋能。

渠道管理技术主要包括电子商务渠道运营技术、供销商管理技术和线下渠道运营技术三种类型。

（1）电子商务渠道运营技术。电子商务渠道运营技术得益于电子商务的发展，电子商务渠道运营技术不仅支持低门槛、低成本地建立电子商务网站，而且提供促销活动、优惠券、内容物料、库存管理、AB 测试、智能商品推荐等电子商务运营工具，支持对不同国家或地区、不同终端、不同平台的电子商务主页的自适应呈现，兼顾语言文字、尺寸规格、页面布局等细节，并且可以实现电子商务云和销售云的数据对接。

（2）供销商管理技术。供销商管理技术及其相关工具，可以帮助监测和管理各个供销商的订单需求，同时向供销商开放操作门户，使企业与经销商的合作管理得以数字化，从而能够快速、准确地了解供销商的进货、库存、分销等渠道数据。例如，SAP 与泛微为苏泊尔开发的供销商协同平台加强了供销商与苏泊尔的沟通协作，供销商可以通过该平台向企业在线下单、查看物流、汇报库存与分销数据。

（3）线下渠道运营技术。在线下渠道，数字营销技术工具一方面可以实现对门店的销售、仓储、人员等数据的收集、上传，从而优化生产与流通决策；另一方面可以自动设置销售门店的促销活动，下达并落实促销活动指令，如设置网点的活动产品、活动时间、促销价格等信息，从而清晰、全面地掌控促销活动的具体情况。

拓展阅读

首例"大数据杀熟"案被判退一赔三

"大数据杀熟"指的是互联网平台基于用户数据，使同样的产品或服务，老用户看到的价格反而比新用户高出许多的"价格歧视"行为。

案情简介：胡女士是携程 APP 上享受 8.5 折优惠价的钻石贵宾客户。2020 年 7 月，胡女士通过携程 APP 订购了一间客房，支付价款 2 889 元。离开酒店时，胡女士偶然发现，酒店的实际挂牌价仅为 1 377.63 元。胡女士以上海携程商务有限公司采集其个人非必要信息，进行"大数据杀熟"等为由将其诉至法院，提出退一赔三等多项请求。

判决结果：法院认为，携程 APP 作为中介平台，对标的实际价值有如实报告义务。承诺钻石贵宾享有优惠价，却显示高溢价的失真价格，未践行承诺。且携程处理投诉时告知的无法退回全部差价的理由与事实不符，存在欺骗。故认定被告存在虚假宣传、价格欺诈和欺骗行为，支持原告退一赔三。且被告应在其运营的携程 APP 中为原告增加不同意其现有"服务协议"和"隐私政策"仍可继续使用的选项，或者为原告修订携程 APP 的"服务协议"和"隐私政策"，去除对用户非必要信息采集和使用的相关内容，修订版本须经法院审定同意。

五、互动营销技术

互动营销的定位是帮助广告主培育最佳"私有流量池"，以互动营销为中心，沉淀各种营销活动产生的流量，完成从了解品牌、建立品牌忠诚度到最终销售的消费者培育全流程。

1. 私域传播技术

私域传播技术是指在媒介传播中，借助社交媒体、邮件、短信、APP 等企业私域媒体，与消费者进行个性化的一对一互动，判断消费者的状态并为其提供个性化的信息告知、促销、服务等，引导消费者最终实现购买。例如，某移动工作室，可以自动对消费者进行推送营销，该工作室可以一站式管理自己的社交媒体账号内容，支持建立社群、一对一回复，也支持邮件大规模的自动发送。

2. 地理围栏技术

地理围栏是基于位置的服务（Location Based Services，LBS）的一种新应用，是用一个虚拟的栅栏围出的边界。当设备出入该边界或在边界内区域活动时，可以接收系统通知或提示。通过该技术、LBS 类应用或社交网站可以帮助用户在进入某一特定区域时自动登记。

移动位置信息蕴含着丰富的社会行为信息，对这些信息的洞察能够更加准确地理解用户的社会行为和生活偏好。一些零售消费产品公司应用基于位置信息的地理围栏技术建立用户的地理分布图谱，向用户推荐更具针对性的促销活动。例如，当发现一位年轻女性用户出现在某个特定商圈时，可以根据用户的历史交易特征和消费偏好推送适合的品牌促销活动，或者邀请她参加与其个性相符的积分兑换商品的优惠活动。

信用卡公司可以基于用户地理位置信息和交易消费场所地理信息的实时分析来优化信用风险监控，判断交易的真实性，识别可能发生的风险交易或者预测风险用户的恶意欺诈行为等。

3. 智慧沟通服务技术

得益于更加全面和实时的数据、更加丰富的内容信息和更加智能的交互技术，越来越多的原先依赖物理环境设施和人员交互的服务场景将转向数字化，随着自动化服务交互应用的成熟，用户更加自主地参与到服务过程中，未来的服务模式也因此而变得更加实时、简单、高效和智能。

以智能机器人服务为例，在大多数情况下，人们请求人工服务只是为了获得某些特定的信息，或者需要客户服务代表参与进行身份验证和账户查询。随着人工智能技术在身份特征识别、文本信息交互和智能语音交互领域的应用逐渐成熟，智能机器人服务在许多方面的应用不断超出人们的想象。可以预见，在线数字化互动将主要由智能机器人服务来承担，传统电话联络中心的人工服务响应也将逐渐转变为由智能服务机器人实现的语音交互响应和多媒体应答。现场的人工服务也会由功能不断完善的服务机器人和智能设备支撑的自助服务代替。

4. 智能交互体验技术

数字化技术不断产生新的客户交互场景，促进新的产品和服务形态出现，带来创新的客户体验。随着数字连接技术的发展和智能可穿戴设备的广泛应用，不断会有更多的体验场景进入人们的生活。

以智能出行服务为例，基于生物识别技术的智能身份识别应用能在人们交通出行时提供更多的便利体验。在不远的未来，人们不需要重复出示证件就能够在智慧机场实现自助办理值机、快速通过安检、自助验证登机等过程，机上娱乐系统会按照乘客的偏好进行自动设置，乘务员不需要提前询问就能为乘客送上喜欢的饮品和餐食，到达目的地时会向乘客提供智能地图引导，当乘客的行李出现在传送带上时能够提供自动提醒。当然，乘客的这些出行过程也会被自动记录下来，以改进下一次的出行体验。

拓展阅读

2023 年数字营销行业前景：我国数字营销提升消费者体验

2023 年数字营销费用持续上升，我国数字营销提升消费者体验。当下，数字营销使品牌客户在极短时间内就能看到最直观的数字化变化，获取营收、销售增长的量化依据。下面对 2023 年数字营销行业前景进行分析。

2022—2027 年中国数字营销行业市场需求与投资咨询报告指出，我国广告主数字营销预算整体呈上升趋势，平均增长在 2017 年到 2019 年持续上升，从 17%增长至 20%；2020 年中国广告主数字营销预算平均增长 14%，增长幅度出现小幅下降。

数字营销发展于广告媒介，是近年来一种以数据驱动的新兴市场营销手段。凭借数字化信息和网络媒体的交互性，一批批数字营销企业如势不可挡的车轮，一往无前，以摧枯拉朽之势压倒传统营销市场。显然，在移动互联网的高速发展下，本是同根生的两者，所面对的游戏规则已有了不同。

1. 国家政策促使企业加速数字化转型，推动数字营销服务迅速发展

2020 年 4 月，我国印发《关于推进"上云用数赋智"行动培育新经济发展实施方案》，指出要打造数字化企业，构建数字化产业链，培育数字化生态；2021 年 12 月，我国印发《"十四五"数字经济发展规划》，明确提出大力推进产业数字化转型，实施中小企业数字化赋能专项行动，支持中小企业从数字化转型需求迫切的环节入手，加快推进线上营销、远程协作、数字化办公、智能生产线等应用，由点及面向全业务全流程数字化转型延伸拓展；打造智慧共享的数字化生活，支持实体消费场所建设数字化消费新场景，推广智慧导览、智能导流、虚实交互体验、非接触式服务等应用，提升场景消费体验。"十四五"时期，我国数字经济转向深化应用，协同推进技术、模式、业态和制度创新，将为营销服务行业的数字化转型升级带来强劲动力，为数字营销服务行业的发展带来新的机遇。

2. 技术赋能数字营销的趋势明显

大数据、人工智能和云计算等前沿网络技术是数字营销行业服务的核心驱动力之一。区别于传统品牌营销广告，数字营销通过前述技术手段实现精准营销及效果监测。营销服务通过对用户前期消费行为数据的建模分析，实现对用户兴趣的精准预测，提升了购买率和复购率。随着行业的逐渐成熟，拥有深度学习及人工智能算法、边缘计算、大数据等核心技术的数字营销服务商将逐渐积累竞争优势，取得更大的市场份额，并将以技术革新的方式继续推动数字营销行业的高速发展。

3. 品牌客户的营销外包比例不断攀升

随着数字营销市场竞争的日趋激烈、管理理念的不断更新，专注于核心业务成为企业最重要的生存法则之一。越来越多的品牌客户将其非核心业务外包，专注于其核心业务的发展。专业的数字营销服务商使品牌客户的营销活动更有效率、更易于管理、成本更低；与此同时，在数字化时代，构建数字化营销业务系统虽然是技术应用发展的热点，但对于品牌客户而言，实践营销业务的数字化升级成本较高。品牌客户面临着时刻动态发展的营销业务场景、多变动的需求和最终用户随时发起的互动交互，多数品牌客户包括很多中大型企业很难在短期内形成一套围绕技术中台和营销服务的完整作业体系，包括适配的策划、开发和运营等，导致很难从根本上改善营销效果。

我国企业数字营销 2023 年预算支出稳定增长，未来的营销战场，全域营销成为必然趋势。在数字营销领域，营销人员可以利用数据模型、算法和机器学习等人工智能技术更有效地了解目标人群，通过使用这些信息，营销人员可以节省大量成本，有针对性地定制内容，并提高消费者体验。

（资料来源：中国报告大厅，2023－02－17）

任务演练

一、任务目标

通过本次任务，加深对数字营销原理和技术的感性认知，并能够由感性认知上升到理性分析，完成数字营销原理和技术在实际企业应用中的分析报告。

二、任务背景

随着互联网的不断发展，消费者的购物行为也在不断地发生变化。消费者行为的改变使营销方式也发生了相应的变革，营销原理在数字经济时代也有了新的变化，营销技术正应用于消费者生活场景的各个触点。

2021 年 3 月 5 日，李克强总理在政府工作报告中提出，要加快数字化发展、打造数字经济新优势，协同推进数字产业化和产业数字化转型，加快数字社会建设步伐，提高数字政府建设水平，营造良好数字生态，建设数字中国。企业纷纷响应，开始走上数字化转型之路。

从中央广播电视总台"品牌强国示范工程"服务的品牌中选择 1 个企业，使用数字营销原理分析该企业的数字化转型路径。选取另外 4 家企业，搜集它们的数字营销典型案例，分析这些企业在营销过程中使用的数字营销技术。

三、任务要求

（1）分组进行，每个小组 3 人，自行确定本小组的负责人。

（2）通过网络或其他途径搜集"品牌强国示范工程"相关信息，了解此项目的背景以及目前服务过的企业名单。

（3）在企业名单中选择 1 个数字化转型成功的企业，使用 4R 数字营销理论进行简单的分析。

（4）在企业名单中选取 4 家企业，通过网络或其他途径搜集这 4 家企业近 3 年的数字营销案例，每个企业不少于 2 个。

（5）了解案例内容，通过分析归纳出每个案例所使用的核心数字营销技术。

（6）根据以上要求，撰写一份完整的数字营销原理及技术应用分析报告。

四、任务评价

（1）小组自评。组长根据各组员在调研报告形成过程中的贡献给出相应的评价（30%）。

（2）组间互评。各小组以 PPT 的形式对撰写的分析报告进行展示介绍（30%）。

（3）教师对团队的总评。根据各组成果的优缺点有针对性地点评，启发学生的创新思维；对各组普遍存在的问题进行重点分析；针对各团队撰写的调研报告提出重点要注意的问题（40%）。

自测题

一、单项选择题

1. 以下不属于数字营销网络渠道的是（   ）。
   A. 短信 B. 社交媒体
   C. 电子商务平台 D. 搜索引擎

2. 能够有效跟踪客户消费习惯和爱好，为其提供相关性高的产品，这体现的数字营销特点是（   ）。
   A. 更丰富的产品信息 B. 更精准的营销方式
   C. 更个性化的营销服务 D. 更优秀的集成方式

3. 以下关于数字营销路径，描述正确的是（   ）。
   A. 品牌认知—品牌认购—品牌认同 B. 品牌认知—品牌认同—品牌认购
   C. 品牌认同—品牌认知—品牌认购 D. 品牌认购—品牌认知—品牌认同

4. （   ）是数字营销Web4.0时代的典型特征。
   A. 单向营销 B. 互动营销 C. 智慧营销 D. 精准营销

5. 提出基于消费者品牌价值的CBBE模型的美国学者是（   ）。
   A. 菲利普·科特勒 B. 大卫·奥格威
   C. 凯文·莱恩·凯勒 D. 艾·里斯

二、多项选择题

1. Web1.0时代，常用的数字营销方式有（   ）
   A. 搜索引擎营销 B. 社会化网络营销
   C. 论坛营销 D. 电子邮件营销

2. （   ）是数字营销的主体。
   A. 广告主 B. 品牌 C. 数字营销公司 D. 数字媒体

3. 品牌资产"五星"模型中，代表顾客对品牌的知觉和反应的有（   ）。
   A. 品牌忠诚度 B. 品牌知名度 C. 品牌认知度 D. 品牌联想度

4. 中国数字营销人才能力评估指标体系涵盖了4个一级指标和15个二级指标，以下属于数字营销专业能力评估指标的有（   ）。
   A. 数据分析能力 B. 行业洞察能力
   C. 投放管理能力 D. 创意能力

5. （   ）是影响消费者购买决策的社会因素。
   A. 年龄 B. 社会阶层 C. 经验 D. 文化

三、判断题

1. 数字营销能有效缓解市场上的售卖假货、商家不诚信等问题。（   ）
2. 在Web3.0数字营销时代，传播是单向的、被动的。（   ）
3. 关于品牌，主要有三种理论：符号论、形象论、关系论。（   ）
4. 品牌知名度可分为无知名度、提示知名度和第一提示知名度三个阶段。（   ）
5. 品牌的基本认同是指一个品牌的本性，这种本性会因时间的流逝而消失或改变。
（   ）

项目二　数字互动营销

学习目标

知识目标

- 了解目标客户洞察的含义
- 熟悉目标客户洞察的内容
- 掌握目标客户识别的方法
- 了解数字互动营销的主要渠道
- 掌握数字互动营销渠道策划的方法
- 了解数字互动营销的主要方式
- 掌握数字互动营销方式策划的技巧

技能目标

- 能够根据产品特征，结合品牌定位，完成目标客户洞察
- 能够根据目标客户特征，结合互动营销渠道特点，完成数字互动营销渠道策划
- 能够根据目标客户特征，结合互动营销方式特点，完成数字互动营销方式策划

思政目标

- 培养洞察问题、发现问题、解决问题的综合能力
- 精准把握客户需求的变化趋势，树立正确的市场价值观和数字营销理念
- 培养进行数字互动营销策划时所需的用户思维和创新思维

项目二　数字互动营销

案例引入

麦当劳全新APP，互动营销打造"金"招牌

当众多品牌都在努力挖掘小程序营销方法时，麦当劳新版APP另辟蹊径，通过TVC（电视商业广告）+"金饭碗"活动的创意互动营销策划，辅以精准投放策略，举行专项互动营销活动，总计带来超过1 000万次的APP下载量。

麦当劳选择了"金饭碗"这一概念作为营销亮点，一方面，能够结合中国传统文化中安稳福利多的喜庆特点，突出APP实惠、好用、可靠的特性，更容易吸引关注；另一方面，"金饭碗"与"金拱门""金粉节"等麦当劳已有品牌、活动IP形成"金"系列关联，便于融入麦当劳整体营销中；此外，下载就送"金饭碗"的活动形式，更为后续的互动营销活动的开展奠定了良好的延展基础。

在"金饭碗"的基础上，麦当劳为给新版APP引流，构建了一整套互动营销活动，配合精准的投放策略，在不到一个月的时间里，快速调动已有客户关注、新增客户尝试，还带动了一波分享话题的热度，仅微博相关话题的阅读量就达到了2亿次，讨论量超过30万次。新版APP上线，"广而告之"是基本操作，麦当劳并未采取单调的平面宣传，而是结合Rap、街舞等时尚元素制作15秒的短视频广告，将APP实惠好用、下载就送"金饭碗"的特点清晰表达出来；承袭品牌经典广告曲风格的新视频依然"很麦当劳"，鲜明的品牌特点更容易唤起客户记忆，引发关注。与此同时，麦当劳还在线下门店发起了"自带金饭碗，送你麦旋风"活动，只要客户带着有金色元素的盛具到店打卡，就能获得一份免费的麦旋风。

思考：麦当劳APP"金饭碗"互动营销成功的关键因素有哪些？为什么这些因素能促进客户下载其APP？

工作任务一　目标客户洞察

目标客户洞察是数字营销中的一个核心要素，揭示了客户认知和行为的独特之处，其范畴大于传统营销认知中的客户调查与研究。深刻的目标客户洞察就像灯塔，指引企业在开放无边界的数字信息海洋中找到正确的方向，从而制定适合的数字互动营销策略。

目标客户洞察的内容包括认知洞察、行为洞察、需求洞察和感知洞察。通过学习本任务，我们能够正确理解目标客户洞察的含义和内容，掌握目标客户洞察的方法，为企业深入开展数字互动营销奠定基础。

一、目标客户洞察认知

1. 目标客户洞察的含义

目标客户是指企业提供产品和服务的对象。随着经济的发展和市场的日益成熟，市场

· 37 ·

的划分越来越细，以至于每项服务都要面对不同的需求。企业应当根据每一项产品和服务选择不同的目标客户。只有确定了消费群体中的某类目标客户，才能有针对性地开展营销活动并获得成效。

目标客户并不完全等同于潜在客户。潜在客户是指对某类产品（或服务）存在需求且具备购买能力的待开发客户。这类客户与企业存在着销售合作机会，经过企业及销售人员的努力，可以把潜在客户转变为现实客户。目标客户则是企业主动寻找定位的尚未有购买行动的客户，与潜在客户的定义方式不同。潜在客户和目标客户可以完全重叠或部分重叠。

基于此，目标客户洞察可以理解为对目标客户的持续、深入理解，涉及目标客户认知洞察、目标客户行为洞察、目标客户需求洞察以及目标客户感知洞察四个方面。

2. 目标客户洞察的必要性

目标客户洞察不仅有助于营销人员对企业品牌赋予更多的品牌价值，也有助于企业产品传播、营销、沟通等方面工作的开展。

（1）不是所有的购买者都是企业的客户。每个客户由于自身年龄、性别、职业、学历、收入等因素的差异，导致需求具有明显的个性差别。对于企业而言，其资源是有限的，只能满足一部分客户的需求。因此，由于客户需求的差异性和企业资源的有限性，企业必须在购买者中进行选择。

（2）不是所有的客户都能给企业带来收益。事实上，不是每个客户都能给企业带来同样的收益，都能够带来正面价值。有的客户可能是"麻烦制造者"，他们会提出不合理的要求，造成负面的口碑效应，不管企业做了多大的努力，都不能令他们满意。还有的客户甚至会给企业带来信用、资金、违约等风险。一般来说，优质客户带来较大价值，普通客户带来较小价值，劣质客户则会带来负面价值。

（3）没有进行目标客户洞察，可能造成企业定位模糊。未洞察目标客户既不利于树立鲜明的企业形象，也不利于品牌的塑造。例如，时尚女装品牌拉夏贝尔（La Chapelle）曾经深受消费者喜爱，在全国一度拥有近万个直营零售网点。2014年，拉夏贝尔宣布战略转型，但定位模糊的多元化、多品牌战略并未使其成功，摇摆定位的背后是拉夏贝尔并不清晰的目标客户洞察。最终，作为"青春记忆"和时代品牌的拉夏贝尔于2021年11月申请破产清算。

（4）正确的目标客户洞察是企业成功开发客户的前提。对于企业而言，目标客户洞察非常重要，有助于企业进行客户开发和维护。但如果企业没有选对客户，那么建立客户关系的难度就会增大，成本就会提高；即使一时建立了客户关系，但由于企业不能持续为客户提供满足其需求的产品和服务，最终也会导致客户流失。

二、目标客户洞察的内容

在目标客户洞察过程中，虽然企业收集的信息会因客户不同而各具差异，但基本上以客户的"认知""行为""需求"和"感知"4个内容维度为主。其中，客户需求洞察是核心。

1. 目标客户认知洞察

目标客户洞察的第一个内容维度是认知。认知洞察主要包括了解客户对企业品牌（品类）以及与企业品牌相近的其他品牌（品类）的认知。只有掌握客户的认知情况，才能有效改进，并提高企业的品牌价值。

除了既有品牌，对计划推出的品牌也应该进行目标客户认知洞察，了解他们对同企业需求和计划创造价值有关联的其他品牌（品类）的认知。另外，在进行目标客户认知洞察时，不能局限于客户对产品功能的认知，还要特别注意他们对品牌（品类）的各种"感觉"。除了关注目标客户的正面认知，其负面认知也需要高度关注。

2. 目标客户行为洞察

目标客户洞察的第二个内容维度是"行为"。研究客户行为的基本逻辑在于，人们对品牌的认知和需求总是会如实地反映在他们的行为当中。根据"5W1H"分析法，从由谁购买（Who）、购买什么（What）、为何购买（Why）、何时购买（When）、何处购买（Where）、如何购买（How）等方面洞察目标客户行为。

（1）由谁购买（Who）。"由谁购买"是对目标客户自身进行研究。目标客户包括在购买行为中起不同作用的五种角色：发起者（首先提议去购买某产品的人）、影响者（对最终购买商品有直接或间接影响的人）、决策者（最后决定整个购买意向的人）、购买者（实际购买商品的人）和使用者（实际使用商品的人）。一般情况下，决策者的地位最重要，购买者对所需购买的商品有临场决定的权力。

（2）购买什么（What）。"购买什么"是对目标客户购买对象的分析。企业可以通过市场调查，研究目标客户的需求，提供在质量、性能、款式、价格等方面能满足客户需要的产品。

（3）为何购买（Why）。"为何购买"是针对目标客户的购买动机进行研究。购买动机是直接驱使客户实施某种购买活动的内部动力。没有动机的购买行为是不存在的。因此，企业应通过对目标客户的调研，准确把握目标客户的购买动机，这是企业制定营销策略的重要依据。

（4）何时购买（When）。"何时购买"是对目标客户购买时间的研究。目标客户的购买行为在时间上往往表现出一定的规律。例如，节假日往往是日常消费品的购买高峰期。企业准确把握目标客户购买的时间规律，有利于在合适的时间集中力量开展促销工作，以达到最佳的效果。

（5）何处购买（Where）。"何处购买"是对目标客户购买地点进行的研究。对于生活便利品，目标客户通常会选择网购或就近购买；对于价值较高的商品，目标客户一般会选择到大型商店或权威平台购买。企业应该根据目标客户的购买特征，合理布置销售网点并设置销售渠道，方便目标客户购买。

（6）如何购买（How）。"如何购买"是对目标客户购买方式和付款形式的研究。购买方式包括现场购买、网上购买等；支付方式包括全款支付、分期付款等。企业应该根据目标客户的特点，提供灵活多样的支付方式。

3. 目标客户需求洞察

目标客户洞察的第三个内容维度是"需求"，这是整个洞察活动的核心。

（1）目标客户需求洞察内容。

① 需求类别识别。客户需求从类别上可以分为对产品的需求和对服务的需求。客户对产品的需求有很多种，基本与最终产品的"有用性"和"有效性"相关。目标客户需求洞察可以使企业客观、具体地描述出客户对产品的需求。

② 需求目的识别。按客户购买目的的不同，客户需求可以分为生产性需求和生活性需求。生产性需求是为满足生产活动的需要而产生的需求，如企业对生产厂房、机器设备、原材料等的需求；生活性需求是为满足个人或家庭生活的各种需要而产生的需求，如人们对衣食住行等物质产品的需求等。

③ 需求实质识别。需求可分为物质需求和精神需求。物质需求是人们对物质生活用品的需求，如对电视、冰箱等家电的需求；精神需求是人们对心理和精神活动的需求，如对音乐、游戏等娱乐产品的需求。

④ 需求层次识别。按需求层次划分，客户需求可分为现实需求和潜在需求。现实需求是客户目前具有明确消费意识和足够支付能力的需求。潜在需求是客户虽然有明确的欲望，但由于购买力不足或对产品（或服务）不熟悉等原因还没有明确显示出来的需求，如人们对新能源汽车的需求等。一旦条件成熟，这种潜在需求就有可能转化为现实需求。

⑤ 需求属性识别。按客户需求属性划分，客户需求可分为功能需求、体验需求、审美需求、社会需求等。功能需求是指一个产品可以帮助客户实现其认为必要的或想要实现的愿望，功能需求与产品性能直接相关；体验需求是客户在拥有、使用或消费一个产品时所产生的心理感受，体验需求会驱动客户购买产品。

（2）目标客户需求洞察方法。

① 体验中心法。设立体验中心是洞察目标客户需求的有效方法，可以全方位展示品牌价值，通过客户体验来说明产品的功能或性能并获取客户反馈。一些高科技产品、时尚类产品更适合采用这种方法。

② 深度访谈法。这种方法是指专业访谈人员和被调查者之间针对某一主题进行的一对一的谈话。深度访谈法可用于采集被调查者对企业产品或服务的看法，如了解客户如何做出购买决策，产品或服务如何被使用，以及客户需求个人倾向等。

③ 竞争对手研究法。竞争迫使企业不断寻找新的、更有效的方法来使企业得到长久的发展。通过研究竞争对手的产品或服务，企业可以了解客户的基本需求，推动对目标客户需求的识别。

④ 数据挖掘法。企业利用数据挖掘技术可以找出大数据背后隐蔽的规则和模式，从而预测未来发展趋势。基于人工智能、机器学习、智能统计等前沿技术的数据挖掘方法，可以高度自动化地分析目标客户的需求信息，从中挖掘目标客户的需求模式，预测目标客户的需求趋势，帮助企业决策者调整市场策略，减少经营风险。

拓展阅读

国家发改委新举措加快培育新型消费

2021年，国家发改委、中央网信办等28个部门综合提出加快培育新型消费的24项具体政策举措，制定形成《加快培育新型消费实施方案》，着力破除制约居民消费的体制机制障碍，并鼓励消费新业态、新模式的发展。主要举措如下：

一是着眼推动服务消费线上线下融合，部署培育壮大零售新业态，积极发展"互联网+医疗健康"，深入发展数字文化和旅游，有序发展在线教育，大力发展智能体育。

二是围绕加快新型消费基础设施和服务保障能力建设，明确加强商品供应链服务创新，畅通农产品流通渠道，加强新一代信息基础设施建设，推进新型城市基础设施建设，加快以新技术促进新装备、新设备应用，推动互联网和充电桩（站）布局应用，提升新型消费网络节点布局建设水平。

三是聚焦强化新型消费发展要素保障，提出加强新职业、新工种的开发和培训，维护新职业从业人员的劳动保障权益，优化消费相关用地用能支持，强化时效支持。加强金融支持，引导社会资本融资，降低平台交易和支付成本。

四是立足改善新型消费营商环境，强调完善法规制度，简化优化证照办理，优化监管服务，健全标准体系，深化统计监测。

4. 目标客户感知洞察

目标客户感知洞察是从外在的角度关注内容表达方式、信息表现形式和传播沟通策略，更有效地激发需求、构建认知，是主要服务于传播，处于相对从属地位的洞察维度。目标客户感知洞察一方面可以尽可能地收集、了解客户的心智规律与认知机制；另一方面可以了解什么样的核心信息与创意最能打动消费者。通过科学的方式获取目标客户的心理诉求，挖掘打动目标客户的"痛点"，以此确定品牌的定位和创意信息的呈现方式；此外，目标客户如何向身边的人推荐和表达自身的感受，在目标客户感知洞察中也非常重要。

除了上述内容外，目标客户感知洞察还可以分析客户会对哪些信息渠道、信息介质、沟通方式更"易感"的问题。随着网络媒体的发展，目标客户获取信息的渠道越来越多，信息获取越来越便捷，关注目标客户从哪些渠道获取信息有助于对目标客户施行全面的洞察。

三、目标客户洞察方法

1. MAN 法则

企业在洞察目标客户时必须遵循一定的条件，即 MAN 法则。MAN 法则认为，作为客户的人（Man）是由购买能力（Money）、购买决策权（Authority）及购买需求（Need）三个要素构成的。

（1）购买能力。企业营销人员要寻找的目标客户必须具有一定的购买能力，即该目标客户是否有购买资金，是否具有消费此产品或服务的经济能力。

（2）购买决策权。目标客户是否具有购买决策权，即其是否有决定购买的权利。在营销过程中，能否准确地了解真正的购买决策人是营销能否成功的关键。

（3）购买需求。一方面，购买需求是指存在于人们内心的对某种目标的渴求或欲望，由内在的或外在的、精神的或物质的刺激引发。另一方面，购买需求具有层次性、复杂性、无限性、多样性和动态性等特点，能够反复地激发客户每一次的购买决策，而且具有接受信息和重组客户需求结构并修正下一次购买决策的功能。

根据 MAN 法则，只有同时具备购买能力、购买决策权和购买需求这三个要素的客户才是合格的目标客户。MAN 法则应用矩阵如表 2-1 所示。在实际操作中，企业洞察目标客户应根据具体情况采取不同的策略。

表2-1 MAN法则应用矩阵

要素	购买能力	购买决策权	购买需求
状态	M（有）	A（有）	N（有）
	m（无）	a（无）	n（无）

在表中，M+A+N代表标准目标客户，是企业理想的营销对象；对于M+A+n所代表的客户类别，应进行客户跟踪，一旦客户有需求，就要及时进行营销；对于M+a+N所代表的客户类别，应与客户深入沟通，设法找到具有购买决定权的人；对于m+A+N所代表的客户类别，应与客户深入沟通，调查客户企业状况，可以根据信用条件给予其消费融资；对于m+a+N、M+a+n和m+A+n所代表的客户类别，应进行客户跟踪，长期观察、培养，直至其具备条件；m+a+n代表非客户人群，对其可采取放弃策略。

2. 客户生命周期价值模型

客户生命周期价值（Customer Lifetime Value，CLV）是用来衡量一个客户在一段时间内对企业有多大贡献的价值尺度，也称为终身价值（Lifetime Value，LTV）。影响客户生命周期价值的因素主要有客户生命周期、客户平均每次消费金额和客户平均消费周期。这种目标客户洞察方法适合易于收集客户数据的行业，如零售业等。零售业通常都会使用会员卡，以便记录客户的消费信息，可挖掘客户消费偏好，并对客户进行营销，如邮寄产品册、积分奖励、消费折扣等。

任务演练

APP目标客户洞察

一、任务描述

安华集团APP自发布以来，凭借其较高的产品品质积累了丰富的客户资源。为进一步促进企业品牌成长，安华集团通过大量市场调研，决定推出一款儿童平衡车，以此填补母婴市场的产品空缺，抢占市场份额。为了更好地利用新品上市活动提高产品销量，扩大品牌影响力，营销人员准备对儿童平衡车进行目标客户洞察。

根据MAN法则，结合目标客户数据，分别从购买能力、购买决策权及购买需求这三个维度对目标客户进行识别，最后完成目标客户洞察，为接下来与目标客户进行互动营销做好准备。

二、任务分析

对企业品牌而言，做好目标客户洞察是非常重要的，能够赋予品牌更多的价值。对产品而言，有利于各个方面工作的开展。通过MAN法则识别目标客户是进行目标客户洞察的第一步，是开发潜在目标客户、培养忠诚客户的前提。企业在进行目标客户洞察时，通常需要对企业和产品本身进行通盘考虑，结合具体情况采取不同的对策。只满足"用得着"或"买得起"条件的客户并不能构成目标客户，同时具备"用得着""买得起"和"说了算"的客户才是企业真正的目标客户。因此，企业在选择目标客户时，必须遵循一定的条件，即MAN法则。

例如，对于儿童服装来说，M 对应的对象多是孩子的父母，即具有一定支付能力的成人；N 对应的对象多是孩子，孩子是产品使用者，对产品有需求；而 A 对应的既可能是孩子也可能是父母，他们都可能对购买行为有决定、建议或反对的权利。因此，可按照 MAN 法则应用矩阵具体情况具体分析，以更好地完成目标客户洞察。

根据所掌握的产品和客户数据，企业可以对客户的购买能力、购买决定权以及购买需求这三个因素进行分析，然后对客户进行分类，根据不同的因素组合制定下一步的营销策略。

三、任务操作

（1）识别儿童平衡车的购买能力、购买决定权以及购买需求这三个因素对应的目标人群，完成表 2-2。

表 2-2 儿童平衡车目标人群识别

产品	儿童平衡车
对产品具有购买能力的人	
对产品具有购买决策权的人	
对产品具有购买需求的人	

（2）结合安华集团 APP 目前的客户资源，根据 MAN 法则应用矩阵进行客户资源分析，完成表 2-3。

表 2-3 客户资源分析

客户资源	购买能力	购买决策权	购买需求
客户 A			
客户 B			
客户 C			
…			

（3）根据 MAN 法则应用矩阵对客户资源进行分类并洞察目标客户，完成表 2-4。

表 2-4 不同类别的客户数量及典型特征

序号	类别	典型特征	客户数量
1	理想目标客户		
2	无购买需求的客户		
3	无购买决策权的客户		
4	无购买能力的客户		
5	无购买能力和购买决策权的客户		
6	无购买决策权和购买需求的客户		
7	无购买能力和购买需求的客户		
8	非客户		

四、任务评价

本任务评价具体内容如表 2-5 所示。

表 2-5　APP 目标客户洞察任务评价

序号	评分项	评分标准
1	产品目标人群筛选	（1）筛选出的具有购买能力的人群数据准确合理 （2）筛选出的具有购买决策权的人群数据准确合理 （3）筛选出的具有购买需求的人群数据准确合理
2	客户资源分析	（1）合理分析客户购买能力分析准确 （2）合理分析客户购买决策权分析准确 （3）合理分析客户购买需求分析准确
3	目标客户分类	（1）不同类别客户的典型特征描述准确 （2）不同类别客户数量筛选正确

工作任务二　互动营销渠道策划

在数字互动营销中，主要存在品牌商和目标客户两方，品牌商要找到合适的沟通时机和方法将双方紧密结合起来，以使品牌足以吸引目标客户的注意力，从而实现数字营销的目标。数字营销技术的快速发展让数字互动营销原有的媒体平台和营销工具更加智能化，不仅丰富了广告创意的表现形态，还颠覆了传统的交互方式，使人与人、人与产品、人与信息之间可以实现"瞬联"和"续联"。数字互动营销的渠道也越来越多样化。目前，大多数企业会选择 APP、小程序、社群等主流渠道与客户进行多维互动。

通过学习本任务，我们能够了解主流互动营销渠道的策划方法，掌握互动营销渠道策划技巧，提升互动营销渠道策划能力，从而有效提升数字互动营销效果，扩大目标客户的触达范围。

一、互动营销的主要渠道

互动营销的主要渠道有：APP 营销、小程序营销、社群营销。

1. APP 营销

APP 营销是指企业利用 APP 将产品、服务等相关信息展现在消费者面前，利用移动互联网平台开展营销活动。APP 营销主要具有以下特点：

（1）成本低廉。与网络、电视和报刊相比，APP 营销费用成本较低，企业只需要设法开发属于自己的品牌应用即可，后期可能需要一定的费用，但相对于网络、电视和报刊来说，成本更低，推广效果也更好。

（2）信息全面。APP 可以将产品信息完全地展示出来，在客户心中树立起较好的品牌形象，因此也更容易激起客户的购买欲望。

（3）回馈及时。客户可以通过 APP 直接订购产品，同时营销人员可以与客户进行即时交流与反馈。移动网络使客户与营销人员之间的交流变得更加通畅，有助于营销人员掌握客户对产品的喜爱与厌恶程度，对产品未来的规划和设计有一定的促进作用。

（4）精准性高。运营者可以通过市场定位技术、数据库技术和网络通信技术与 APP 客户进行个性化沟通，这样的营销效果更加精准可控。

（5）客户黏性高。在进行专业的互动设计后，APP 本身的实用价值比较高，一旦客户下载了 APP，通常就会在互动引导下形成习惯，定期使用、浏览，因此形成的客户黏性比较高。

拓展阅读

大型企业 APP 营销专员岗位职责

（1）负责公司 APP 的客户增长及内容营销，综合利用线上线下等多种推广方式，制定推广策略，提升推广效果。

（2）根据 APP 产品的定位、特征，并结合渠道特点，进行合理的渠道投放，监控分析投放效果。

（3）从渠道挖掘、客户细分、人群分析等维度，挖掘增长空间，制定触达策略。

（4）优化客户增长转化链路中的全流程节点，精细化运营，提升 ROI。

（5）关注市场情况，跟进对标产品动态，及时提出应对策略。

（6）对渠道推广数据、客户行为数据进行综合分析，改进渠道投放策略。

（7）统筹优化资源配置，推动内外部协同工作，促使业务增长。

2. 小程序营销

在小程序上线之前，APP 是许多运营者的营销主战场。在小程序上线后，凸显出不一样的数字互动营销优势。

（1）转化率高。企业借助小程序能够实现营销闭环，从而实现更高的营销转化率。

（2）数据准确。小程序有助于实现企业内部数据与外部推广数据的高效链接，通过对客户数据的分析，企业可以实现精准营销。小程序具备一定的客户画像能力，可以从性别、年龄、区域、设备等维度分析小程序客户的状况，为下一步的营销做铺垫。

（3）门槛更低。相较于 APP，小程序开发与维护的成本更低、时间更短，上线速度也更快，有助于企业不断试错并优化产品。

（4）合理裂变。常见的社交营销最关键的就是裂变。只有产生了良性的裂变，企业的营销目标才能圆满完成。小程序既可以通过分享行为带来粉丝裂变，也可以基于关联公众号的内容来不断激活公众号粉丝。

> 拓展阅读

用小程序打造属于你的"宜家"

宜家与微信联手上线了"IKEA 宜家家居"小程序，迈出了线上电子商务重要的一步。"IKEA 宜家家居"小程序通过主题产品套装让消费者体验如何将居家场景变成电影放映厅、咖啡店。客户可以通过微信搜索"IKEA 宜家家居"小程序，或通过宜家官方微信公众号关联小程序进行体验。在"IKEA 宜家家居"小程序中，会不定期上线主题限量套餐，如"白色放映厅""FIKA 时刻""好味即存""一吻上墙"和"自定义浴室"等。这些产品称得上是宜家打造的微缩版"样板间"，而且可以将产品寄到国内的 149 座城市，远超宜家实体店的范围。

此外，"IKEA 宜家家居"小程序还采用了微信支付、微信电子发票等技术支持方式。在此次小程序与宜家的组合中，小程序以轻量便捷的特点和社交传播属性强等优势，成为宜家家居数字互动营销的良好载体。

3. 社群营销

社群营销是基于社群而形成的一种新的营销模式。它通过互联网的传播效应，借助社群成员对社群的归属感和认可度开展营销活动，通过良好的互动体验，增强社群成员之间的黏合度，使社群成员能够自觉传播品牌，甚至直接购买产品，从而达到企业营销的目的。社群营销的优势主要表现在以下几个方面：

（1）多向互动。社群营销是通过社群成员之间的互动交流开展的，包括信息和数据的平等互换。它使每一个成员都成为信息的发布者、传播者和分享者。这种多向的互动为企业营销创造了良好的机会。

（2）去中心化。社群营销呈扁平化的网状结构，人们可以一对多、多对多地实现互动，进行传播。这使传播主体由单一走向多元，由集中走向分散，是一个去中心化的过程。社群营销去中心化的特点主要体现在以下三个方面：

① 社群生态健康。社群里的互动交流不再局限于热点话题，交流的内容分散到成员的各个兴趣点上。

② 社群分类精准。企业应对用户进行精准分类，了解不同用户的兴趣爱好，以更好地实现互动。

③ 蒲公英式效应。对于单个社群来说，要根据用户的具体位置对其进行细分，以更好地增强用户黏性。

（3）具有情感优势。社群大多是基于共同的兴趣爱好而聚集在一起的，因此，社群成员彼此之间不仅很容易建立起情感关联，而且能协同叠加，合力创造出更大的价值，使企业从中获得营销利益及有价值的情感信息。

（4）自行运转。由于社群的特性，社群营销在一定程度上可以自我运作、创造、分享，甚至进行各种产品和价值的生产与再生产。在这个过程中，社群成员的参与和创造能催生出多种有关企业产品的创新理念或针对服务功能的有效建议，使企业的交易成本大幅下降。

（5）碎片化。社群资源的多样性特点，使社群营销在定位上呈现出信息发布方式松散、多样化的特点，这就意味着社群在产品设计、内容、服务上呈现碎片化的趋势。

虽然碎片化使社群缺乏统一性，为企业的社群营销带来很多不确定性因素，但只要企业善于挖掘、整理，就能从中挖掘出社群营销的价值。

拓展阅读

罗辑思维的社群营销策略

罗辑思维是罗振宇的个人知识型脱口秀节目，其最大的价值就是构建了一个成功的微信社群。罗辑思维是如何构建社群的呢？主要有三步。

第一步：选人。罗辑思维的用户主要是"85后"爱读书的人，这群人有共同的价值观和爱好，热爱知识类产品；用户入会要交会员费，以确保会员能真正参与社群活动。

第二步：培养习惯。培养共同的习惯可以进一步固化会员对社群的认同感。比如，罗辑思维每天早上固定在某个时间发送语音消息，以培养用户的阅读习惯。

第三步：加强线下互动。线下互动更能激发人与人之间的联合，罗辑思维就曾举办过不少线下活动，如书友会、知识分享沙龙等。

二、互动营销渠道策划的方法

互动营销渠道策划主要分为 APP 营销的策划及推广、小程序营销的策划及推广、社群营销的策划及推广。

1. APP 营销的策划及推广

1）APP 营销模式

（1）广告营销模式。即将企业 APP 的广告以硬性广告的方式直接植入第三方平台而开展的营销推广。该营销模式下常见的 APP 营销广告形式有开屏广告、页内轮播广告、封底广告、封面广告等，计费方式通常为 CPC 模式，即按照点击次数收费。

（2）APP 植入模式。APP 植入模式是指将产品或服务的信息转化为某一个应用程序的情景植入该应用，当客户下载该应用后，可以通过它看到投放广告的产品或服务的信息。APP 植入模式主要包括内容植入、道具植入及背景植入三种形式。

（3）客户参与模式。客户参与模式主要是指通过开发具有趣味性或使用价值的 APP，吸引目标客户参与使用，从而达到潜移默化地提升品牌知名度、塑造企业良好形象或者提升顾客满意度等目的。

（4）购物网站模式。购物网站模式是指将购物网站移植到智能手机、平板电脑等移动端上的一种营销模式。客户可以随时随地浏览网站获取商品信息，并可以直接支付下单。相对于手机购物网站来说，该模式的优势是快速便捷，内容丰富。

（5）内容营销模式。在移动互联网时代，手机已成为客户获取信息的重要渠道。客户的需求就是企业的市场。因此，给客户提供优质的内容也成为企业开展 APP 营销的重要营利点。内容营销模式以解决客户的实际需求和问题为核心，通过提供优质的内容服务帮助客户解决生活和学习中的实际问题，吸引目标客户，从而达到 APP 营销的目的。

2）APP 营销活动策划

企业开展 APP 营销，首先要有自己的 APP，然后才能开展相关活动。随着网络技术的快速发展，如今的 APP 功能变得更加强大，表现形式也更加丰富多彩，可以满足企业不同的业务和营销需求。常见的 APP 营销活动形式有以下几种：

（1）页面游戏活动。页面游戏活动的趣味性较浓，再加上较为丰厚的活动奖品，对客户有着极大的吸引力。这种活动形式适用于企业举办的大型活动上线的前期，目的是在短时间内吸引大量的人气，引导客户关注和参与，从而起到预热、引流的作用。常见的页面游戏活动形式有砸金蛋、摇一摇、猜价格、玩拼图等，这些活动都可以起到良好的营销效果。

（2）刮卡刮奖。刮卡刮奖活动的参与难度较低，刮奖次数一般不会太加以限制，客户可以随时参与，这样能刺激客户注册或登录账号，从而为 APP 带来新客户并能提高 APP 客户的活跃度。需要注意的是，尽管形式比较简单，但中奖率的设置、奖品的设置、每人中奖的额度和限制都需要在策划活动时仔细考虑并设置好。

（3）抽奖活动。抽奖活动也是企业用来吸引客户的常用 APP 营销手段。需要注意的是，这种活动方式成本较高，只有企业在短期内为了提高 APP 下载量、获得大量潜在客户时，才会采用这种方式。企业一般会对客户提出明确的任务要求，如下载安装、注册账号、成功支付等，只有完成了指定操作，才能获得奖品。

（4）充值有奖。充值有奖通常是为了鼓励客户在 APP 应用上注册并绑定支付账号、开通支付功能、下单购买平台上的商品和服务而策划的活动。该类活动以充值有奖的方式引导客户下单，常见的方式有低价秒杀红包、充值送红包等。

（5）定向支付有奖。企业除了策划单独的 APP 营销活动外，还可以结合时下主流的移动支付平台以合作的方式推广品牌。例如，以抽奖的方式鼓励客户使用企业指定的第三方支付应用，从而达到良好的营销效果。这样一方面可以增加第三方支付平台的客户数量，促进第三方支付平台的发展；另一方面可以以定向支付有奖的方式促使客户下单，提升企业的收益。

（6）大转盘抽奖。大转盘抽奖也是一种常见的 APP 营销活动方式，类似于刮卡刮奖活动。大转盘抽奖的活动形式较为简单直观，客户参与难度低，能够有效吸引新客户关注平台或登录账号。企业可以通过策划此类活动提升 APP 的客户活跃度和客户黏性。

（7）后台系统抽奖。相较于大转盘抽奖对客户的视觉冲击，后台系统抽奖则相对"温和"。后台系统抽奖采取的方式一般有两种，一种是在活动页面上提供"抽奖"按钮，客户自行点击参与；另一种是客户打开或登录 APP 后，根据活动页面提示，直接指定路径查看并参与。

3）APP 推广

企业 APP 上线后的首要任务就是将其推广出去，吸引新客户使用。APP 的推广方式多种多样，目前主流的有应用商店推广、应用内推广、社交媒体推广、网络广告推广以及线下预装等。

（1）应用商店推广。应用商店推广作为当前 APP 推广的主要方式，是指企业将 APP 发布到各大手机应用商店，供手机客户在应用商店里直接搜索下载。国内主流的手机应用商店类型有手机厂商应用商店、手机运营商应用商店、手机系统商应用商店，以及第三方应用商店等。

（2）应用内推广。应用内推广是指将企业 APP 植入其他应用中进行推广的一种推广方式。这种方式在其他应用中出现的位置包括开屏广告、底部旗帜广告、焦点图广告等，展现企业 APP 广告信息，以业务合作或者企业付费的方式展开推广。这种类型的推广方式有消息通知推广、应用内互推、广告弹窗推广、开放平台推广等。

（3）社交媒体推广。社交媒体推广是当下主流的信息传播方式，越来越多的客户通过社交媒体接受信息和分享内容，因此，利用社交媒体进行 APP 推广自然会受到推广人员的青睐。利用这种方式推广通常采用软性广告植入的方法，有较好的创意才能带来较高的流量。社交媒体推广的方式多种多样，主要有论坛推广、贴吧推广、微博推广、微信推广等。

（4）网络广告推广。企业利用网络广告推广 APP 也是一种有效的方式，常见的方式有积分墙推广、移动广告推广等。

（5）线下预装。线下预装属于传统的商务拓展合作推广方式，对于线下资源较丰富的企业来说，也是一种不错的推广方式。常见的线下预装有两种方式，一种方式是与手机厂商合作，在其生产的手机上预装企业 APP；另一种方式是与线下售卖手机的实体店铺合作推广企业 APP。这种推广方式的最大优点是可以在短期内快速提升 APP 的下载、注册量，客户的转化率也较高；但是这种粗犷的推广方式往往并不利于企业 APP 营销的长远发展。

2. 小程序营销的策划及推广

1）小程序建立

（1）注册小程序。注册小程序有两种方法，如果是已通过认证的公众号，可以直接在后台注册小程序，不需要再次认证；没有完成公众号认证的企业可以先进行公众号认证，再选择小程序类别，完成小程序注册。

（2）小程序开发。企业要根据需求，结合实力与能力进行小程序开发；如果企业没有开发能力，可以通过第三方平台生成小程序。

（3）小程序审核与上架。小程序开发结束后，要提交给微信官方进行审核，审核通过后才能上架，供客户访问、使用。

2）小程序命名

小程序命名至关重要，是影响其推广的重要因素。好的名字容易被记住，同时也会自带流量。所以，在给小程序命名时，要确保其简单易记，使客户看到名字就知道其功能，这样的小程序才有利于企业日后的推广与引流。

（1）要善用同主体同名特性。如果已有名字不错的公众号，而且流量很大，那么建议小程序直接使用公众号的名字；后面再加一些后缀，就可以更方便地进行推广。

（2）要善用改名功能。在正式发布前，小程序有三次确定名字的机会。如果第一次起得不好，一定要慎用第二次、第三次机会。

（3）符合搜索习惯。小程序的名称越符合客户的搜索习惯，被搜索到的机会就越大，这样不仅可以让小程序获得很高的曝光率，也可以提高小程序的展现量，从而提高成交的概率。

（4）利用关键词。在利用行业关键词的时候，小程序注册得越早，名字起得越好，就意味着曝光度越高。与其他平台相比，小程序最特别的地方在于可以布置十个附近的小程序并且可以设置十个关键词，这使它有非常大的机会获得自然流量。

（5）小程序的定位与开发。小程序的定位与企业的定位本质上是一样的；在开发小程序时，要考虑其定位以及如何能更好地利用"微信社交"的力量。

（6）简短原则。在给小程序命名时，应将小程序的名字取得精炼一点，保持在5个字以内为宜，2~3个字最佳。

3）小程序的推广

小程序借助线上微信朋友圈、线下经营门店、优惠促销活动等吸引客户扫描二维码添加，或者通过第三方来推广，综合推广成本低。常用的小程序推广方式主要有以下几种：

（1）线上推广。线上推广主要有公众号关联推广、朋友圈和好友分享、附近的小程序推荐以及关键词推广等。

① 公众号关联推广。通过"微信公众号—小程序—管理小程序—添加"，即可实现公众号与小程序关联。关联小程序后系统将自动向公众号粉丝推送关联成功消息，单击"消息"按钮即可跳转至对应小程序。

② 朋友圈和好友分享。小程序的应用场景很普遍，也很多元，建立在微信基础上的小程序使客户能更便捷地交流。小程序可以通过朋友圈进行推广，客户点击链接或者识别二维码就可以直接进入小程序。

③ 附近的小程序推荐。附近的小程序基于门店位置进行推广，能够吸引线上客户，为门店带来有效客户。有小程序的企业可以将门店小程序展示在"附近"。客户走到某个地点，打开"发现—小程序—附近的小程序"，就能查看自己附近的小程序，从而成为企业的潜在客户。

④ 关键词推广。客户常通过关键词搜索小程序。小程序开发者可以在小程序的"推广"模块中，设置与小程序业务相关的关键词，以便于客户搜索。关键词搜索的排名会受小程序的客户使用次数、服务质量、关键词相关性等因素的影响。开发者可以在小程序后台的"推广"模块中查看通过关键词搜索带来的访问次数。

（2）线下推广。随着小程序的广泛应用，越来越多的实体店也开始使用小程序。除了线上推广以外，线下推广方式也有许多，本书主要介绍以下两种：

① 通过实体店进行线下推广。对于实体店来说，客户在实体店进行消费时，一般会耗费更多的时间和精力，通过在实体店使用小程序，能够极大地节约客户的时间，减少排队现象，改善客户体验，从而提升店内的服务质量。

② 通过促销活动等方式进行线下推广。企业在固定场所（如学校、商场等）有针对性地策划地面推广活动，让客户参与活动，扫码关注小程序等，吸引潜在客户，有助于小程序快速积累客户资源。

（3）第三方推广。即利用小程序商店、新媒体软文、运营公司等第三方力量来实现小程序的推广。第三方推广往往是收费的，如第三方小程序商店会根据所付费用决定将该小程序放置在前面还是后面。以软文的形式推广，可将软文投放到粉丝较多的自媒体上。企业还可以缴付一定的费用，将小程序委托给第三方运营公司，让运营公司在旗下的微信社群中进行转发等。

3. 社群营销的策划及推广

1）社群构建

要想构建社群，需要详细考虑多个步骤才能持续运营下去；要形成一个健康的、生命周期比较长的社群，需要从社群名称、社群口号以及视觉设计的角度出发进行构思。

（1）社群名称。名称是最为重要的符号，是所有品牌的第一标签和第一印象，所以要特别重视。一般社群命名的方法有以下几种：

① 从现有的核心源头延伸出来，特点是与核心源头息息相关，从名称上并不能看出特别具体的信息，如"米粉群""魅友家"。

② 从目标客户着手，想吸引什么样的客户群体，就垂直地取与这个群体相关的名称，如读书会、爱跑团。

③ 以上两种方法的结合，如吴晓波书友会、秋叶 PPT 社群。

（2）社群口号。口号作为浓缩的精华，是社群构建的重中之重。社群口号一般有以下几类：

① 功能型。阐述自己的特点或做法，用具体、直白的信息让所有人第一时间知道社群的目的，如"以书会友，有书共读"。

② 利益型。阐述能够带给客户的直接利益，或能够为客户完成某个目标做出的贡献，如秋叶 PPT 社群的"每天 3 分钟，进步一点点"。

③ 三观型。阐述情感、态度、情怀及升华后的价值观、人生观、世界观，如趁早社群的"女性自己的活法"。

（3）视觉设计。对于社群来说，要有凸显仪式感、统一感的视觉设计，这是最基本的表现手法，其核心是 Logo 设计。目前常见的社群 Logo 有两类：一是已经非常成熟的企业或品牌会在做社群的时候直接沿用自己的原 Logo；二是一般情况下的普通社群，主要还是用文字做 Logo，也可以用一些核心人物或理念延伸的卡通形象。

2）社群营销活动策划

策划社群营销活动是保持社群活力和生命力的有效途径，也是加强社群成员情感联系、培养社群成员黏性和忠诚度的有效方式。常见的社群营销活动有以下几种：

（1）社群分享。社群分享是指分享者向社群成员分享一些知识、心得、体会、感悟等，也可以是针对某个话题进行的交流讨论。专业的分享通常需要邀请专业的分享者，也可以邀请社群中表现突出的成员进行分享，激发其他成员的参与热情和积极性。一般来说，在进行社群分享时，需要提前做好相应准备，包括事先确定分享内容，提前通知社群成员，营造暖场气氛，进行活跃社群的互动，提供福利吸引成员参与，宣传分享提高社群影响力等。

（2）社群交流。社群交流是发动社群成员共同参与讨论的一种活动形式，组织者可以挑选一个有价值的主题，让社群的每一位成员都参与交流，通过交流输出高质量的内容。社群交流也需要进行与社群分享相似的组织和准备。

（3）社群福利。社群福利是激发社群活跃度的有效工具。一般来说，不同的社群通常会制定不同的福利制度，或者是将多种福利形式结合起来使用。常见的福利方式有以下几种：

① 物质福利。对表现优异的社群成员提供物质奖励，一般为实用物品，或者具有社

群个性化特色的代表性物品，如社群徽章、社群定制纪念品等。

② 现金福利。对表现优异的社群成员提供现金奖励。

③ 优惠福利。在表现优异的社群成员再次购买时予以优惠，如减少费用、赠送额外的物品等。

④ 荣誉福利。对表现优异的社群成员提供相应的荣誉奖励，如奖杯、勋章、特定头衔等，合理的荣誉福利能大幅提高社群成员的积极性。

⑤ 虚拟福利。对表现优异的社群成员提供虚拟的福利奖励，如积分。当社群成员的积分积累到一定额度的时候，就可以兑换相应的奖励。

（4）社群打卡。社群打卡是指社群成员为了养成一种良好的行为习惯而采取的一种活动方式，它可以监督并激励社群成员完成某项计划，因此打卡型社群通常具有激励成员不断进步的作用。一个积极健康的打卡社群，必定拥有良好的打卡氛围。常用的营造社群打卡氛围的主要方法有树立榜样、同伴鼓励、设置竞争机制、制造惊喜或奖励、建立情感连接等。

（5）线下活动。根据规模的大小，社群的线下活动具有不同的组织难度。为了保证活动的顺利开展，在活动开始之前必须有一个清晰完整的活动计划和团队分工方式，以方便组织者更好地把控活动全局，确保活动有计划、有目的、有质量。

3）社群营销的推广

在进行社群营销之前，营销人员需要确定社群的主体。社群的主体不同，营销的推广方式也不同，具体可以分为以下几种：

（1）核心人物营销。通过核心人物在某一领域的影响力，吸引感兴趣的客户加入社群。核心人物是指社群中占据主导地位的人，是整个社群的灵魂，一般为具有人格魅力、专业技能出众的人，能够吸引客户加入社群，对社群的定位、发展、成长等拥有长远的考虑。

（2）价值营销。价值是指社群中能够给社群成员提供知识和经验，提供帮助社群成员学习、解决相关问题的内容。利用价值进行社群营销，就是通过向客户展示其在社群中能够获得的知识等价值，吸引客户加入社群。在进行价值内容输出时，一般有讨论输出、活动输出、公众号输出、直播课输出等方式。

（3）社群文化营销。社群文化是社群中包括目标、规则、福利、口号以及 Logo 等在内的一种综合的社群精神体现。在社群营销中，依靠社群文化进行营销，就是通过社群文化所表达出来的氛围，使客户对社群产生好奇心理，吸引客户自发地了解社群，加入社群。营销人员可以从加强社群成员对社群的信任、明确社群标签、树立社群价值观和提高社群成员归属感四个方面建立社群文化。

拓展阅读

社群营销专员岗位职责及任职要求

1. 岗位职责

（1）结合公司的经营发展目标，建立用户社群，负责拉新、维护、留存、转化等基础性工作。

（2）负责公司及经销商客户群日常维护和运营，包括社群内容发布、话题引导、活动发布等。

（3）持续挖掘用户需求，维护社群活跃度，通过各种线上线下活动提高用户黏性，与客户保持密切沟通，推广公司产品。

（4）收集客户信息，挖掘潜力及核心客户，促成用户转化，结合社区推广活动，探索线上线下联动的销售模式，促进销售目标的达成。

2. 任职要求

（1）具备一年以上社群营销经验、促销活动的操作经验，熟悉社群营销的各类规则并能内化出一定的实战经验。

（2）具备互联网运营思维，善于营造社群氛围，对社群运营有较大的工作热情和积极性。

（3）对品牌有一定的认知，能深刻理解品牌文化及定位，作为品牌文化的传递者将品牌个性传递给用户。

（4）有强烈的事业心，吃苦耐劳，学习能力强。

三、互动营销渠道策划的技巧

互动营销渠道策划的技巧分为：APP 营销策划技巧、小程序营销策划技巧、社群营销策划技巧。

1. APP 营销策划技巧

（1）明确 APP 营销的核心目标。策划 APP 营销活动时，首先要明确活动的目标，做到有的放矢，围绕主要目标策划活动。例如，将活动目标定为提高新客户数量或 APP 下载量等。

（2）降低客户参与门槛。策划 APP 营销活动时，要尽可能地吸引最大数量目标客户的关注和参与。因此，企业要降低活动参与门槛和要求，方便客户参与。例如，设计活动时应尽量避免将客户登录的页面放置在活动页面后，不然客户刚进入活动页面就提示要登录，客户可能会因此感觉烦琐而直接离开，不再参与活动。

（3）明确视觉导向。客户通常是在自己的闲暇时间参与企业的 APP 营销活动，大多是为了放松娱乐或出于好奇，在这种心理状态下，客户在活动中是比较随意的。这就要求营销人员在策划活动时能够给客户明确的视觉引导，避免让客户过度思考，以清晰明了的视觉提醒，一步一步引导客户参与活动。

（4）吸引客户分享。一个创意较好的 APP 营销活动通常会吸引客户进行分享转发，从而获得更好的传播效果。所以，营销人员在策划 APP 营销活动时，应注意引导客户分享转发，激励客户分享活动。常见的分享激励方式有转发有奖、体验分享、限时免费服务等。

（5）营造活动氛围。APP 拥有强大的功能，表现方式更是多种多样，集文字、图片、音频、视频、动画等多媒体于一体，可以给客户震撼的视觉和听觉刺激。因此，在策划 APP 营销活动时，可以考虑植入与活动有关的动画或音乐，营造良好的活动氛围，让客户以愉悦的心情置身于活动中。

拓展阅读

APP 违法违规收集使用个人信息专项治理

近年来，移动互联网应用程序（APP）得到广泛应用，在促进经济社会发展、服务民生等方面发挥了不可替代的作用；但是，APP 强制授权、过度索权、超范围收集个人信息的现象大量存在，违法违规使用个人信息的问题十分突出，广大网民对此反映强烈。为切实治理个人信息保护方面存在的乱象，中央网信办等四部门决定自 2019 年 1 月至 12 月，在全国范围内组织开展 APP 违法违规收集使用个人信息专项治理。

中央网信办、工业和信息化部、公安部、市场监管总局联合发布的《关于开展 APP 违法违规收集使用个人信息专项治理的公告》指出，APP 运营者收集使用个人信息时要严格履行《中华人民共和国网络安全法》规定的责任义务，对获取的个人信息安全负责，采取有效措施加强个人信息保护。遵循合法、正当、必要的原则，不收集与所提供服务无关的个人信息；收集个人信息时要以通俗易懂、简单明了的方式展示个人信息收集使用规则，并经个人信息主体自主选择同意；不以默认、捆绑、停止安装使用等手段变相强迫用户授权，不得违反法律法规和与客户的约定收集使用个人信息。倡导 APP 运营者在定向推送新闻、时政、广告时，为用户提供拒绝接收定向推送的选项。

（资料来源：中国政府网，2019-01-23）

2. 小程序营销策划技巧

（1）找到合适的场景。根据客户需求，小程序场景可以分成 4 类，如图 2-1 所示，企业可结合自己的产品特征选择最合适的场景进行小程序营销。

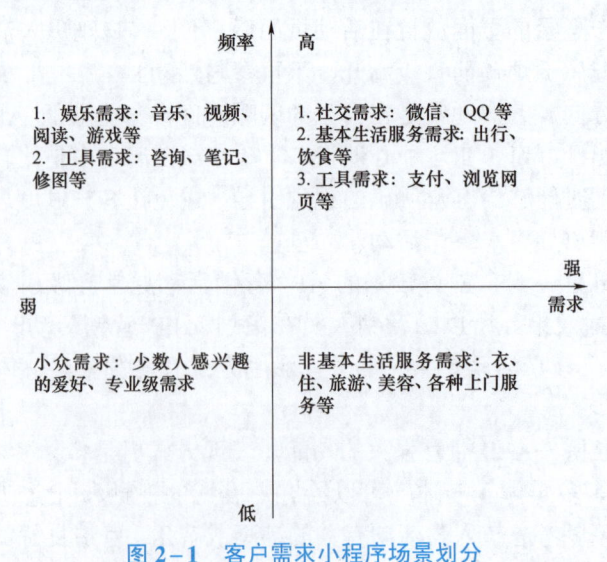

图 2-1 客户需求小程序场景划分

① 高频强需求场景。第一象限中是客户使用频率非常高的场景，因此要求产品性能、流畅度都要非常好，否则会造成客户体验不佳，容易导致客户流失。一般情况下，小程序是不适合在这类场景中使用的，由于小程序的成本以及容量等问题，这类产品的性能以及流畅度目前尚不及 APP。

② 高频弱需求场景。第二象限的使用场景涉及的产品种类较多，有娱乐类、工具类等。在这一象限内，企业产品如果需要深度阅读并且实现高互动，可以通过公众号进行导流并进行营销；企业产品如果对交流互动、视觉体验等没有十分严格的要求，则会在小程序中有着不错的发展潜力，微信天然的传播能力能够帮助其造势。

③ 低频弱需求场景。第三象限的场景较为少见，企业选择这类场景，可能是由于自身的兴趣爱好，或者是面向某一领域而提供精而专的内容。

④ 低频强需求场景。第四象限是小程序中最常见，也是企业选择最多的场景。这一象限的场景囊括大量生活服务需求，衣食住行等都包括其中，但人们却不经常需要，如旅游服务、美容服务等。通过以上四个象限的内容可知，低频强需求的场景是最适合小程序的。企业也可以根据自己的产品特性，结合以上内容，判断自己的产品是否适合通过小程序进行营销，并且为自己的产品选择最佳的小程序场景。

（2）主推小程序分享。小程序营销中最关键、最有价值的是流量裂变，并且只有良性的流量裂变才能带来理想的营销效果。而小程序由于其极强的分享性，如微信群分享、微信好友分享等，能够让客户之间产生良性裂变，更能不断吸引公众号粉丝。企业借助小程序一方面可以不断从各个渠道吸引新的粉丝加入，另一方面可以通过合理的引导分享来扩大整个用户群体，实现最大程度上的营销运营和口碑良性裂变。

（3）快速实现交易转化。小程序作为一个快速成交平台，借助活动或其他媒介，可以对客户进行冲动性、刺激性消费的引导，从而达到快速转化的效果。当客户下次再想去购买产品时，能通过微信快速找到小程序"商店"，在微信中即可完成二次营销转化。

（4）注重对二维码的投放。注重对二维码的投放并制定完整的规划方案。投放前先分析在哪些地方投放能够吸引更多的目标客户参与。企业要充分认识投放二维码的重要性，并将其纳入关键绩效考核指标。

3. 社群营销策划技巧

（1）注重社群之间的相互融合。在多元化的互联网世界中，社群也应该是多元化的。虽然互联网社群是以价值观聚合而成的，但是社群与社群之间并非封闭状态，而是相互融合的。因此，企业不仅要注重社群之间的相互融合，还要注重与不同社群的合作。

（2）情感是社群营销的基础。社群一旦充满了情感，就能将客户的思维提升到情感和价值追求的层次。这样就能加深客户对品牌的忠诚度。一方面，这需要将情感融入产品中，定制产品或设定主题；另一方面，要善于用情感做广告，以情定位，以情动人，把情感和内容联系在一起，这样才能引起粉丝的共鸣，使其自然而然地接受产品。

（3）社群需要有文化底蕴。文化是社群的灵魂，对文化的认同是一切关系的开始。在建立社群时，要注重以客户为主体，建立社群文化，形成彼此的信任。社群文化能起到对内凝聚人心、对外彰显品牌功能的作用。除此之外，社群还需要有利他文化。

拓展阅读

职场即秀场，58同城时尚秀

如今，"潮"成为品牌与新一代年轻客户沟通的重要桥梁，对于年轻一代，碰撞出"潮流元素"的品牌超出了功能价值，它承载的是年轻人的生活态度和自我表达。

58同城在2021年的"超职季"，跨界时尚圈，举办了一场让普通职场人走上T台的秀，掀起了"潮改工装"风潮。通过"场景+事件+传播"的环环相扣，以一次高光时刻赋予求职者人文关怀，将潮流注入日常生活，掀起职场新潮流。

1. "职场即秀场"，58同城创造年轻化新场域

58同城为进一步探寻年轻人身心的"归属"，给出了新的诠释——"本命工服"。58同城通过《时尚先生》邀请了四位潮流服装设计师，根据不同职业的痛点，为房产经纪人、服务员、搬运工、快递员、电竞选手等职业打造兼具"时尚&先锋&功能"的"本命工装"，并举办线下发布秀。

2. 让潮流回归现实，打造吸引力通路

什么是潮流？58同城在"潮改工装计划"中给出了新答案——以不同的现实情景为内容介质，让潮流回归现实，以展现不同职场人的职业魅力，打造出一个对58同城品牌价值输出的吸引力通道。

3. 渗透式传播，创造持续化的品牌记忆

这场58同城"超职季"活动跳出传统逻辑，从点到圈，先渗透再扩散，进行了由外到内的"渗透式传播"，制造传播焦点；通过"素人改造+真实职场情景"吸引社群成员自传播；通过"3D大屏+地铁通道"进行全方位营销展示。

任务演练

社群互动营销策划

一、任务描述

悦读书屋是一家位于某一线城市的实体书店，通过大量的市场调研之后，它将店铺定位于提供休闲阅读的书店，以内容较为轻松、具有娱乐性的图书报刊吸引客户驻足，如散文、小说、杂志等。读者到店以后，可以根据自己的兴趣爱好，选择阅读内容、数量和时间，寻求心理上的满足，获得精神上的享受。为了增加读者的黏性，挖掘其价值增长点，悦读书屋运营者打算开展社群互动营销。首先创建微信社群，确定社群口号，完成社群视觉设计；其次，开展相应的社群互动营销活动，以创新服务体验；最后与读者形成有效的日常化互动，实现与网络书店的差异化经营。

二、任务分析

社群互动营销已成为互联网时代营销行业的新兴力量，基于客户相同或相似的兴趣爱好聚集人气。社群互动营销不局限平台，线上线下的平台和社区都可以进行营销。无论面向怎样的客户群体，社群营销都是重要的营销渠道。

在进行社群营销时,首先,要明确社群的目的,并围绕此目的创建社群。其次,根据社群目标群体的实际需求提出解决方案,以此吸引社群成员的加入,不断壮大社群成员队伍。最后,通过价值输出或活动策划,增加社群成员的黏性,建立社群成员的信任关系,同时吸引其到书店中来,方便进行下一步的客户价值转化。

社群营销要围绕社群的价值开展,通常来说社群存在的价值就是要能够解决社群成员的痛点,如交流读书心得、提升个人修养等。另外要能够高质量地输出内容,通过巧妙地设计和引导,提高和保持社群的活跃度,深度拓展客户,增加客户黏性,并且交叉覆盖其他关联社群,增加关系连接维度,强化社群成员之间的关系。

三、任务操作

(1) 根据任务描述中对社群互动营销的需要,分析社群创建的目的并完成社群创建基础信息的策划,填入表2-6中。

表2-6 "悦读书屋"社群的基础信息

社群名称	
社群口号	
社群 Logo	
社群公告	
社群输出价值	

(2) 根据书店现有读者信息,聚集核心种子成员,设置入群规则,不断壮大社群队伍并实现精准互动营销,完成表2-7。

表2-7 种子成员信息及入群规则设置

目标成员定位		
种子成员信息	来源	
	性别	
	年龄	
	职业	
	爱好	
	人群动机	
	…	
入群规则设置		

3. 为提升社群活跃度,增加与社群成员的互动,根据社群性质及人员构成,策划一场有意义的社群分享/社群交流活动,完成表2-8。

表2-8 社群营销活动策划

活动类型	社群分享/社群交流
活动主题	
活动通知	
活动准备事项	
活动操作过程 — 暖场操作过程	
活动操作过程 — 互动操作过程	
活动操作过程 — 控场操作过程	
活动操作过程 — …	
活动效果分析	

四、任务评价

本任务具体评价内容如表2-9所示。

表2-9 社群营销策划任务评价

序号	评分项	评分标准
1	社群创建信息填写	（1）各项信息填写完整、合理 （2）各项信息内容统一、具有关联性
2	社群成员聚集	（1）合理定位目标成员 （2）正确采集成员数据并整理归纳 （3）人群规则设置合理
3	社群营销活动策划	（1）活动主题鲜明独特，突出亮点和特色 （2）活动通知撰写规范 （3）活动准备事项考虑周全 （4）活动过程详细，具有可操作性 （5）活动效果分析全面，评估合理

五、任务拓展

1. APP互动营销策划

悦读书屋除了不断布局线下门店以外，也在积极开拓线上市场，开发了自己的"每天悦读15分钟"等服务。现在，悦读书屋基于社群营销的经验，结合APP营销的特点和推广方法，打算策划一场APP互动营销的活动。

请参考社群互动营销策划操作流程，结合APP营销渠道特性和客户特点，完成悦读书屋APP互动营销策划。

2. 小程序互动营销策划

悦读书屋自成立以来，得到了大批读者的喜爱，为了吸引更多流量，辐射更多客户，悦读书屋依托微信平台庞大的客户流量，开发"悦读一刻"小程序，为悦读书屋进行拓客引流。"悦读一刻"小程序针对读者的兴趣爱好，设置了100多个兴趣点，在每个兴趣点上设置了风格不同的小说、诗歌、杂志和文章，以满足不同读者的需求。为了提升"悦读一刻"小程序的知名度与影响力,增加读者黏性,书屋管理者要结合小程序营销的特征和读者特点,策划一场小程序互动营销活动。

请参考社群互动营销策划操作流程,结合小程序营销渠道的特性和客户特点,完成悦读书屋小程序互动营销策划。

工作任务三　互动营销方式策划

社交媒体的类型越来越丰富,企业所能应用的互动营销方式也变得越来越多,这些互动营销方式不仅提高了数字互动营销的效率,也为客户带来了更好的营销体验。目前,在数字互动营销的实施过程中,主要有口碑营销、事件营销、借势营销、饥饿营销和情感营销等方式,这些营销方式都有各自的特点和适用营销渠道。在选择营销方式时,企业营销人员要充分考虑商品特性和目标客户喜好,这样才能更好地与客户进行互动,实现营销目标。

通过学习本任务,我们能够了解不同互动营销方式的含义,熟悉它们的策划技巧和注意事项,培养数字互动营销的策划能力,提高目标客户的参与度。

一、口碑营销策划

口碑是指客户对产品或品牌的评价,在客户自主传播的过程中它可以影响其他客户对产品或品牌的看法及态度,甚至改变其他客户的购买行为。口碑营销就是以口碑传播模式为核心的营销方式。利用口碑营销,企业可以树立良好的形象,增加产品或品牌的曝光度,提高客户忠诚度。

与传统口碑营销相比,数字互动营销环境下的口碑营销又表现出以下一些新的特征:

1. 口碑营销的特点

(1)传播主体匿名。互联网为客户的评价提供了更大的便利,传播者可以选择匿名发布信息或参与相关讨论,更加自由地表达和分享自己对产品、品牌、服务的看法。

同时匿名发布也为企业制造口碑营销事件提供了空间,让企业可以更加便捷地进行口碑引导和控制。

(2)传播形式多样。口碑营销具有非常丰富的表现形式,文字、图片、声音、视频都可以作为传播媒介,在进行口碑传播的过程中还可以有效增加传播内容的趣味性。此外,网络传播形式更加方便客户进行信息的获取和分享,进一步扩大了口碑影响力。

(3)突破时空限制。传统的口碑营销大多是将信息传播给客户生活中身边的少数人,而网络口碑营销可以借助互联网将信息传播到各个地区和人群中,不受地域空间的限制。

(4)传播效率高。互联网让口碑传播不再局限于一对一的传播,还可以进行一对多的大范围传播,各种社交平台、门户网站、贴吧、论坛等让口碑信息的传递变得更加直接、高效。

(5)互动性强。在口碑信息传播的过程中,客户可以在第一时间进行交流和回应;同时，传播者和接受者之间良好的互动还可以增加两者之间的情感联系，为口碑传播赋予更多的情感价值，提高接受者对品牌的感知和印象。

（6）相对可控。网络口碑在很多时候都可以进行人为干预，互联网使传播方可以及时了解客户对口碑的实时反应，然后根据反馈信息进行及时回应，引导口碑传播向更积极的方向发展。

（7）传播成本低。与传统的口碑营销相比，新环境下的口碑营销只需要耗费更少的时间和机会成本，就可以实现更优质的传播效果。

2. 口碑营销策划技巧

（1）打造口碑话题。口碑营销始于话题，具备公众讨论条件的话题才能催生出高效的传播效果，发挥更好的作用。一般来说，简洁易懂、便于传播、贴近生活的话题更容易引起公众的广泛谈论，为了保证话题质量，企业可以自主打造口碑话题。

（2）挖掘消费者的真实需求。洞察消费者的真实需求后，企业才能知道消费者对什么话题感兴趣，才能有针对性地制造话题，引爆话题，所以在网络口碑传播过程中，对消费者的心理、行为进行跟踪调查十分重要。在挖掘消费者的真实需求时，首先，需要对目标消费者的言论、社交行为等进行分析，了解他们的网络行为，及时掌握他们的观念和动向；其次，可以进行有偿的客户反馈调查，刺激消费者对产品和品牌进行真实、积极的反馈；最后，还应建立完善的消费者互动平台，加强与消费者的互动，从互动中挖掘消费者的真实需求；也可以通过搜索引擎数据分析了解消费者的真实需求。

（3）测试和培养口碑。企业在选择口碑话题时，通常会选择自己具有优势或便于打造的话题。很多时候口碑话题的选择并不是单一的，可以挑选比较有竞争力的多个口碑话题分别进行测试，然后选择效果最好的话题进行重点培养。例如，围绕某款营养食品，可以提炼温情、家庭、方便、美味、健康等多个话题，经过测试发现家庭这个话题更有讨论热度，那么就可以从感情的角度出发，重点培养家庭这个话题。

（4）媒体资源的选择和整合。合适的媒体资源和媒体平台可以让网络口碑的传播效果更好，对于不同的话题方向可以选择与之相适应的不同媒体平台。其中，社交平台的操作比较简单，并且传播速度快、覆盖面广、交互性强，没有时间和空间的限制。同时，社交平台的客户彼此之间都有一定的感情基础和信任基础，能够最大限度地互相影响，为口碑传播创造更好的环境。根据实际的口碑营销策略和营销需求，企业也可以采取传统媒体和新媒体相结合的方式，扩大影响范围。

（5）提高客户互动质量。提高客户互动质量可以保持客户对品牌口碑的传播热情，消费者接触品牌和产品的时间越长，参与品牌口碑正面传播的积极性就越高，所以保持与客户的高质量互动，可以保证品牌在客户群体中持续保持较高的曝光率，深化品牌在客户心中的形象。

（6）挖掘和培养意见领袖。意见领袖通常代表着一个领域、一个行业或一个团体中的权威声音。意见领袖的观点更容易为大众所接受和信任，意见领袖的行为也会对大众的行为产生重大影响，所以挖掘或培养一个有影响力的意见领袖，对网络口碑传播会起到十分积极的作用。在口碑营销过程中，可以寻找个人口碑较好的意见领袖，与他们进行合作，获得他们的支持，并充分发挥他们的引导作用，向客户传递品牌理念，培养广泛的品牌口碑基础。

> **拓展阅读**

小米口碑营销核心："参与感三三法则"

口碑营销就是要运用用户思维，让用户有参与感；构建参与感，就是开发产品、服务生产的过程，让用户参与进来，建立一个可触达、可拥有、和用户共同成长的品牌。从这个角度分析，小米营销的本质就是口碑营销。总结起来，有三个战略和三个战术，被称为"参与感三三法则"。

1. 三个战略

（1）做爆品。做爆品是产品战略。

（2）做粉丝。做粉丝是用户战略。

（3）做自媒体。做自媒体是内容与品牌战略。

2. 三个战术

（1）用户参与节点。把产品研发、生产等过程开放给用户，让用户尝试参与到企业的日常运营中。

（2）设计互动方式。配合所开放的节点，做相应的互动设计。

（3）扩散口碑事件。把基于互动的内容做成话题和可传播事件，让口碑产生裂变，放大口碑营销的影响力。

小米在此法则的基础上，构建了MIUI论坛和小米社区，通过口碑营销与用户紧密联系起来，让其产品持续保持市场竞争力。

3. 口碑营销策划注意事项

（1）保证品质或服务。与事件营销不同，口碑营销不应靠创意或娱乐新闻取胜，而是要依靠良好的产品品质和品牌服务建立正面的、持久的口碑效应。例如，海尔首席执行官张瑞敏怒砸不合格冰箱的经典案例，体现了海尔重视产品质量的决心，加上后续的产品品质和服务也得到了保证，因此才有了客户对海尔产品质量的认可。这使得一场投诉事件转变成能有效提升品牌知名度的口碑营销事件。

（2）口碑与品牌相结合。口碑营销是为了宣传品牌，树立良好的品牌形象，保持企业的良好发展，因此，口碑营销策划的引爆点或话题一定要与品牌相结合。例如，海底捞的口碑营销传递了其优秀的服务态度，小米的口碑营销传递了其超高的性价比。

（3）口碑策划要严谨。口碑营销是一种需要客户、时间检验的营销方式，因此，营销策划人员在策划口碑营销时要注意口碑营销的细节，确保口碑营销内容的严谨性和可推敲性。

（4）防范口碑风险。确保口碑营销最终引发的效应一定是正面的，不能适得其反，带来负面影响。这不仅需要营销策划人员随时注意监测营销的效果，还要在策划时多准备几套应急方案，以降低产生负面口碑的风险。

二、事件营销策划

事件营销是企业通过策划、组织和利用具有名人效应、新闻价值以及社会影响的人物或事件，引起媒体、社会团体和消费者的兴趣与关注，以求提高企业或产品的知名度和美誉度，树立良好的品牌形象并最终促成产品或服务的销售目的的一种手段和方式。

1. 事件营销的特点

事件营销具有目的性、风险性、低成本性、多样性、新颖性和效果明显性等特点。

（1）目的性。目的性是指事件营销具有一定的目的，如营销推广产品、宣传活动等。

（2）风险性。风险性是指在事件营销中，由于媒体的不可控和事件接受者对新闻的理解程度不同，会造成评论风向的不同，如果引导欠佳就有可能产生负面影响。

（3）低成本性。低成本性是指相对于传统媒体广告而言，事件营销的成本相对较低。

（4）多样性。多样性是指事件营销具有集新闻效应、广告效应、公共关系、形象传播、客户关系于一体的多样化特征。

（5）新颖性。新颖性是指事件营销展现给客户的信息往往是客户感兴趣的、能使客户耳目一新的信息。

（6）效果明显性。效果明显性是指事件营销可以聚集许多客户，且被不同媒体平台转载，能达到较为明显的营销效果。

2. 事件营销策划技巧

（1）借势策划。借势策划是指营销者及时抓住广受关注的社会新闻、事件以及人物等，结合企业或产品在传播上想要达到的效果而采用的一系列营销手段。这种方式可以让企业花费最少的人力、物力成本，成功地将产品或品牌推进目标客户的视野，甚至引起裂变式的"病毒"传播效应。借势进行事件营销策划时，需要掌握以下几点：

① 借势时机。在借势策划事件营销时，"势"可以分为可预期和不可预期两类。可预期的"势"有节假日活动、重大体育赛事、热门电影上映、热门剧播放等具有预见性特点的事件，此营销策划人员可以提前准备素材，以便更好地开展营销策划。不可预期的"势"则考验营销人员的综合业务素养，应谨慎操作。

② 内容关联。内容关联是指找准营销内容与借势事件的关联点，以此快速切入产品或品牌，从而进行关联性营销。要将事件核心点、产品或品牌诉求点、客户关注点三者结合起来，让借助的"势"与产品或品牌所倡导的价值导向或文化相融合，以得到客户的认可，这样才能引发客户的自主传播行为，为营销信息的广泛传播提供基础。

③ 营销创意。营销创意是指在制订营销计划的过程中，不仅能够避免与竞争对手同质化，而且可以从侧面增强自身竞争力的一种营销策略。营销创意的实施范围非常广泛，可用于产品、品牌、广告宣传、企业形象等对象，通过将创意与这些对象进行融合，策划出更具吸引力的营销方案。

（2）自主策划。如果没有合适的借势时机，营销策划人员可以自主策划事件开展营销。在自主策划的过程中，要注意以下几点：

① 事件的价值。一般来说，事件主要由客观事实与网络客户的需求决定。客户与该事件在心理上或利益上的关联越紧密，事件营销的价值就越大。因为客户一般对新奇、有

趣、产生利益的相关事件比较感兴趣，所以营销人员可以从这些角度出发进行策划，提升事件营销的价值。

② 事件的独立性。自主策划事件时，营销策划人员要注意保持事件的独立性，不要单纯地为了进行事件营销而制造新闻，或忽略该事件与企业形象的关系，否则可能引发企业的形象危机。

③ 事件的传播。自主策划事件时，营销策划人员应该尽量将与该事件有关的议题向社会热点话题靠拢，引导客户将自己的关注点从热点话题转向营销人员策划的事件，从而扩大事件的传播范围。

拓展阅读

新世相事件营销："4 小时后逃离北上广"

2017 年，新世相媒体公司策划的"4 小时后逃离北上广"事件营销活动一度在朋友圈和微博刷屏，成为当年的现象级营销事件。其营销文案非常经典："今天，我要做一件事：就是现在，我准备好了机票，只要你来，就让你走。现在是早上 8 点，从现在开始倒计时，只要你在 4 小时内赶到北京、上海、广州 3 个城市的机场，我准备了 30 张往返机票，马上起飞，去一个未知但美好的目的地。现在你也许正在地铁上、出租车上、办公室里、卧室中。你会问：我可以吗？——瞬间决定的事，才是真的自己。"

数据显示，新世相"4 小时后逃离北上广"的事件营销活动，自发起后仅 1.5 个小时阅读量就突破了 10 万次，共有 116 万人阅读，传播范围及影响力惊人。当天，新浪微博上关于"#4 小时后逃离北上广#"的话题阅读量超过 1 000 万次。最终全渠道达到 3 422.4 万次的传播效果，从曝光度来说大获成功。此次事件营销的成功主要基于以下几个原因：

（1）情怀至上，直击痛点。"逃离北上广"活动主打情怀牌，直击大城市工作压力大的痛点，号召大家做一回"真正的自己"。

（2）合适的伙伴，足够的预热。此次"逃离北上广"事件营销的策划者，除了新世相之外，还有航班管家和一直播平台。这两个合作伙伴，一个能提供航班机票，一个能对接火爆直播红利平台，三者合作效益能达成最大化。

（3）规则简单，行为引导力强。成功的事件营销案例具备很强的互动性，且互动规则越简单明了越容易吸引用户。此次事件营销的规则十分简单，直接指明活动时间和参与方式，这是影响事件营销成功的因素之一。

3. 事件营销策划注意事项

（1）保持对事件的敏锐性。首先必须有具体的事件可供企业"借势"，而企业必须敏锐地抓住这些具有高关注度和高传播度的事件。事件营销的本质，就是借助合适的事件帮助品牌造势。

（2）学会创造事件。事件营销除了打出热点牌"借势"之外，还可以利用提出新概念、借助新闻事件、开展公关宣传活动等方式来"造势"。企业可以发布新产品、新思想、新做法、新方式，引发群体关注和追捧，因为有了创新才能更好地引起广大网友的关注。

（3）抓住时机。当企业找到一个适合的热点做事件营销时，应该乘胜追击，就当时事件的火爆程度展开营销活动，不要等热点冷却之后再进行营销推广。企业只有及时准确地判断出社会热点事件，才具备利用该事件进行事件营销的前提。企业能否在有效时间内进行决策并合理实施，最终决定了企业能否把握机会。

（4）抓住事件的切入点。在互动营销中，事件营销的方式普遍被企业采用，而事件营销的关键是将最为关键的信息准确地传达给受众。企业在进行事件营销时，一定要抓住事件的切入点并与大众心理契合，这样才能有效提高品牌知名度、产品销量以及企业信誉度。更重要的是，这能让企业营销活动不那么刻意，让大众无意识地接受企业的产品，这种事件营销的传播效应会比较久，效果也比较好。

三、借势营销策划

与事件营销相似，借势营销是一种提高产品或品牌知名度、美誉度，树立品牌形象，促成产品或服务销售的营销策略，可以起到广告效应、品牌传播和聚集粉丝的作用。

1. 借势营销的特点

（1）广告效应。营销的最终目的是达到广告效应，而借势营销则是借助热门事件等人们共同关注的话题发布营销信息，使其随事件一起进入客户的视线，让客户能够记住事件背后的品牌和产品。

（2）品牌传播。借势营销可以帮助企业快速树立良好的品牌形象，提高知名度。由于借势营销的成本很低，因此它普遍适用于市场上的大多数企业。一次成功的借势营销可以帮助企业在短时间内，利用较低的成本将品牌传播给更多的客户。

（3）聚集粉丝。随着品牌的传播，企业运营账号也会进入客户的视线，成功的借势营销往往意味着精妙的构思和精彩的营销内容，这使企业运营的账号更容易获得客户的好感，吸引客户成为企业所运营账号的粉丝，达到快速聚集粉丝的目的，一些粉丝还会主动转发营销信息，扩大企业所运营账号的影响力。

2. 借势营销策划技巧

（1）借势节日。借势节日的营销活动是较为常见的借势营销方法，因为节日是人们日常生活中的一部分，且大部分节日都会放假，此时客户拥有更多的时间与精力浏览新媒体平台的内容，因此借势节日可以达到更好的营销效果。一般而言，借势营销常用的节日包括元旦、春节、元宵节、清明节、端午节、中秋节和国庆节，以及由电子商务行业发展形成的"6·18年中购物节""双11购物狂欢节""双12购物节"等。需要注意的是，借势节日营销时应考虑好品牌与节日之间的共同点，结合节日元素进行营销。

（2）借势节气习俗。节气是指我国的24个节气，即立春、雨水、惊蛰、春分、立夏、小满、夏至、立秋、秋分、立冬、冬至等节气，每一个节气都有其不同的习俗及文化。现如今，越来越多的企业开始重视节气，而节气也是一种十分容易与客户拉近距离的营销渠道。不过，在进行借势营销前，企业的营销人员应该先查阅相关资料，了解节气的风俗习惯，避开忌讳，结合产品或品牌的特点正确地进行营销。

（3）借势社会重点事件。重点事件一般指产生重大影响，能够引起众多客户关注的新闻事件。重点事件本身具有很强的传播性，能引起客户的广泛关注。企业若是运用得当，就可以增加本企业所运营账号的粉丝数,提高产品销量,树立良好的企业形象。

(4)借势热点。热点是指某一时间段内,在社会上引起广泛讨论的事件,其点击率及话题排名往往都较高,并且各大新媒体平台上都能够看到关于此事件的话题。

拓展阅读

蒙牛"压蹄"高考,成功借势营销

作为极具热度和话题性的社会公共事件,高考一直是各大品牌借势营销的重要对象。

2021年,作为我国乳制品知名品牌的蒙牛,紧紧抓住高考这个热点借势营销,对品牌形象进行年轻化升级,加深其在消费者心中的印象。蒙牛发布了一则视频广告,用一个人格化的形象"牛蒙蒙"将烦琐的备考过程生动形象地展示在消费者面前。广告中,"牛蒙蒙"借鉴B站演讲视频《后浪》的风格,结合蒙牛产品特点对文案进行了二次改编,特别体现对高考知识点和牛奶常识的结合。在广告片最后,"牛蒙蒙"用它的后蹄拍了拍B站的"后浪",然后调皮地耍了个帅,让大家记住了这个"压蹄"牛。

紧接着,蒙牛趁势推出三个不同版本的限量"压蹄"包装奶,借势高考,在众多品牌中脱颖而出。

3. 借势营销策划的注意事项

(1)创造差异化。在某一时间段内,用于借势营销的节日、热点等都具有相似性,企业想要在众多营销信息中脱颖而出,吸引更多客户的注意,就必须注意与其他产品或品牌形成差异化,让客户能够对品牌产生印象,提高产品或品牌的竞争力。

(2)以客户为核心。在进行营销时,必须以客户为核心,只有让借势营销的内容打动客户,才能使品牌与客户之间保持互动交流,进而扩大营销范围,增强营销效果。

(3)拥有品牌战略。借势营销要以提高品牌美誉度和忠诚度为目的,而不是将眼光局限于当下,满足于短期内获得的营销效果。

四、饥饿营销策划

饥饿营销是很多企业惯用的营销手段,是指商品提供者有意调低产量,以期达到调控供求关系,制造供不应求的"假象",以维护产品形象并维持商品较高售价和利润率的营销策略。饥饿营销的本质是运用经济学的效用理论,这里的效用不同于物品的使用价值,而是一种心理概念,具有主观性。

饥饿营销建立在消费者对产品的主观期望效用较高的基础之上,而消费者的心理及其变化又会影响企业饥饿营销策略的实施。企业要想更好地实施饥饿营销策略,了解消费者的心理及其变化至关重要,要实时抓住消费者的求新心理、好奇心理、攀比心理、求名心理、从众心理以及逆反心理。

1. 饥饿营销的特点

饥饿营销主要具有以下几个特点:

（1）强化消费者的购买欲望。饥饿营销通过调控产品的供求关系，引发供不应求的假象，从而强化消费者的购买欲望。

（2）放大产品及品牌的号召力。当客户看到周围的人都在抢购某件商品、谈论某件事情的时候，就会放大产品及品牌的号召力，产生非常强的感染力。

（3）有利于企业获得稳定的收益。饥饿营销将产品分批分期地投放到市场，保证市场适度的"饥饿状态"，将消费者的购买欲望持续地转化为产品生命周期内的购买力，这样就可以使企业获得稳定的收益。

（4）实施难度高。饥饿营销对产品、品牌、市场竞争和整合营销等方面的综合要求很高，这决定了并非任何企业、产品都适合采取这种策略。如果实施不当，就有可能事与愿违。

2. 饥饿营销策划的技巧

（1）严控产品质量。进行饥饿营销的企业，必须严加把控产品质量。只有不断提高产品质量，让客户认可产品并期待产品的销售，才能扩大客户的需求，在产量一定的情况下，维持较高的利润率。

（2）增加营销形式。在进行饥饿营销时，营销人员可以通过综合运用文字、图片、视频、动画等不同的表达形式推广营销信息，扩大信息传播的范围，吸引更多客户的注意，增加产品的需求量。

（3）扩大推广渠道。为了更好、更快地进行传播推广，营销人员可以扩大推广渠道，吸引更多平台、更多客户进行转载，提高营销信息的曝光率，吸引客户产生消费需求，扩大市场对产品的需求量。

（4）优化文案内容。利用修辞、制造悬念等方式提高营销信息的可读性、趣味性，突出产品的优势，引起客户的兴趣，增加产品的需求量。

3. 饥饿营销策划的注意事项

（1）心理共鸣。产品能满足消费者的需求点是开展饥饿营销的基础，消费者的认可与接受以及足够的市场潜力，使饥饿营销得以行之有效地实施。企业能够在整合产品功能、品牌形象、表现形式、沟通方式等方面与客户达成心理上的共鸣，使消费者认同品牌文化，响应品牌号召，这是饥饿营销运作的根本。

（2）量力而行。饥饿营销这把双刃剑使用恰当时，会进一步提升品牌价值和品牌影响力，但长时间的饥饿营销，一味地拔高客户的胃口，注定会消耗部分客户的耐心，一旦突破其心理底线，效果则会适得其反，轻则客户转移目标至竞争对手，重则拉低品牌价值，失去品牌号召力。因此，把握好尺度是实施饥饿营销的重中之重。

（3）宣传造势。不同消费者的欲望阈值不同，从饥饿营销的实施到吸引更多客户的关注和行动，欲望的引导和激发是饥饿营销实施过程中非常重要的一条主线。从主要宣传点的确定到各平台根据不同性质延展出不同的宣传内容，各个媒介渠道在不同的宣传阶段分别扮演什么角色，使用什么话术，都要做到选择有度，这样才能行之有效。

（4）审时度势。在市场经济环境下，消费者的目标并非单一品牌，在实施饥饿营销时，消费者的消费行为会受到竞争对手市场活动的影响，从而出现转移购买目标、品牌忠诚度降低等情况。因此，监测竞争对手的市场策略和动向，提前准备应急预案并提高反应速度就显得尤为重要。

五、情感营销策划

情感营销是从消费者的情感需要出发，唤起和激起消费者的情感需求，诱导消费者心灵上的共鸣，寓情感于营销之中，让有情的营销赢得无情的竞争。在情感消费时代，客户购买商品时所看重的往往不是商品数量的多少、质量的好坏以及价钱的高低，而是为了获得一种感情上的满足，一种心理上的认同。

现如今，越来越多的企业开始在各大新媒体平台上打"感情牌"，有些很容易被客户接受，而有些却被客户所厌烦，认为营销痕迹太过明显，从而对产品或品牌产生反感。这种"感情牌"就是情感营销，要想取得更好的效果，营销人员应充分了解并掌握情感营销的相关知识。

1. 情感营销的特点

情感营销主要具有以下三个特点：

（1）广泛性。情感营销具有广泛性，每个客户都有情感诉求，利用客户的情感诉求进行营销策略的制定，有利于提高营销效果。

（2）动态性。情感是不断变化的，企业需要引导客户明辨和分析情感对象，以确定哪些品质、特点、特性能够激发消费者的情感。

（3）可引导性。情感对人的行为具有趋向性，企业可以通过适当的方法引导并影响客户情感，从而实现营销效果。

2. 情感营销策划技巧

情感营销可以从设计、包装、商标、广告语、价格、公关和服务等方面考虑其策略。

（1）设计。

① 定制设计。定制设计是指企业在制造、设计产品或提供服务时，考虑到不同客户的消费需求，为客户提供参与制造产品的权利，让客户能够在产品中表达自己的情感，以此吸引客户接受产品或服务的营销策略。

② 主题设计。主题设计是指企业抓住客户在某一特定时间段的特殊情感需求，创造出能够表现情感的全新经营和服务主题，再根据这个主题，设计产品或提供服务，引起客户共鸣。例如，美妆品牌在七夕、情人节等节日推出的限定版产品等。

③ 环保设计。环保设计是指企业在设计、制造、营销等过程中充分关注社会及环保问题，做到既不伤害客户情感，也不损害客户利益，同时不破坏环境。例如，京东提供可循环利用的快递袋，并在包装上添加温馨的情感关怀话语。

（2）包装。在进行情感营销时，包装可以从美化产品、促进销售以及赋予产品不同风格和丰富内涵等方面来思考，引起客户不同的情感感受，获得客户的好感及认同。例如，某美妆品牌的口红套装不仅套盒外观好看，还可以改造为手包。

（3）商标。设计商标时，需简洁明了，便于识别和记忆，使客户能很快被其吸引；同时，还需要讲究艺术感，传达出企业的经营理念，使客户对其印象深刻，当客户看到相似事物时，就能够想起该企业的商标。

（4）广告语。进行情感营销时，企业应注意广告语的表达方式。一般而言，能够与客户产生情感共鸣的广告语，可以在一定程度上提升产品形象，消解客户对广告的抵触心理，引发客户现实或潜在的需求。

（5）价格。进行情感营销时，企业可根据客户的情感需要，推出情感价格。例如，针对会员客户可实行新品优先购买、享受折扣价格等策略。此外，企业还可结合特定节日，针对不同人群，实施优惠策略。例如，元旦前在微博等新媒体平台通过抽奖等方式送出优惠券，中奖客户可在元旦当天使用优惠券购买产品。

（6）公关。公关是企业营销的重点，要求企业站在客户的角度进行思考，加强与客户的情感交流。良好的公关活动可以有效渲染企业及品牌的情感色彩，将积极的营销理念传递给社会，树立良好的形象，使客户感受到企业的亲和力，这样更容易赢得客户的信任。

（7）服务。除了产品销售外，企业还可以通过服务质量的好坏进行第二次市场竞争。良好的服务应做到严肃、真诚地处理问题，及时、高效地兑现承诺，随时为客户答疑解惑。只有这样，才能提高客户的忠诚度，加大企业与竞争者的服务差异，增强营销效果，获得差异化的竞争优势。

拓展阅读

聚焦爷孙隔代亲情的情感营销：《啥是佩奇》

广告片《啥是佩奇》把爷爷用自己的方式默默为子女儿孙付出"笨拙"温情的这种情感洞察与之前热门的佩奇混搭在一起，变成让人眼前一亮的新的情感故事。现实生活中，中国人对情感的表达总是委婉克制，做营销的时候用真实的故事来映照这种克制，更容易引发共鸣。广告片一经发布，就在社交网络走红，创造了2.3亿次播放量、16亿次微博转发量，成为一个现象级的爆款案例。

《啥是佩奇》为什么能火？这背后，固然有反映城乡之间的差距、折射国人社会焦虑的原因所在。但更重要的是，它踩中了一个特殊的时间节点——春节，击中了不少人对故乡、亲人、阖家团圆的渴望之心。

3. 情感营销策划注意事项

（1）命名符合产品定位。产品名称是客户记忆和传播的核心信息，产品名称需要与产品的属性相关联，需要被目标客户接受并能及时联想到名字带来的文化、思想、感情上的触动。因此产品的命名需要符合产品的目标人群定位和产品自身的价值定位，不恰当的产品名称不具备触发客户感情的效用。

（2）形象设计触达情感。形象设计包括商品Logo设计、产品外观设计与颜色设计，商品Logo需要与产品属性相结合，同时需要满足易看、易理解、易记忆等特点，根据产品属性及消费者偏爱所设计的产品更容易引起消费者的注意，不同的颜色搭配同样能引发消费者在接触产品时的情感变化。

（3）加大情感宣传力度。具有人情味以及宣扬某种情感文化的广告，通常能够提高产品形象，抵消客户对广告的本能抵触。同时企业要设身处地地为客户着想，加强与客户的情感交流，让客户对企业及其产品从认识阶段升华到情感阶段，最后达到购买行动阶段。

（4）制定合适的情感价格。情感价格由能满足客户情感需要的价格、品牌影响力以及产品自身组成，合适的情感价格可以加强产品及品牌的影响力，对巩固与重点客户的关系、培养忠诚客户以及提升情感营销效果起到重要作用。

任务演练

口碑营销策划

一、任务描述

茶烟梧月是专为年轻人打造的新潮甜品与茶饮品牌，于 2015 年成立于重庆。经过五六年的发展，茶烟梧月在线下布局了超过 5 000 家门店，覆盖了多个省市，并以高品质的产品和亲民的价格获得了消费者的青睐。近年来，随着互联网的发展，茶烟梧月依托于美团、饿了么等平台，不断开拓 O2O（Online to Offline）市场。由于消费者的健康意识不断提高，产生了更加健康的饮品需求，茶烟梧月快速抓住新的增长点，推出一款具有无糖、零卡特点的健康饮品——康康茶。

为了快速、低成本地传播康康茶的特点，使茶烟梧月快速获得消费者认可，营销人员打算采用口碑营销的方式，策划一场口碑营销活动，让忠实的消费者成为口碑的传播者，在朋友、亲戚、同事、同学等关系较为密切的群体之间形成口碑传播效应。通过口碑营销，能够促进康康茶迅速占领市场，并加深消费者对"茶烟梧月"这一品牌的印象。

二、任务分析

口碑营销提供了一种低成本、高信任的传播方式。对于口碑营销来说，非常重要的三个点是产品定位、传播因子和传播渠道。产品定位是要树立产品在市场上独特的形象，塑造产品的鲜明个性和特点；传播因子也是口碑营销的引爆点，具有很强的持续性、故事性，能够吸引消费者的持续关注，并且容易引申和扩散；传播渠道的选择主要由产品目标客户群特征决定，包括传统媒体和网络媒体。

在开展口碑营销时，首先，要依据产品的核心卖点及品牌调性，策划口碑营销的引爆点，利用客户的痛点制造相关的传播信息；其次，要选择合适的传播途径，在恰当的时间、合适的媒介上让客户看到；再次，挖掘忠实客户，使其成为口碑的传播者，在朋友、亲戚、同事、同学等关系较为密切的群体之间形成口碑传播效应；最后，监控口碑传播数据及舆论导向，分析口碑营销的效果。

三、任务操作

（1）根据任务描述中对康康茶的介绍，分析康康茶的核心卖点，策划口碑营销的引爆点，完成表 2-10。

表 2-10 康康茶营销的引爆点

序号	项目	内容
1	品牌定位	
2	产品特征	
3	引爆点	
4	传播信息	
5	传播形式	

（2）分析各个传播渠道的优缺点，结合引爆点和传播信息的设置，选择口碑营销的渠道，完成表2–11。

表2–11 传播渠道分析

传播渠道分类	传播渠道	优点	缺点
传统传播渠道	电视		
	广播		
	…		
网络传播渠道	微信		
	微博		
	…		
口耳相传	口耳相传		

（3）分析茶烟梧月的客户特征，挖掘忠诚客户，使其成为口碑的传播者，完成表2–12。

表2–12 忠诚客户分析

序号	客户名称	客户来源	客户特征	消费频次
1				
2				
…				

（4）经过一段时间的口碑传播，监控口碑传播的效果及舆论导向，完成表2–13。

表2–13 监控口碑传播的效果及舆论导向

时间	监控指标	监控数据	舆论正向/负向	应对措施

四、任务评价

本任务具体评价内容如表2–14所示。

表2–14 社群营销策划任务评价

序号	评分项	评分标准
1	引爆点内容设置	（1）全面分析品牌及产品特征 （2）引爆点设置具有独特性、吸引力 （3）传播信息内容新颖奇特 （4）传播形式选取合理

续表

序号	评分项	评分标准
2	传播渠道分析	（1）理性分析传播渠道的优缺点 （2）选择合适的传播渠道
3	忠诚客户分析	（1）全面分析客户特征 （2）传播者选取合适
4	监控传播效果	（1）监控指标选取合适 （2）收集有效的监控数据 （3）正确分析舆论导向 （4）制定有效的应对措施

五、任务拓展

1. 借势营销策划

茶烟梧月为了迎合广大消费者的需求，及时推出了康康茶，旨在为客户提供健康、美味的饮品。恰逢一年一度的七夕佳节，营销人员考虑将康康茶与七夕、夏日等元素结合起来，进行借势营销。为此，策划了一场"越喝越爱，就要康康你"的借势营销活动，以此助力康康茶迅速占领饮品市场，赢得先机。

请参考口碑营销策划操作流程，结合借势营销特点、策划技巧和策划注意事项，完成康康茶借势营销策划。

2. 事件营销策划

康康茶作为茶烟梧月今年主推的"明星"产品，应利用新品特色，提升品牌的知名度。为此，企业举办了线上康康茶的"茶话健康"发布会，在饮品行业掀起一波热潮。基于此，营销人员打算采用事件营销的方式，策划一场康康茶的互动营销活动，使其再次在受众广度、触动深度上提高层次，让更多的人在潜移默化中认知、认可这是"一杯健康的茶"。

请参考口碑营销策划操作流程，结合事件营销特点、策划技巧和策划注意事项，完成康康茶事件营销策划。

自测题

一、单项选择题

1. 目标客户洞察的核心是（　　）。
   A. 目标客户行为洞察　　　　　　B. 目标客户认知洞察
   C. 目标客户需求洞察　　　　　　D. 目标客户感知洞察

2. 利用 MAN 法则进行客户洞察时，"N"是指（　　）。
   A. 购买能力　　B. 购买需求　　C. 购买决定权　　D. 购买场景

3. 以下不属于 APP 营销特点的是（　　）。
   A. 成本低廉　　B. 信息全面　　C. 回馈及时　　D. 精准性较低

4. 使用"5W1H"分析法进行目标客户洞察时，"为何购买"是针对目标客户的（　　）进行研究。
   A. 付款方式　　B. 购买时间　　C. 购买动机　　D. 购买地点

5. 按客户购买目的的不同，客户需求可分为生产性需求和（　　）。

A. 生活性需求　　B. 服务性需求　　C. 物质性需求　　D. 精神性需求

二、多项选择题

1. 按客户需求属性划分，客户需求可分为（　　）。
A. 功能需求　　B. 体验需求　　C. 审美需求　　D. 社会需求

2. 以下属于社群营销优势的有（　　）。
A. 多项互动性　　B. 中心化　　C. 呈现碎片化　　D. 自行运转

3. 以下属于主要的互动营销方式的有（　　）。
A. 口碑营销　　B. 借势营销　　C. 情感营销　　D. 饥饿营销

4. 以下场景中，属于高频强需求的有（　　）。
A. 社交　　B. 美甲　　C. 出行　　D. 修图

5. 以下属于目标客户需求洞察内容的有（　　）。
A. 需求类别识别　　　　　　B. 需求目的识别
C. 需求实质识别　　　　　　D. 需求层次识别

三、判断题

1. 企业的目标客户等同于企业的潜在客户。（　　）
2. 事件营销具有目的性、风险性、低成本性等特点。（　　）
3. 只有具备购买力、购买决策权和购买需求三要素中的任意两个，才是合格的目标客户。（　　）
4. 小程序有助于实现企业内部数据与外部推广数据的高效连接。（　　）
5. 口碑营销的本质是运用了经济学中的效用理论。（　　）

项目三　数字化营销转化

学习目标

知识目标

- 了解营销转化路径的含义及影响因素
- 熟悉营销转化路径设计的模型及要素
- 了解直播营销的特点及策略
- 掌握直播营销转化的技巧
- 掌握促销的含义及促销活动转化的策略
- 掌握促销活动设计的要素
- 了解体验式营销的类型及策略
- 掌握体验式营销的技巧

技能目标

- 能够根据客户数据,结合商品特征,完成营销转化路径设计
- 能够根据商品特征,结合直播营销的转化策略,完成直播营销转化
- 能够根据商品特征,结合促销活动的转化策略,完成促销活动设计
- 能够根据商品特征,结合体验式营销的转化策略,完成体验式营销的转化设计

思政目标

- 培养数字营销人员的团队合作能力、沟通协调能力和创新精神
- 树立合法合规开展数字营销活动的法律意识

案例引入

屈臣氏利用抖音巧妙缩短营销转化路径

目前，消费升级大潮正冲击着零售行业，但线上网店与线下实体店铺获客率的割裂，往往使零售行业在这场营销升级中捉襟见肘。在 2019 年春节期间，屈臣氏在抖音上发起"2019 做自己，美有道理"抖音挑战赛，通过"从线上到线下导流、线下门店反哺线上"的闭环，最终实现线上流量和线下客流的叠加，完成了数字营销时代线下商业场景的流量突破。

首先，在线上，屈臣氏通过丰富玩法吸引用户关注本次挑战赛，激发用户参与互动的热情。屈臣氏将用户对"个性"和"美"的追求与裂变式的有趣玩法相结合，通过抖音挑战赛连接，并联合 KOL（Key Opinion Leader，关键意见领袖）不断创造潮流，传播品牌态度，吸引充满好奇心的年轻用户注意，参与挑战赛即有机会获得"魔盒凭证码"，借此吸引用户到店。

其次，在线下，屈臣氏在 150 家门店空投数万个"神秘魔盒"，顺利把线上领取了"魔盒凭证码"的用户引流到店，实现线上线下的联动营销。屈臣氏深度洞察消费者的社交偏好，赋予魔盒"神秘"的属性。这强烈地吸引了消费者的好奇心，为魔盒的后续爆发积蓄能量。宣言式的挑战玩法及神秘感十足的魔盒设计能激发用户的热情，不仅解决了品牌营销单向沟通的问题，而且用大量 UGC（User Generated Content，用户生成内容）的输出让品牌态度潜移默化地影响用户。

也正因为如此，此次营销活动形成了"发现挑战赛—了解活动—上传视频参与挑战—领取魔盒凭证码—到线下门店—兑换魔盒—门店消费"的从线上到线下的转化路径，以及"到线下门店购物—发现魔盒—了解活动—线上参与挑战赛—领取魔盒凭证码—兑换魔盒"的从线下到线上的转化路径，从而形成用户行为闭环，为屈臣氏线下门店提供了全路径的导流渠道。

（资料来源：搜狐网，2019-03-01）

思考：伴随着数字营销技术的快速发展，数字营销的形式和方法越来越多样化，结合当下的数字营销技术，你认为屈臣氏此次营销活动的转化路径还可以进行哪些优化？

工作任务一 营销转化路径设计

有了渠道，就有了流量，但这并不代表客户就会自然而然地购买，从而实现转化。事实上，很多营销推广的情况是：投入了一定的营销费用，客户只是稍做浏览，没有有效的转化行为，连是否为客户留下深刻印象都不能确定。客户是否会产生企业期待的有效行为，本质上是在转化场景中是否被激发出需求。营销转化路径在整个推广营销过程中是一个核心因素，在每一个转化路径的节点上，关键的转化场景怎么设计直接决定了营销推广的效果。

通过学习本任务，我们能够了解营销转化的影响因素，掌握营销转化路径的设计思路，熟悉营销转化路径设计要素，并内化为营销转化路径设计的能力，提升营销转化的效果。

一、营销转化路径认知

1. 营销转化路径的含义

要进行营销转化路径的设计，首先离不开对客户转化路径的分析。客户转化路径主要分为两种：一是转化流程型路径，二是客户成长型路径。

（1）转化流程型路径。所谓转化流程型路径，就是客户按照一个固定路径走，即可完成一个目标行为。这种转化流程型路径需要的时间一般比较短，通常在数分钟到数十分钟内即可完成一个目标行为。转化流程型路径如图3-1所示。

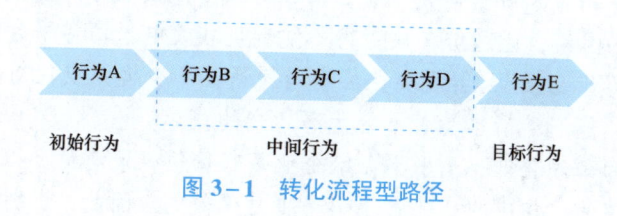

行为A → 行为B → 行为C → 行为D → 行为E
初始行为　　　　中间行为　　　　目标行为

图3-1　转化流程型路径

（2）客户成长型路径。所谓客户成长型路径，就是需要客户完成某些行为，从一种状态成长为另一种状态。客户成长型路径如图3-2所示。客户成长型路径所需要的时间往往比较长，可能是几天，甚至是几年。要让更多客户从状态A走到状态B，中间需要一系列特定客户行为的引导或增长策略。

状态A → 状态B → 状态C → 状态D → 状态E

图3-2　客户成长型路径

最常见的客户成长型路径，是客户从低价值客户成长为高价值客户的完整过程。业务简单的产品，客户成长型路径可以依据"下单数""在线时间"等来区分；业务复杂的产品，客户成长型路径可能需要依据特定模型来建立。最终，成长型路径中的每一种状态，都需要被数据描绘清楚。

（3）营销转化路径。营销是建立在人的一系列心理现象和活动之上的，如记忆、学习、态度、感觉、知觉、动机、情感等，代表了顾客与产品之间的一种关系。首先寻求的是人的记忆反应（认识、记住——你是谁）；其次是认知反应（知道、了解——你是干什么的）；再次是情绪反应（认同、喜好——跟我有什么关系）；最后是行为反应（持续购买——为什么我要一直买你的）。基于营销心理活动的过程，数字营销的转化路径主要从建立品牌认知开始，通过强化品牌认同，促成品牌认购。

让客户形成品牌认知是企业进行数字营销时需要达到的首要效果，品牌认知度是品牌资产的重要组成部分，是衡量客户对品牌内含及价值的认识度和理解度的标准。品牌认知是企业竞争力的一种体现，有时会成为企业的一种核心竞争力，特别是在大众消费品市场，各个竞争对手提供的产品和服务的品质差别不大，这时客户会倾向于根据对品牌的熟悉程度来决定购买行为。

品牌认同是指客户通过对某种产品或某项服务的品牌价值进行判断和评价，从而对该品牌产生的认同程度。用户的品牌认同度越高，对品牌的忠诚度和依赖度就会越高，越能使品牌价值实现最大化。

营销的最终目标是促成购买。品牌认购是企业通过数字营销使客户建立品牌认知并强化品牌认同后，最终促成的认购行为。

拓展阅读

"薅羊毛"客户行为特征解析

对于在电子商务平台消费的客户来说，很多时候不是因为单纯喜欢而购买，而是同时掺杂了一些"折扣"因素，让这份喜欢变得不纯粹。各大电子商务平台的初心是希望客户能够"始于折扣、终于品质"，但现实往往事与愿违。不少客户仅仅对"折扣"感兴趣，不是对商品感兴趣，他们尽情享受着平台优惠带来的快乐。

因为折扣商品的利润较低，几乎不会给企业带来价值，只消费折扣商品的客户对企业来说实际上是无价值的，相应的企业营销策略也是无效的。因此，识别这些客户并对他们的行为特征进行分析，对企业具有重要意义。这些客户有一个特别的称呼："薅羊毛"客户。企业可将"薅羊毛"客户与其订单比对，研究其行为特征，普通客户与"薅羊毛"客户的对比如表3-1所示。

表3-1 普通客户与"薅羊毛"客户的对比

指标	普通客户	"薅羊毛"客户
年平均登录次数	257	77
在注册当天购买的概率/%	0.7	18.3
注册日与本次购买时间的间隔/天	40	13
会员经验平均值	1 190	259
平均订单量/个	15	3

首先，分析"薅羊毛"客户与普通客户之间的行为差异。"薅羊毛"客户年平均登录次数远远少于普通客户，这说明"薅羊毛"客户的目标性更强，因为折扣区的商品数量有限，客户可能在成功选购有折扣的"羊毛商品"后，就不会在其余时间选购其他商品。

其次，对客户的注册意图进行研究，分析客户注册与本次交易之间的时间差距，从而帮助企业分析客户注册的真实意图。18.3%的"薅羊毛"客户在注册当天进行了购买，而只有0.7%的普通客户在当天进行了购买，从两类客户注册与购买时间差的平均值也可以看出，"薅羊毛"客户的时间间隔普遍较短。

再次，会员的经验值代表着客户在该平台上投入精力的多少，会员经验值越高，会员投入精力就越多。通过计算这两类客户会员经验的平均值可见，"薅羊毛"客户因为只对折扣商品感兴趣，投入的精力比普通客户要少。

最后，对两类客户的平均订单量进行分析，从表 3-1 中可以看到，"薅羊毛"客户平均只有 3 个订单，而普通客户为 15 个。由此可以看出，"薅羊毛"客户的购买行为并不具有持续性，很有可能只集中在折扣商品上。

2. 营销转化的影响因素

客户做商品购买决策时，依据所在场景和商品信息判断该商品是否值得购买，然后再做购买决策，决策的结果可能是收藏、加购或立即购买，也可能是直接离开。营销转化的影响因素主要有三个：商品属性、购买心理和客户场景。

（1）商品属性。商品属性涉及品类、价格、优惠、品牌、商品适用性、是否标品、平台属性、销量等，涉及的产品模块除了商品信息、服务信息、店铺信息展示之外，还有其他购买者的反馈。

（2）购买心理。购买决策的有效性会随着人们购买心理的变化而变化。客户在成交过程中会产生一系列复杂、微妙的心理活动，包括对商品成交的数量、价格等问题的想法以及如何与商家成交、如何付款、采用什么样的支付条件等。客户的购买心理对成交数量，甚至交易成败，都有至关重要的影响。归纳起来，客户的购买心理主要有求实心理、求美心理、求新心理、求利心理、求名心理、从众心理、偏好心理、自尊心理、疑虑心理、安全心理及隐蔽心理。

（3）客户场景。有时对商品的体验也不足以令客户产生购买行为，必须给客户创建一个适当的场景，以氛围来烘托，激发客户的情感，买下这件商品就成为顺理成章的事情。例如，在小程序环境中，客户的购买场景发生了变化，很多客户是在微信群中看到 KOL 的推荐，点击 KOL 发送的商品链接，直达商品详情页完成购买的。当购买场景发生变化后，客户的购买路径也会相应改变。

> **拓展阅读**

数字营销时代，客户购买过程

1. 问题识别

问题识别通常被认为是客户购买过程中最重要的一环，其要点是：客户通过购买产品来解决问题。为了推动潜在客户的购买行为，需要研究他们的购买习惯和购买者的行为，制作能够与各个角色产生共鸣的消息和交流内容。

2. 搜索过程

在购买前阶段，客户会进行多种搜索，目的是收集各种产品或服务的信息。大多数客户研究都是在网上完成的，因此企业需要在 SEO（搜索引擎优化）上投入足够的精力，以提高产品和品牌的在线曝光率和知名度。但口碑仍然被许多人视为最强大的广告形式，家人和朋友的推荐往往是说服一个人选择某个品牌的关键因素。

3. 考虑替代方案

在研究探索之后，客户将在购买之前做出一些选择。以经典的跑鞋对比为例。客户可能已经研究了几种跑鞋的设计，并考虑到缓冲、舒适度和跑鞋对脚的保护及价格等因素。当客户做出购买决定时，他们总想以最优惠的价格获得最佳的产品；评估替代方案可以使客户在做出最终选择之前，判定哪种选择符合他们的需求，能够解决他们的痛点。

4. 选择阶段

找出问题所在，搜索适用的选项，然后进行对比，此后客户就会决定要购买哪种产品了。

5. 购后评估

这个阶段是客户考虑购买效果，并评估其是否满足购买前预期的阶段。如果产品超出预期，则购买者通常会担任品牌的代言人。在这种情况下，他们会向周围的人推荐产品并充当潜在客户的影响者。

二、营销转化路径设计思路

1. 营销转化路径设计原则

（1）成本可控原则。随着流量红利逐渐消失，数字营销的获客成本越来越高，客户转化成本也逐渐递增。企业运营追求的是成本最小化和利润最大化，因此在设计客户的营销转化路径时要遵循成本可控原则，尽量减少最终成交成本、渠道风险成本及时间成本，以最小的转化成本实现客户成交。

（2）连贯统一原则。经过多年发展，营销渠道已呈现出多元化的特征，覆盖不同客户获取信息的来源。在设计客户营销转化路径时，要保证各种渠道的连贯统一，保证活动与内容的连贯统一、宣传效果与产品质量的连贯统一、场景与服务的连贯统一，以此增强客户转化的流畅性，提升客户转化过程中的体验感。

（3）快速转化原则。在追求速度与效率的数字化时代，松散臃肿的转化路径设计往往会浪费客户的精力和时间，让客户产生成交抗拒心理。因此，设计客户转化路径要遵循快速原则，通过精准匹配快速响应客户需求，将相关流程融合在一个线性流程中实现，缩短客户的成交转化线路，节约客户的成交转化时间，提高客户交易效率。

（4）最终成交原则。营销转化路径的设计要以最终达成交易为准则，以最终实现客户成交为目标。因此，在设计营销转化路径时，要遵循成交原则。通过前期对客户信息的掌握，抓住客户成交的时机，设计多条客户营销转化路径，每一条路径都要最终指向客户的成交转化。

2. 营销转化路径设计模型

为了让客户行动起来，斯坦福大学的 B. J. 福格（B. J. Fogg）博士构建了福格行为模型：一个行为得以发生，行为者首先需要有进行此行为的动机和操作此行为的能力。如果他们有充足的动机和能力来施行既定行为，就会在被诱导/触发时行动。其中，B 代表行为（Behavior），M 代表动机（Motivation），A 代表能力（Ability），T 代表触发（Trigger）。其公式为：行为=动机×能力×触发（即 B＝MAP）。要使客户行动起来，这三个要素必不可少：充分的动机、完成这一行为的能力、促使人们付诸行动的触发。福格行为模型如图 3－3 所示。

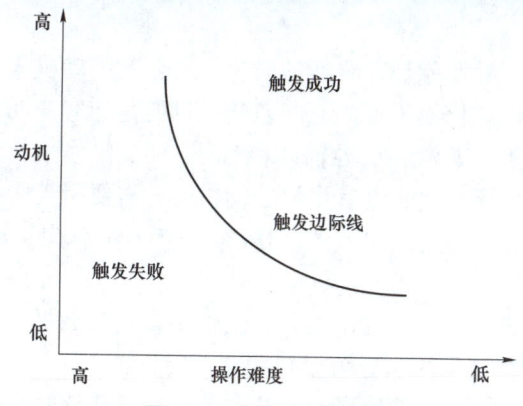

图 3-3　福格行为模型

（1）M（动机）。充分的动机要合乎常理，一般指客户的需求。

（2）A（能力）。完成这一行为的能力，能力可能受时间、思维等各方面的影响。

（3）T（触发）。促使人们付诸行动的触发行为，如颜色、大小、简洁的文案，让客户减少触发成本，就要让入口显而易见。

三、营销转化路径设计要素

1. 挖掘客户动机

客户动机可分为内在动机和外在动机两类。

（1）内在动机。内在动机是指内部因素驱使人们做出特定行为。内在动机来自人的内心世界，由一个人的希望和需求所形成。内在动机是客户发自内心地想要使用企业的产品，可能企业的产品能给其带来更多的价值，有利于个人的发展与成长。内在动机往往持久有效，而且商业成本低。

（2）外在动机。外在动机是客户受到外部环境的刺激而参与的活动。外在动机往往比较被动，时效性也很短，甚至会在没有外在物质奖励后效果严重下降。外在动机已经成为很多客户体验设计师的研究对象，并且已经应用到很多互联网产品中。

在客户体验中，内在动机是指客户使用产品是因为产品本身激发了他们的兴趣和欲望，存在于客户内心，而并非依赖于外部力量驱动。与外在动机相比，内在动机更能留住客户。当客户真正被内在动机驱动的时候，使用这款产品本身就是最大的享受。

2. 降低客户转化成本

（1）减少转化步骤。当客户需要多重操作才能满足自己的需求时，往往会产生厌弃心理。因此，减少客户转化步骤是非常重要的。减少客户转化步骤的核心是让客户在更少的步骤内完成转化。通过减少转化步骤，能够更好地提升产品的易用性，尽可能地减少客户的点击量和填写量。

（2）降低转化难度。降低转化难度首先要提前预判客户决策，通过预判客户的行为来移除客户的转化负担，避免客户耗费大量的精力，减少客户选择的难度，帮助客户简化决策流程。例如，当客户走进一家餐厅点餐时，菜单上有几百道菜，客户往往会陷入迷茫，在一些菜后面加上"店长推荐""人气最高"等标签，有助于降低客户的决策难度。

3. 触发客户转化

对于促进转化而言，触发就是在合适的时机，用合适的动机来说服客户，促使其做力所能及的事情。触发客户转化属于行为召唤范畴，目的是让客户明白应该怎么做。触发客户转化的行为可分为三类：刺激、引导辅助和信号。

（1）刺激。在客户犹豫不决、没有足够的动机时，需要用某些方式刺激或加强客户动机。可以通过捕捉客户的兴趣点，以价格刺激客户产生实在购买动机，从而实现引流和转化。

（2）引导辅助。客户已有一定的动机，但当他不知道怎么做或者完成困难时，这个阶段可能造成客户的流失，恰当的引导可以辅助客户转化。

（3）信号。客户既有动机又能够顺利完成，此时在合适的时机传达相关信号可以促使客户转化。在这个阶段切忌做得过多，需点到为止，否则会引起客户反感。

拓展阅读

客户行为轨迹分析的地图工具

1. 客户旅程地图

客户旅程地图可用来描述某一角色客户在特定场景下所经历的故事，包括客户从初次接触产品，到触达产品的各个触点，再到结束使用产品的全过程。它能够阐明客户与产品之间的关键交互节点，并通过观察分析客户在各个阶段的行为、想法、情绪来帮助企业优化产品流程，解决客户痛点。

2. 客户体验地图

客户体验地图与客户旅程地图类似，其不同之处在于客户旅程地图讲述的是客户的故事，而客户体验地图将揭示客户与品牌在整个交互期间的完整体验流程。它包括从客户访问网站到进行社交活动、访问门店、咨询客服在内的所有环节。客户体验地图可以帮助团队中的不同成员共同理解客户行为，将业务重点聚焦于客户。

3. 客户故事地图

客户故事地图源于敏捷开发（Agile Development）。其基本理论与上述方法相同，即剖析客户使用产品的所有活动轨迹和任务完成轨迹。客户故事地图的关键作用在于助力团队协作，即确保团队成员在从产品开发到新版本迭代的整个过程中都处于同一维度。

任务演练

APP 营销转化路径设计

一、任务描述

美朵朵是一家经营美妆护肤类产品的零售连锁企业，经营范围覆盖彩妆、护肤品、面膜、身体护理品、美发护理品、男士护理品、化妆工具、时尚生活用品八大品类，在全国拥有 3 000 多家门店，占据了较大份额的线下市场。随着互联网的发展，美朵朵开始布局线上销售，为此，该企业开发了一款专注于美妆护肤产品的在线销售软件——美朵朵 APP，通过美朵朵 APP 可以了解到更多化妆品信息，使客户购买到真正需要的化妆品。

适逢三八妇女节来临之际，美朵朵打算借此机会在线上同步开展"迎三八美妆节，女王换妆"节日特别活动，对各种美妆护肤品牌进行优惠放价，针对不同的产品给出不同的优惠措施，让客户尽享"换妆"的快乐。此时，营销人员为了加大美朵朵 APP 的营销力度，促成更多成交转化，要对此次营销活动设计营销转化路径。

首先，营销人员对目前 APP 内的客户行为数据进行分析，然后结合福格行为模型，分别从动机、能力、触发三个维度进行设计，促使客户产生购买行为，最后完成对整个营销转化路径的设计，以此促进产品的成交转化，实现流量和销量的双丰收。

二、任务分析

营销人员在进行营销转化路径设计时，要了解影响客户行为的因素，通常包括客户心理、购买场景及商品信息等关键点。基于对这些因素的认知，根据福格行为模型完成营销转化路径设计。

在福格行为模型中，涉及三个核心要素——动机、能力和触发。动机是挖掘客户需求，增强客户购买的动力，比如结合 APP 中客户的特点，通过积分奖励、限时任务、小样赠品等方式给客户一定的福利，同时基于客户的购买欲望和心理，如"永葆青春，保持健康活力""充满魅力，享受愉悦生活"等，为客户提供某种回报，满足客户的消费动机，激活客户的某些需求或兴趣，并解决客户的某些痛点。有了动机客户也未必会付诸行动，从动机到行动，客户的自我改变除了要付出金钱成本，还有形象成本、行动成本、学习成本、健康成本、决策成本等，因此，要降低客户产生转化行为的成本，提高其完成转化行动的能力。当然，成本和能力不是单独存在、互不干涉的，要使客户付出更高的成本，企业必须给出降低成本的足够诚意，如通过满 199 元减 100 元、赠送大额优惠券、积分抵现等活动提高优惠力度。除此之外，让客户更加轻松地找到活动入口，完成商品选择与购买，也能有效地缩短客户转化路径。

最后一个要素就是触发，触发就是促使客户马上行动的诱因，进一步激活客户的某些需求兴趣，解决其痛点。有效触发要实现两个目标，一是触达客户，二是活跃客户，触达是要让客户及时了解活动信息，既可以通过信息推送，也可以通过短信提醒等方式。当然，如果活动宣传深入人心，当客户想要购买美妆产品时，就会首先想到该企业的产品，这也是一种内在的触发。

在结合客户行为数据分析，利用福格行为模型设计客户的营销转化路径时，也要遵循成本可控、连贯统一、快速转化、最终成交的原则，以此帮助企业取得更好的营销效果，获得更多的客户和成交转化。

三、任务操作

（1）根据美朵朵 APP 历史客户数据的积累，设计客户行为数据分析指标，分析客户行为数据，完成表 3-2 和表 3-3。

表 3-2　客户行为追踪记录表

时间	客户 ID	客户行为	行为细节	行为触发原因	行为结果

表 3-3　客户行为数据分析表

序号	指标	数据

（2）根据客户数据分析，结合福格行为模型，分析客户需求、客户成交成本及客户成交行为，找到实现动机、能力及触发的方式，完成表 3-4。

表 3-4　客户营销转化路径设计要素

营销转化路径设计要素	采取措施
挖掘客户动机	
降低客户转化成本	
触发客户转化	

（3）根据动机、能力及触发的方式，设计最优的客户营销转化路径，完成表 3-5。

表 3-5　客户营销转化路径设计

路径	M（动机）	A（能力）	T（触发）
路径 1			
路径 2	M（动机）	A（能力）	T（触发）
路径 3	M（动机）	A（能力）	T（触发）
最优路径			

四、任务评价

本任务评价具体内容如表 3-6 所示。

表 3-6　APP 客户营销路径设计评价

序号	评分项	评分标准
1	客户行为分析	（1）正确记录客户行为数据 （2）合理设计客户行为分析指标 （3）准确分析客户行为
2	客户营销转化路径设计要素	（1）全面、准确地分析客户需求 （2）合理科学地制定客户动机挖掘的措施 （3）全面、准确地分析客户成交成本 （4）合理科学地制定降低客户转化成本的措施 （5）全面、准确地分析客户成交行为 （6）合理科学地制定触发客户转化的措施

续表

序号	评分项	评分标准
3	客户营销转化路径设计	（1）合理设计客户营销转化路径 （2）正确解析客户营销转化路径设计 （3）正确选择最优营销转化路径

五、任务拓展

1. 社群营销转化路径设计

经过几年的发展，美朵朵的市场迅速扩大，线下门店的数量也稳步增长。截至目前，美朵朵已经拥有 3 000 多家连锁门店，积累了不少的复购客户。为了进一步加大对私域流量的开发，美朵朵创建了多个社群，发展团购、拼购等业务。社群初建时期，每个群的成员都在 500 人以上，且经常交流护肤心得、美妆技巧，但是每次营销人员发起团购、拼购等接龙活动，商品的成交转化率都不高。为了提高销售业绩，促进私域流量转化，营销人员根据福格行为模型，进行客户的营销转化路径设计。

请参考 APP 营销转化路径设计的操作流程，结合社群的功能和特点，完成社群营销转化路径的设计。

2. 小程序营销转化路径设计

虽然美朵朵门店众多，在线下市场占比很高，但是突如其来的新冠肺炎疫情打破了消费者原有的生产生活模式，线下门店都感到了巨大的生存压力，为此，美朵朵开始逐步布局线上市场，同步开发了"美朵朵"微信小程序。前期营销人员为了推广小程序花费了巨大的人力物力，积累了大量流量，下一步营销人员计划通过福格行为模型进行营销转化路径设计，实现流量变现，提升销量。

请参考 APP 营销转化路径设计的操作流程，结合小程序的功能和特点，完成小程序营销转化路径的设计。

工作任务二　直播营销转化

目前，直播已成为企业获取流量、促进业务增长的必要因素。虽然企业直播非常普遍，但消费者对其评价却大相径庭。很多企业虽然跟着这股潮流做起了直播，投入了人、财、物等资源，但直播结束后业务增长并不明显，投入与产出不成正比。要想获得营销转化，就要将直播活动的流量池尽量扩大。除此之外，为了实现直播营销转化目的，企业必须精心做好直播转化环节的设置。

通过学习本任务，我们能够了解直播营销的优势，掌握直播营销的转化策略，熟悉直播营销转化设计的内容，并内化为直播营销转化的能力，提高直播营销转化的效果。

一、直播营销认知

1. 直播营销的要素

直播是一种新的信息传递媒介，是一种全新的企业营销工具。直播以互联网技术为依托，具有实时性、互动性、真实性较强等特点。随着智能手机和 5G 网络的普及，直播已经成为随时、随地、随心发布信息的营销方式。企业把生产和服务的过程通过直播形式展示出来，以获得客户的信任。企业可以结合自己的营销属性，发挥直播特性，解决企业的营销刚需问题，达到裂变效果。

从广义上讲，可以将直播营销看作一种以直播平台为载体而开展的，以提高品牌形象或增加销量为目的的网络营销方式。直播营销包括场景、人物、产品和创意四个要素。

（1）场景是指营造直播的气氛，让观众产生身临其境的感觉。

（2）人物是指直播的主角，可以是主播或直播嘉宾，用以展示内容，并与观众互动。

（3）产品与直播中的道具或互动有关，以软植入的方式达到营销目的。

（4）创意可增强直播效果，吸引观众观看，如明星访谈、互动提问等形式就比简单的表演直播更加吸引观众。

拓展阅读

十四部门联名发文，惩处直播带货违法犯罪行为

2020 年 10 月，市场监管总局、中央宣传部、工业和信息化部等 14 家网络市场监管部际联席会议制度成员单位联合发布了《关于印发 2020 网络市场监管专项行动（网剑行动）方案的通知》，决定于 2020 年 10—12 月开展 2020 年"网剑行动"。

"网剑行动"的一项重要任务是要规范直播带货等网络经营活动秩序，依法惩处直播带货等领域的违法犯罪行为。这次 14 个部门一起出动，证明国家对网络市场非常重视，除了"网剑行动"外，国家市场监督管理总局在 2020 年 10 月 20 日曾就《网络交易监督管理办法（征求意见稿）》公开征求社会的意见。另外，2020 年 7 月 1 日实施的《网络直播营销行业规范》更加明确地提到直播行为需保障客户合法权益。

在这个全民直播的时代，政府对于直播带货的监管只会更加严格，因此，对于各商家来说，只有紧跟时代潮流，合法合规地进行直播活动，保证客户的切身权益，才能走得更快更远。

2. 直播营销的优势

直播营销的优势包括以下几个方面：

（1）更低的营销成本。广告营销的成本越来越高，如楼宇广告、车体广告、电视广告的费用，从几十万元到上百万元不等。网络营销刚兴起时，企业可以用较低的成本获取客户、销售产品；但随着淘宝、百度等平台用户的增加，无论是搜索引擎广告还是电子商务首页广告的营销成本都变得更高，部分自媒体"大号"的软文广告费甚至超过 50 万元。直播营销对场地、物料等需求较少，是目前成本较低的营销形式之一。

（2）更快捷的营销覆盖。消费者在网站浏览商品图文或在网店翻看商品参数时，需要在脑海中自行构建使用场景。而直播营销完全可以将主播试吃、试玩、试用等过程直观地展示在观众面前，更快捷地将用户带入营销场景。

（3）更直接的营销效果。消费者在购买商品时往往会受环境影响，由于"看到很多人

都下单了""感觉主播使用这款产品效果不错"等原因而直接下单。因此，在设计直播营销时，企业可以重点策划主播台词、优惠政策、促销活动，同时反复测试与优化在线下单页面，以获得更好的营销效果。

（4）更有效的营销反馈。在商品已经成型的前提条件下，企业营销的重点是呈现商品价值，实现价值交换；但为了持续优化商品及营销过程，企业需要注重营销反馈，了解客户意见。由于直播互动是双向的，主播在将直播内容呈现给观众的同时，观众也可以通过弹幕的形式分享体验。因此，企业借助直播，一方面，可以收到已经用过商品的客户的使用反馈；另一方面，可以收获现场观众的观看反馈，以便下一次直播营销时修正。

二、直播营销的转化策略

在直播营销中，各种直播营销转化策略层出不穷，如秒杀、限时特惠、直播特供、福利营销及信任背书等。

1. 秒杀

秒杀就是直播平台在某个时间段，发布一些质量好、品牌可信度高、价格超低的爆品，所有买家在同一时间抢购这种商品的销售方式。由于商品价格相对低廉，往往刚上架就被抢购一空，故称秒杀。秒杀可分为整点秒杀和长周期秒杀。

（1）整点秒杀。整点秒杀针对的是高价值或秒杀力度较大的单品，其主要目的是希望通过这些高价值单品提升该时段直播间的客户活跃度，起到的是引流作用。

（2）长周期秒杀。长周期秒杀是常见的维持一天甚至几天的秒杀活动，或隔一段时间又自动重启的方式。这类活动适用于单品质量一般且折扣力度有限的商品，以新品居多，商家希望通过秒杀方式让新品在短时间内获得大量流量，从而营造爆款氛围。

商家参与秒杀活动的目的有三个：获取销售额、获取流量、提升该单品的商铺搜索排位，进而增加店铺权重。因此，在进行秒杀活动时，一定要注意以下两点：同种商品在相同的活动时间内只能参与一个同类型的秒杀活动；一笔订单不可以同时享受两个及两个以上不同商品类型的秒杀优惠价格。

秒杀与拼团、砍价等方式的不同之处在于，秒杀非常注重时间性，其主要目的是营造稀缺热销的氛围，提高流量。

2. 限时特惠

限时特惠是指让客户在限定的时间里以较低的价格抢购到自己心仪的商品，这种胜利感会带来更好的消费体验感。限时特惠的方式主要有低价限购、发放优惠券等。不只是普通商品的直播可以使用限时特惠的营销方式，房地产、汽车等高价值商品也纷纷加入其中。无论何种商品，只要能让客户在价格上享有一定程度的优惠，就能相应地提升客户对商品的关注度。但是，品牌商不能一味打"价格战"，否则在利润上可能会受损失，限时特惠要配合限量、限价使用，才能事半功倍，激发客户的购买欲望。

3. 直播特供

直播特供是指在直播间里特别供应某一款商品，或是由某位明星、KOL 等亲临直播间代购，或是卖家专门为客户寻找的商品供应链等。直播特供主要针对进入直播间的观众，以观众需求为核心推广相应商品。直播特供让观众身临其境，无论是新品首发还是工厂直送，直播都在极力为品牌商拓展渠道，针对特定的人群提供特定商品，定位精准，由此提升直播营销的转化率。

4. 福利营销

福利营销是直播的重要策略，在直播过程中进行福利营销，能够极大地激发客户的购物热情，实现商品销量的爆发式增长。福利营销主要有以下三种方式：

（1）发放商品优惠券。发放商品优惠券实行起来几乎没有成本，并且发放的对象也是直播间里的客户，实现了精准投放。客户在营销人员的介绍和商品优惠券发放的双重吸引下更容易下单购买。商品优惠券能够激发客户的购物热情。如果客户对营销人员推销的商品较满意，而营销人员又向其发放了商品优惠券，那么就能够有效刺激客户将消费欲望转化为消费行动。同时，营销人员发放商品优惠券也能够宣传店铺及商品，提高店铺及商品的知名度。

（2）商品买一送一。商品买一送一是一种典型的以商品为中心的福利营销方式。商品买一送一并不意味着营销人员赠送给客户的商品必须和客户所购买的商品相同，也可以是买一件衣服赠送一条围巾，这种营销方式以赠品来吸引客户的注意力。

（3）满赠活动。满赠活动是以商品为核心进行福利派送的主要形式，即购物满一定额度以后客户可获得某些赠品。营销人员可以标明赠品的价值，也可以不标明赠品的价值。

福利营销是提高直播间销量的有效方法，能够激发客户的购物热情。同时，为了刺激客户尽快做出购买决策，营销人员在进行福利营销时，也要明确福利营销的时限，以此突出福利活动的稀缺性，促使客户尽快下单。

5. 信任背书

信任背书在营销中可以简单理解为借助有话语权、有影响力的权威人士作为中间人，通过该人士背书来增强产品或品牌的可信度。权威人士为品牌或产品做背书，其自身形象就给观众一种可信任的感觉，不同角色的信任背书可以打消观众对品牌或商品的疑虑。同时，为了维护自身形象，权威人士也会对推广的商品进行更加严苛的挑选，使买卖双方互相牵制。

拓展阅读

驰援灾区，鸿星尔克直播销售额破亿元

2021年7月，河南郑州遭遇特大暴雨。心系河南，驰援灾区，各个企业都用自己的方式表达着对灾区的关注。在众多捐款的品牌中，鸿星尔克因捐赠5 000万元物资而引发了网友的关注，鸿星尔克驰援灾区，在感动网友的同时，也获得了客户的积极回馈。

广大消费者纷纷用实际行动支持品牌。除了帮鸿星尔克续费微博会员、帮助其上热搜、关心品牌发展等方式外，还有不少网友直接到直播间购买产品，其淘宝直播间围观人数创新高。鸿星尔克直播间对外公布的数据显示，2021年7月24日，鸿星尔克直播销售额突破1亿元，库存被网友抢光。鸿星尔克品牌官方旗舰店抖音直播间收到的点赞量超过3.5亿次，创造了抖音直播间的历史最高点赞量纪录。

鸿星尔克的捐赠行动感动了无数网友，其以社交责任为己任的处事风格与态度点燃了消费者的热情，其力所能及回馈社会的方式让消费者感受到了一个温暖、正能量的品牌形象。

三、直播营销转化设计

1. 直播营销前期

（1）直播营销方案的准备。直播营销方案的作用是传达。作为传达的过渡或桥梁，直播营销方案需要将抽象概述的思路转换成明确传达的文字，使所有参与人员尤其是与直播相关项目的负责人既了解整体思路，又明确落地方法及步骤。完整的直播营销方案包括直播目的、直播简述、人员分工、时间节点、预算控制五大要素。

（2）直播营销方案的执行规划。直播营销方案需要让所有参与直播的人员知晓，而直播营销方案的执行规划具有更强的针对性。直播营销方案的执行规划一般由项目操盘规划、项目跟进规划、直播宣传规划组成。项目操盘规划在直播营销方案的整体推进上进行了大致安排，而项目跟进规划则在直播营销方案执行的细节上进行了细化，明确每个阶段的具体工作、完成时间、负责人等。企业直播与个人直播不同，追求的不是简单的在线人数，而是在线的目标客户数。直播前需要设计有效的直播营销方案，达到企业营销目的。

（3）宣传与引流的方法。设计直播营销方案时，企业要将研究客户经常活动的平台作为第一步。常见的引流渠道包括硬广、软广、视频、直播、问答、线下等。硬广即硬广告。与硬广相比，软广突出一个"软"字，营销于无形。企业可以在传统的问答网站（如百度知道、搜狗问问等）回答网友的问题，同时为自身做宣传。如果企业有线下渠道，可以借助线下渠道，以海报、宣传单等形式宣传直播内容，引导线下客户关注直播。

（4）硬件筹备的三大模块。为了确保直播的顺利进行，需要对硬件进行筹备。直播前期的硬件筹备主要由场地、道具、设备三大模块组成。直播活动的场地分为户外场地和室内场地。直播道具由展示产品、周边产品及宣传物料三部分组成。直播设备是确保直播清晰、稳定进行的前提。在直播筹备阶段，相关人员需要对手机、电源、摄像头等设备进行反复调试，以达到最优状态。

2. 直播营销过程

1）直播活动的开场技巧

（1）直播开场设计的五大要素。

直播开场是给观众留下的第一印象，其重要性不言而喻。观众进入直播间后，会在短时间内决定是否离开。因此，一个好的开场对直播来说非常重要，能够起到事半功倍的效果。

直播活动的开场设计需要从以下五个层面考虑：第一，引发观众兴趣；第二，促使观众推荐；第三，将观众代入直播场景；第四，渗透营销目的；第五，平台资源支持。各大直播平台通常会配备营销人员，对资源位置进行监控与设置。资源位置包括首页轮播图、看点推荐、新人主播等。

(2) 直播活动的开场形式。

第一，直白介绍。可以在直播开场时直接告诉观众直播的相关信息，包括主播自我介绍、主办企业介绍、直播话题介绍、直播大约时长、本次直播流程等。一些吸引人的环节（如抽奖、彩蛋、发红包等），也可以在开场时介绍，以吸引观众留存。

第二，提出问题。开场提问是在直播一开始就制造参与感的好方法，一方面可以引导观众思考与直播相关的问题；另一方面可以让主播更快地了解本次直播观众的基本情况，如观众所在地区、爱好、对于本次直播的期待等，以便在后续直播中随机应变。

第三，抛出数据。数据是具有说服力的，直播主持人可以将本次直播要素中的关键数据提前提炼出来，在开场时直接展示给观众，用数据说话。在专业性较强的直播活动中，更可以充分利用数据开场，在第一时间令观众信服。

第四，故事开场。人们从小就爱听故事，直播间的观众也不例外，相对于枯燥的介绍、分析，故事更容易让不同年龄段、不同教育层次的观众产生浓厚的兴趣。通过一个开场故事，带领观众进入直播所需的场景，能更好地开展接下来的环节。

第五，道具开场。主持人可以根据直播的主题和内容，借助道具来辅助开场，开场道具包括企业产品、团队吉祥物、热门卡通人物、旗帜与标语、场景工具等。

第六，借助热点。参与直播的观众普遍对互联网上的热门事件和热门词汇有所了解，因此在直播开场时，主持人可以借助热点，拉近与观众的距离。

2）直播收尾的核心思路

（1）营销转化。将流量引导至销售平台，从收尾表现上看即可引导观众进入官方网址或网店，促进购买与转化。通常留在直播间直到结束的观众对直播内容都比较感兴趣，对于这部分网友，主播可以充当售前顾问的角色，在结尾时引导观众购买商品。

（2）引导关注。在直播收尾时，引导观众关注自媒体账号来进行引流。在直播结束时，主播可以将企业的自媒体账号及关注方式告诉观众，以便直播后继续向观众传达企业信息。

（3）邀请报名。在直播收尾时，告知粉丝平台加入方式来进行引流，邀请其报名。在同一场直播中积极参与互动的观众，通常更容易与主播或主办单位持续互动，也更容易参与后续的直播。主播可以在直播收尾时邀请这类观众入群，结束后通过运营该群，逐渐将直播观众转化为忠实粉丝。

3）直播重点与注意事项

（1）反复强调营销重点。因为网络直播随时会有新人进入，主播需要在直播中反复强调营销重点。直播中需要反复强调的营销重点如表3-7所示。

表3-7 直播中需要反复强调的营销重点

类别	营销重点
介绍	主播介绍、主办单位介绍、现场嘉宾介绍、商品介绍等
关注	引导关注直播间、微信公众号、微博等
销售	现场特价商品、观众专属商品、近期促销政策等
品牌	邀请点赞、邀请转发、邀请点评等

（2）减少自娱自乐，增加互动。直播不是单向沟通，观众会通过弹幕把自己的感受表达出来，且希望主播予以回应。一个只顾自己侃侃而谈而不与观众互动的主播，通常不太受观众欢迎。刚接触直播的新主播往往会过于关注计划好的直播安排，担心直播没有按照既定流程推进，从而生硬地结束一个话题，进入新话题。实际上，几乎没有百分之百按照规定完成的直播活动，任何直播都需要在既定计划的基础上随机应变。

（3）注意节奏，防止被打扰。在直播进行中，网友的弹幕是不可控的，部分观众会对主播进行指责和批评，这是无法避免的。如果主播过于关注负面评价，就会影响整体的直播状态。在直播进行中，主播需要有选择地与网友互动。对于表扬或点赞，主播可以积极回应；对于善意的建议，主播可以酌情采纳；对于正面批评，主播可以幽默化解或坦诚认错；对于恶意谩骂，主播可以不予理睬。

3. 直播营销后期

（1）做好直播活动总结。直播结束后要及时处理直播活动的订单，并做好奖品发放等，确保客户良好的消费体验，特别是在发货环节，一定要及时跟进，公布中奖名单，并与中奖客户取得联系。

（2）做好粉丝维护。在直播过程中可能会添加各类粉丝，在直播结束后要做好粉丝维护，可以与粉丝沟通交流，调研粉丝对此次活动的评价，以利于后期的优化和提升。同时，对直播观看、销量、活动效果、中奖名单等进行宣传，并对直播视频进行剪辑，将其包装后植入推文中。

拓展阅读

七部门联合发布《网络直播营销管理办法（试行）》

2021年4月23日，国家互联网信息办公室、公安部、商务部、文化和旅游部、国家税务总局、国家市场监督管理总局、国家广播电视总局七部门联合发布《网络直播营销管理办法（试行）》（以下简称《办法》），自2021年5月25日起施行。《办法》旨在规范网络市场秩序，维护人民群众的合法权益，促进新业态健康有序发展，营造清朗的网络空间。《办法》要求，直播营销平台应当建立健全账号及直播营销功能注册注销、信息安全管理、营销行为规范、未成年人保护、消费者权益保护、个人信息保护、网络和数据安全管理等机制与措施。同时，《办法》还对直播营销平台相关安全评估、备案许可、技术保障、平台规则、身份认证和动态核验、高风险和违法违规行为识别处置、新技术和跳转服务风险防范、构成商业广告的付费导流服务等做出详细规定。

《办法》将从事直播营销活动的直播发布者细分为直播间营销人员和直播营销人员，明确年龄限制和行为红线，对直播间营销人员和直播营销人员相关广告活动、线上线下直播场所、商品服务信息核验、虚拟形象使用、与直播营销人员服务机构开展商业合作等方面提出具体要求。

《办法》强调，直播营销平台应当积极协助客户维护合法权益，提供必要的证据等支持。直播间营销人员、直播营销人员应当依法依规履行消费者权益保护责任和义务，不得故意拖延或者无正当理由拒绝客户提出的合法合理要求。

任务演练

直播营销转化

一、任务描述

飞星集团成立于 1988 年，是一家专门从事设计、生产、销售运动鞋服、配饰等运动装备的综合性、多品牌的体育用品集团。飞星集团在致力于专业体育用品生产的同时，坚持"运动时尚"的独特定位，通过体娱双轨的差异化营销策略，为客户提供既有个性又具性价比的体育用品。经过多年的发展，飞星集团在线下门店、线上官网及第三方平台的官方旗舰店都广泛布局了自己的营销网络。随着直播营销的兴起，每个企业都想利用直播形式增加产品的销售量、扩大企业的知名度，飞星集团也开始通过直播带货模式促进商品的成交转化。2021 年飞星集团成立 33 周年，其各大门店、官网及官方旗舰店都借此机会开展了"飞星有你，时尚动起来"的周年庆营销活动。为了更好地吸引粉丝，加强与客户的实时互动，营销人员决定在各大电子商务平台同步开展直播营销活动，以提高商品销量，增加企业的销售额。

二、任务分析

直播营销活动看起来只是简单的场景搭建和主播卖货，但是，一场成功的直播营销活动离不开背后明确的营销设计，要么通过直播营销提升企业和品牌形象，要么利用直播营销提高商品销量。

因此，对于直播营销活动而言，首先要明确直播营销目的。对企业而言，直播营销只是一种营销手段，不能只是简单的线上才艺表演或互联网情感分享，而需要综合产品特色、目标客户、营销目标提炼出直播营销的目的。而对于直播营销转化活动来说，直播营销的最终目的就是获得更多的成交转化。营销人员需要组合场景、产品、创意、主播等模块，设计出最优的直播营销策略。

在执行直播营销时，首先要做好前期直播方案的撰写、直播物料的准备、软硬件测试的调试、场地的布置等，尽可能降低失误率，防止因为筹备疏忽而带来不良的直播效果。为了确保直播当天的人气，营销人员还需要提前进行预热宣传，吸引粉丝提前进入直播间，静候直播开场。然后，直播人员按照直播营销方案，顺畅地推进直播开场、直播互动、直播收尾等环节，确保直播的顺利完成。为了取得更好的直播营销效果，增强直播营销活动的后续影响力，以提高企业的品牌效应，提升产品的销量，直播营销人员可以将直播涉及的图片、文字、视频等继续通过互联网传播，让其触达未观看现场直播的粉丝，让直播营销效果最大化。

直播结束后，要对直播营销活动的开展效果进行总结，复盘直播数据，包括直播销售额、直播观众总数、直播间观众停留时长、新增粉丝数等，以此判断直播营销效果。另外，要组织团队讨论，提炼出本场直播营销的经验与教训，做好团队经验备份。

三、任务操作

（1）根据任务描述，结合企业直播营销主题，制定各平台直播营销转化目标，完成表3-8。

表3-8　各平台直播营销转化目标

序号	直播时间	直播平台	直播营销主题	营销转化目标
1				
2				
…				

（2）根据直播营销的转化目标，结合直播营销主题，确定直播营销活动要素，制定直播营销转化方案，完成表3-9。

表3-9　直播营销转化方案

序号	要素	具体内容
1	直播场地	
2	硬件准备	
3	软件调试	
4	前期宣传	
5	人员协调	
6	物料准备	
7	直播脚本	

（3）根据直播营销转化目标，结合直播营销转化方案，制定直播营销转化执行方案，完成表3-10。

表3-10　直播营销转化执行方案

时间	项目	内容

（4）直播结束后，根据收集的直播营销数据确定分析指标并进行直播复盘，分析直播营销转化效果，完成表3-11。

表 3-11　直播营销转化效果

序号	指标	数据	分析
1			
2			
…			

四、任务评价

本任务评价具体内容如表 3-12 所示。

表 3-12　直播营销转化任务评价

序号	评分项	评分标准
1	直播营销转化目标	（1）直播主题明确 （2）直播营销转化目标明确、切实可行
2	直播营销转化方案	（1）直播要素考虑全面 （2）直播方案制定合理、切实可行
3	直播营销转化执行方案	（1）直播时间设置合理 （2）直播过程设置合理 （3）直播开展顺畅活跃
4	直播营销转化效果	（1）直播效果分析指标明确合理 （2）直播数据真实准确 （3）直播营销转化效果分析精准

五、任务拓展

1. 餐饮直播营销转化

百鲜火锅 2000 年成立于北京市朝阳区，自开店以来，凭借优质的食材、实惠的价格受到广大客户的喜爱，很多食客慕名而来，每天客流量超过 800 人，生意非常红火。随着近几年的快速发展，该企业在北京及周围城市逐渐开设了 1 000 多家门店，每个门店都凭借良好的口碑得到了良好发展，并不断创新营业额榜单，也逐渐提高了百鲜火锅的品牌效应。

春节来临之际，百鲜火锅打算在济南开设一家新店，就此打开山东市场。为此，营销人员打算在开业之日策划一场直播营销活动，通过直播美食品尝、直播点餐等方式，扩大新店开业的影响力，同时实现从流量到销量的转变。

请参考直播营销转化的操作流程并结合餐饮行业的特性，完成餐饮直播营销转化的策划。

2. 美妆直播营销转化

美康黛以中华民族汉字文化作为品牌基调，并将其应用于彩妆产品设计，让更多的人了解东方文化的魅力。该品牌依靠优质的产品赢得了客户的青睐，由此吸引了大批粉丝。近日，美康黛推出一款融合皇家园林艺术设计风格的口红，为进一步打开市场，扩大品牌知名度和品牌影响力，促进私域流量转化，实现新品销量夺冠的目标，该企业营销人员打算邀请美妆主播和时尚明星，打造一场声势浩大的直播营销转化活动。

请参考直播营销转化的操作流程并结合美妆行业的特性，完成美妆直播营销转化的策划。

工作任务三　促销活动转化

促销活动是企业营销转化的常用方式，其核心是制造紧迫感和利益点。但是，很多企业由于不知道如何做促销活动或者没有精心策划营销活动，最后导致没有达到预期的营销效果。促销并不是简单的打折降价。其实，并不是所有的商品都适合采用促销方式。每种产品都有自己的产品生命周期，单一的促销活动已经无法满足客户的需求，企业需要设置多种类型的促销方式，在活动中突出紧迫感，将客户原本没有的需求或者非迫切的需求激发出来。

通过学习本任务，我们能够熟悉促销活动的转化策略，掌握促销活动的设计内容，并内化为实现促销活动转化的能力，提升促销活动转化的效果。

一、促销活动认知

促销是 4P 营销理论的重要内容之一，是为了促进客户购买行为的产生，提高客户购买行为的可能性和频率而最常采用的营销手段之一。

1. 促销活动的含义

促销（Promotion）是指企业利用各种有效的方法和手段，将企业及其产品的信息传递给客户，使客户了解和注意企业的产品，激发客户的购买兴趣和欲望，并促使其实现最终的购买行为，从而达到扩大销售量的目的的活动。

促销的本质是一种信息沟通，是企业与客户之间的一种信息沟通过程，即企业作为信息提供者，发出刺激客户的各种信息，把信息传递给目标客户，以影响其态度和行为。在日常生活中，常见的促销形式有电视广告、报纸广告、商场优惠券、有奖销售活动、现金满减活动、会员卡折扣等。

促销活动，顾名思义，就是为了促进某种商品或服务的销售而进行的降价或赠送礼品等活动。它能在短期内达到促进销售、提升业绩、增加收益的效果。

2. 促销活动的作用

（1）加强企业与客户的沟通。在现代市场经济活动中，不管是生产经营单位还是客户，都迫切地希望获得尽可能多的市场信息。对于生产经营单位而言，掌握客户对产品及服务环节的意见，有助于企业及时对自身的不足进行完善，以便更好地满足客户的需求、带动消费。对于客户而言，他们希望获得商品的各种信息，以帮助自己在琳琅满目的商品中，选择称心如意的商品。促销活动能够将生产经营单位及客户良好地连接起来，增进双方之间的沟通和交流，使双方各取所需。

（2）加强客户对品牌的认知。很多新产品在进入市场初期，往往不能轻易地吸引客户的注意，促使其尝试购买。首先，新产品在市场上鲜有人知，客户在选购产品时习惯性地直奔熟悉的品牌，从而使新产品成为选购的"盲区"；其次，客户对已有品牌存在忠诚度，忠诚度越高，客户越不容易转向新品牌购买；最后，购买新产品存在一定的风险，如果新产品不符合客户的需求，则会增加客户的重置成本。

通过促销活动对产品进行广泛宣传，可以增进客户对于产品的认知，改变一些客户的使用习惯。同时，一些免费试用、赠送的促销活动还可以降低或免除客户初次购买的成本，从而更加易于吸引客户的注意。

（3）刺激消费，扩大销量。一般来说，客户在初次使用产品以后，如果没有不满意的地方，那么就有可能再次购买，但是这种购买欲望一开始并不强烈。此时，企业可以通过促销活动来激发客户的购买欲望，培养客户对产品的兴趣，尽快地将潜在的客户群体固定下来。

大多数客户比较容易受促销活动的影响，当促销价格或促销优惠让他们觉得有利可图时，就会驱使他们采取购买行动，增加购买数量。在现实生活中，容易囤积的产品，在商家采取优惠促销的情况下，其销量往往会大幅提升，如洗衣粉、沐浴露等。除此以外，促销活动还有可能将客户的购买视觉扩大到卖场里的其他商品，从而带动这些商品销量的提高。

二、促销活动转化策略

设计一个促销活动，首先应该选择适合企业当前状况和竞争环境要求的促销策略，并分析影响促销活动的基本因素，包括企业的各种可控和不可控要素。促销的基本过程，实际上就是运用"推"或"拉"两种方式，促使客户购买本企业的产品或服务。

1. 推式策略

推式策略是企业运用人员推销的方式，把产品推向市场。促销活动的推式策略如图3-4所示。

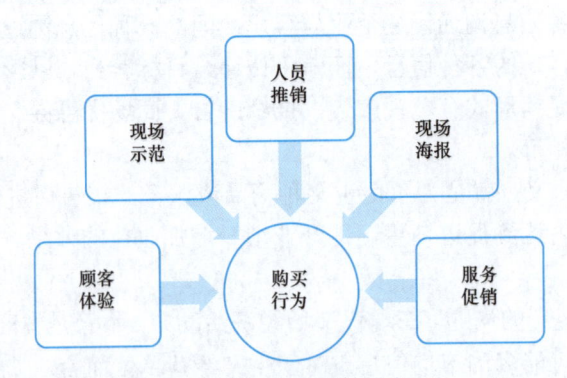

图3-4 促销活动的推式策略

2. 拉式策略

拉式策略是企业运用非人员推销的方式，即广告、营业推广、公共关系等手段把客户拉过来，使其对本企业的产品产生需求，以扩大销售。促销活动的拉式策略如图3-5所示。

图 3-5 促销活动的拉式策略

3. 推拉策略

推拉策略也称混合策略，只是推式策略与拉式策略各自所占的比率不同而已。推拉策略的实质在于：拉式策略是尽可能在最广泛的范围内让目标客户知晓本企业和本次促销活动的内容，促使其产生兴趣，使之不管距离的远近，都会产生购物的冲动，从而来到本企业并进入店铺；推式策略是客户来到之后促使其产生购物行为而采取的措施。

因此，使客户由远及近直至进入店堂称为"拉"，而以人员的方式使客户产生购买冲动和信赖感，称为"推"。推拉策略必须相辅相成，才能取得最佳的促销效果。企业促销活动的推拉策略，如图 3-6 所示。

图 3-6 促销活动的推拉策略

三、促销活动设计

1. 促销商品的选择

无论选择何种商品作为促销品，都应牢记三个基本要点：一是选择客户真正需要的商品；二是促销商品能给客户增添实际的利益；三是选择大品牌或促销力度大的商品。一般来说，促销商品有以下四种选择：

（1）节令性商品。企业可以根据季节的变换适时地调整促销商品的种类。根据季节和时间的变换适时调整促销的商品类别、氛围和装饰等。节令性商品并不是到了某个节气才开始上架销售，而是会提前一两个月就开始进行促销活动。

（2）敏感性商品。一般来说，生活必需品的价格弹性较低，但也有些必需品具有较强的价格敏感性，挑选这些商品作为促销品可以有效拉动人气。

（3）高知名度商品。品牌知名度高、价格透明、市面上随处可见的商品比较适合进行促销活动，如某些化妆品、保健品、饮料、啤酒、儿童食品等。选择此类商品作为促销商品需要供应商的大力支持，可以树立企业优质低价的形象，容易给客户留下物美价廉的印象。

（4）特殊商品。特殊商品是指人们具有某种特殊偏好的商品，选择该类商品进行促销活动可以准确地指向和吸引某一类特定的消费群，客户对商品价格非常熟悉，容易批量购买。如果一种特殊商品形成的市场规模过小，也可以同时选择几种特殊商品进行促销，以形成有效市场。

2. 促销时间的选择

（1）促销活动的延续时间。一般延续时间在 1 个月以上的促销活动称为长期促销活动，其目的是希望塑造企业的差异化优势，增强客户对卖场的向心力，以确保客户长期到店购物。另一类是短期促销活动，通常是 3~7 天，其目的是希望在有限的时间内通过特定的主题活动提高到店的客户数量，以达成预期的营业目标。

（2）促销活动所处的季节。面对不同的季节、气候、温度，客户的行为习惯和需求会有很大的差异，一个良好的促销活动计划应与季节、月份、日期、节令、天气、温度、事件等相互配合。

3. 促销活动的类型

促销活动的类型主要有样品试用、优惠券、赠品、竞赛和抽奖、返现、折价促销等形式。

（1）样品试用。样品试用是指免费赠送客户一定数量的产品，并刺激其试购的一系列过程。样品试用通常被认为是产生试购最有效的方法。当一种新产品或新品牌进入市场时，可以采用样品试用的方式。样品试用也可以用于已推广的产品。为发挥样品试用方式的有效性，产品的选择要符合以下三个原则：

① 产品的单价较低，因此样品的成本不会太高。

② 产品可以分割，这意味着它们可以被分为规格较小的样品，同时能向客户展示产品的特性和优点。

③ 购买周期相对较短，因此客户会考虑立即购买，或者下次购买前不会忘记该品牌。

（2）优惠券。客户之所以愿意使用优惠券，是因为通过使用优惠券，可以在购买成交过程中减少实际支付的金额，优惠券设置的流程如图 3-7 所示。

开始 ➡ 创建 ➡ 系统发放/客户领取 ➡ 使用 ➡ 数据统计 ➡ 结束

图 3-7 优惠券设置的流程

创建优惠券是搭建优惠券系统的起步阶段，基本规则都要在此时想好。创建优惠券涉及的细节比较多，应尽可能覆盖业务涉及的所有场景，然后再结合实际业务相应做减法。目前，常用的优惠券种类有立减券、满减券、折扣券，但这三种优惠券使用的侧重点有所不同。

① 立减券。立减券本质上是无门槛使用券，主要针对有购买意向但嫌价格太高的首单客户使用。

② 满减券。满减券是有门槛使用券，例如满 100 元减 20 元，便于合理控制活动成本。通过设定一些有获取门槛的优惠券，可以让那些原本可以接受高价的客户继续高价购买，而那些不能接受高价的客户，则可以通过使用优惠券来降低价格，从而满足他们的心理价格。

③ 折扣券。折扣券可设置有门槛和无门槛使用规则。有门槛折扣券如满 100 元打 9 折，其中"满 100 元"就是折扣券的使用门槛，这类优惠券主要用来提升客单价。无门槛

折扣券主要用来提升销量。

> 拓展阅读

天猫"双11"跨店满减使用规则

1. 定义

天猫跨店满减是用户在天猫平台单个活动店铺或跨店铺交易时符合一定条件即可减免部分交易金额的活动玩法。跨店满减属于非现金形式，不存在资金从用户账户流转、提现转赠他人或为他人付款的情形。

2. 跨店满减使用时间

20××年11月1日 00:00:00—20××年11月3日 23:59:59。

20××年11月11日 00:00:00—20××年11月11日 23:59:59。

3. 活动规则

（1）天猫跨店满减仅支持在天猫、天猫国际平台中已设置跨店满减玩法的活动商家店铺内进行使用。

（2）跨店满减适用不同商品、不同满减条件及最高可优惠金额，具体以商品详情页"每X元减Y元"展示为准，其中X元为满减条件，Y元为最高可减金额，满减条件与最高可减金额合称"使用门槛"。商品详情页若无"每X元减Y元"相关文案展示，说明该商品不支持跨店满减。

（3）跨店满减必须同时满足以下条件方可使用（实际是否可用以下单页面满减信息为准，请用户下单前予以关注）：

① 仅限用于通过普通交易购买实物商品（具体以商品详情页"每X元减Y元"展示为准）。

② 单笔订单支付/多笔订单（含跨店铺）合并支付时，适用相同使用门槛的商品的货款总额（不包括运费、税金、运费险、增值服务等非商品金额，下同）在单品优惠后达到对应跨店满减的条件。

（4）跨店满减可叠加使用，上不封顶。

（5）跨店满减在单店使用时需满足满200元减30元的条件才能抵扣。若多家店铺满减档位完全一致，跨店满减则可跨店凑单使用，优惠金额按照商品金额比例在商品中进行分摊。

（6）跨店满减与限定品类使用的天猫购物券（即"品类券"）及其他形态的天猫购物券可叠加使用。

（7）若跨店满减优惠使用及优惠分摊后，任何一个适用跨店满减的子订单出现优惠后金额为0元或负数，跨店满减依然可继续使用，系统会按照子订单计算完其他优惠后将剩余需实付金额作为优惠最大可用金额，直至将子订单优惠后实付金额抵扣为0元。

（3）赠品。赠品是免费或低价向客户提供一项产品或服务，从而对购买者产生额外的激励。在商家和客户沟通的过程中，赠品本身是一种非常有效且应用广泛的促销方式。赠品的形式主要有买赠、换赠以及退赠。

① 买赠。即购买获赠。只要客户购买某一产品，即可获得一定数量的赠品。最常用的方式如买一赠一、买五赠二、买一赠三等。

② 换赠。即购买补偿获赠。只要客户购买某一产品，并再略做一些补偿，即可再换取到其他产品。如花一点钱以旧换新、再加 1 元送××产品、再花 10 元买另一个产品等。

③ 退赠。即购买达标退利获赠。只要客户购买或购买到一定数量的时候，即可获得返利或赠品。

（4）竞赛和抽奖。竞赛和抽奖最重要的特色之一，就是提供一个比实际支出金额更优惠的活动契机。竞赛是一种客户为了获得奖品和奖金，依靠技巧或能力进行比赛的促销活动。企业通过评价参赛者或确认哪个参赛者与预先设定的标准最接近来确定获胜者。需要注意的是，竞赛的门槛不能太高，否则可能会打击目标受众中那些关键潜在目标客户的参与热情。

抽奖是一种完全凭运气决定获胜者的促销活动。抽奖的形式多种多样，包括常见的大转盘、乒乓球号、口红机、砸金蛋等。抽奖通过概率性事件营造稀缺性，撬动客户的互动参与意愿，同时通过物质激励等方式持续刺激，或产生阶段性强刺激，从而保证客户的转化。

（5）返现。返现是由商家做出的返还部分购买款项的承诺，通常是在客户提供一些购买证明之后。当然，在客户开始购买之前，也有助力返现的活动方式，客户通过将信息分享给好友并邀请其帮忙助力获得返现金额。客户通常对于返现承诺的响应度比较高，尤其是当节省了一部分购买成本以后。

（6）折价促销。折价促销又称为价格折扣，是指企业通过降低商品的售价，从而促进客户购买的一种促销方式。折价促销是使用最多、影响力最大，也是最有效的促销武器，尤其是对短期销量的提升有立竿见影的效果。折价促销的方式有以下七种：

① 直接折价。直接折价是指企业直接给予客户的一种价格折扣方式。对于品牌知名度较高的商品，以及购买频率较高、客户关注度较高的日用消费品，直接折价的促销效果尤其明显。对于同质化程度高的商品而言，如果品牌知名度不高，即使采取较高的直接折价，也很难达到预期的促销效果。

② 减价优惠。减价优惠是指标明原价和现价各是多少的促销方式。这种方式在价格上不给客户任何选择的余地，但在款式及档次上给予客户充分选择的空间。

③ 数量折扣。数量折扣是对大量购买某种商品或服务的客户提供的一种折扣方式。通常是按照购买数量的多少，分别给予不同的折扣。购买数量越多，折扣力度越大。数量折扣的目的在于鼓励客户大量购买或集中购买，因此常用于购买频率较高、产品之间相关程度较大的日用消费品。

④ 附加赠送。附加赠送是指当客户购买一定数量或金额的商品后，按一定的比例附加赠送同类商品的促销方式，以此吸引更多的客户购买。这种方法不仅可以有效刺激客户的购买，而且能够帮助营销人员完成期末销售指标。附加赠送常用于单价较低、包装简单、使用频率较高的日用消费品。

⑤ 加量不加价。加量不加价和附加赠送非常类似，区别在于该方式是在产品出厂之

前，将赠送的产品装在包装内，在产品包装上标注"加量不加价"的优惠信息，让客户能以同样的价格买到更多的产品。这种方式可以提高企业的销量，扩大市场份额。

⑥ 购物返券。购物返券是指在店购物满一定数量或金额的商品之后，凭购物凭证领取相应金额的购物券。购物返券相当于在原商品价格基础上打了一个折扣进行销售，但是延长了客户在店内的购物时间，提高了商品的销售额。

⑦ 套餐式折扣。套餐式折扣是将两件或多件相同产品，或者不同的产品组合在一起，以低于单件产品价格之和的价格出售，以此来吸引客户成套购买的方式。这种方式适用于企业同时推出多种产品的情况。

拓展阅读

中消协发布消费提示：理性对待"双节"打折促销

2021年9月14日，为防范"双节"（中秋节、国庆节）假期期间的有关消费陷阱，中国消费者协会（以下简称"中消协"）发布消费提示：享受"双节"假期，客户要多一分理性，经营者要多一分担当。

中消协表示，购买月饼、大闸蟹要防坑避雷，聚餐应当节约不浪费。"双节"既是享受月饼的美好时刻，也是品尝大闸蟹的最佳时期。在购买月饼时，消费者应尽量通过正规渠道购买，仔细查阅月饼的主要成分、生产日期和保质期等信息，并检查是否有SC（"生产"的汉语拼音缩写，指食品生产许可证）标志；对于散装或者现场制售的月饼，要注意查看月饼色泽、形状、气味等，并仔细查看现场卫生状况。理性看待"打折""促销""保健""无糖"等概念，按需购买，避免浪费。

在购买大闸蟹方面，客户尤其要注意防范"螃蟹券"套路。很多消费者反映在购买"螃蟹券"后，或是面临"一券在手，螃蟹难求"的供需不平衡局面，或是收到的螃蟹缩水严重、缺斤短两。因此，建议消费者擦亮双眼，尽量选择正规线下实体商家或者信誉较高的电子商务平台购买大闸蟹。

中消协还指出，要理性看待商家"双节"打折促销，合理消费不盲目。"双节"期间，客户要理性看待商家的促销手段，不为"爆款""特价"等宣传冲昏头脑，不被网上展示的精美外包装图片所蒙蔽，谨慎选择"网红"直播带货销售的各类产品，以免为一时的冲动消费而后悔。建议消费者在明确消费需求并充分了解产品真实品质的情况下再做出购买决策。

任务演练

优惠券促销活动设计

一、任务描述

型月是型格集团旗下的服装品牌，专注于年轻时尚的女装销售，该品牌一直追求强调个性化的设计，是在设计中渗透人文文化的时尚品牌，赢得超6 000万名年轻女性青睐。

适逢集团成立 22 周年，型月官方旗舰店为了回馈新老客户的厚爱，准备开展一次优惠券发放的营销活动。营销人员根据优惠券促销活动的类型，设置了立减券、满减券、折扣券三种优惠券。同时，为了取得更好的营销转化效果，营销人员对三种优惠券的适用产品、时间及人群进行了设置，以期取得更高的销售业绩。

二、任务分析

优惠券是持有者在购买某种产品时可免付一定金额的单据，在刺激成熟品牌的销售和鼓励新产品的使用方面效果较好。在进行优惠券促销活动设计的时候，需要确定活动的主题及目标，策划活动开展的基本内容，比如活动开展的时间、面向的客户、活动的商品等信息。

根据优惠券促销活动的目标选择优惠券的类型，同时设计优惠券的使用规则和发放规则。优惠券的类型有三种，主要是立减券、满减券和折扣券。每种优惠券面向客户的侧重点不同：立减券主要用于新客户，给予其一定的优惠，吸引新客户购买商品；满减券主要用于高价值客户，对于达到一定成交金额的客户给予适当的优惠，以降低其心理价位；而折扣券的使用更广，在促进流量转化、实现商品销售等方面更具有吸引力。

优惠券的使用规则通常为：立减券适用于店铺消费的客户，不适用于团体购买、批发等购买行为，优惠券不能兑换现金，每张优惠券仅能使用一次，不找零，不退换等。优惠券的发放既可以是店铺主动发放，也可以是客户自主领取，比如店铺对新客户发放一定金额的立减券，当新客户进店以后，主动对其弹出优惠券，无须点击，在购买时自动减免。而对于客户自主领取的方式，则需要客户到商品页面或店铺页面领取后才可使用。

当优惠券促销活动结束后，要对活动的促销效果进行检验，对商品销量、优惠券领取数量、优惠券使用数量、参与客户数量等数据进行统计，分析促销活动设计的营销转化效果。

三、任务操作

（1）根据任务描述，结合营销主题，策划优惠券促销活动的基本内容，完成表 3-13。

表 3-13　优惠券促销活动的基本内容

序号	项目	具体内容
1	活动主题	
2	活动目标	
3	活动时间	
4	活动商品	
5	面向人群	
6	物料准备	

（2）根据优惠券促销活动的主题及目标，设置优惠券，完成表 3-14。

表3-14 优惠券的设置

优惠券类型	规则		具体内容
	使用规则	适用产品	
		适用时间	
		适用人群	
		使用细则	
	发放规则	主动赠送	
		自主领取	
		分享领取	
		关注领取	
		任务领取	

（3）活动结束后，根据所收集的优惠券促销活动数据，确定分析指标，分析优惠券促销活动的营销转化效果，完成表3-15。

表3-15 优惠券促销活动营销转化效果分析

序号	指标	数据	分析
1			
2			
…			

四、任务评价

本任务评价具体内容如表3-16所示。

表3-16 优惠券促销活动设计

序号	评分项	评分标准
1	优惠券促销活动的基本内容	（1）活动主题明确 （2）活动营销转化目标明确、切实可行 （3）活动的各项内容设置合理
2	优惠券的设置	（1）优惠券类型设置全面、合理 （2）使用规则设置详尽、可行 （3）发放规则设置合理、可行
3	优惠券促销活动营销转化效果分析	（1）优惠券促销活动效果分析指标明确、合理 （2）优惠券促销活动数据真实、准确 （3）优惠券促销活动营销转化效果分析精准

五、任务拓展

1. 抽奖促销活动设计

玉洁是这两年刚刚崛起的国货护肤品品牌，凭借"国潮风"的设计，其受到了中国年轻客户群体的追捧。在短短两年内迅速赢得了客户的青睐，在"双11"期间进入了护肤品品牌销量前十名，大大提升了国货在护肤品行业的地位。近日，玉洁推出一款具有较强抗衰老及抗氧化功效的精华水，为了促进新品的营销转化，营销人员计划设计一场抽奖活动，增加客户参与互动的意愿。同时通过奖品设置，给予客户一定的物质激励，以提高客户的转化率。

请参考优惠券促销活动设计操作流程，结合抽奖活动的特点和优势，完成抽奖促销活动的设计。

2. 折价促销活动设计

食客斋是中国食客服务有限公司旗下的品牌，主要从事以糯米食品为主导的食品研发、生产和销售。公司在传承民族饮食文化的基础上不断创新，已形成以粽子为主导，集月饼、汤圆、糕点、蛋制品、其他米制品等食品为一体的产品群。凭借美味的食品和亲民的价格，食客斋的销量逐年提升，并得到了"粽子之王"的美誉。

由于相关人员对市场预估失误，端午节过后，食客斋的粽子礼盒还有较多剩余，营销人员为了迅速提升商品的销量，减少企业损失，计划针对这批粽子礼盒设计一场折价促销活动。

请参考优惠券促销活动设计操作流程，结合折扣促销活动的特点和优势，完成折扣促销活动的设计。

工作任务四 体验式营销转化

体验式营销是一种新的营销方式，已经逐步渗透到市场营销的各个环节，其本质是通过客户体验实现销售产品、树立品牌形象的目的。体验营销不是简单的情景式营销，更不是简单的免费试用，而是从产品还未与客户见面直到客户深层体验品牌内涵的全过程。

通过学习本任务，我们能够了解体验式营销的类型和流程，熟悉体验式营销的转化策略，掌握体验式营销转化设计的内容，并内化为实现体验式营销转化的能力，提升体验式营销转化效果。

一、体验式营销认知

1. 体验式营销的核心

所谓体验式营销，是指通过看、听、闻、尝、使用、感受、参与等手段，充分调动客户的感官、情感、情绪等感性因素，同时调动客户的思考、联想、行动等理性因素，影响客户对产品的感受，从而达成交易的一种新型营销方法。体验式营销主要具有以下三个特征：

（1）无形性。体验式营销中的无形性强调客户所能感受到的一种使其难忘的、身临其境的体验，它是一种被感知的效果。

（2）个性化。在体验式营销中，由于消费者个体存在巨大的差异，要吸引个体参与并实现互动，在体验式营销活动设计中就必须体现较强的个性化。当然客户也乐意为所获得的体验价值承受相对较高的价格水平。

（3）延续性。客户所获得的感受并不会因一次体验的完成而马上消失，而是具有一定的延续性，有时客户事后甚至会对这种体验重新评价，产生新的感受。体验式营销的核心在于降低客户的初次体验门槛，降低客户购买的心理压力和决策成本。客户对于陌生的事物往往是排斥的，通过免费体验的方式可以快速建立客户对于新鲜事物的认知，从而为企业构建良好的品牌形象，使客户对企业和品牌产生好感后形成营销转化。

2. 体验式营销的类型

体验式营销的重点在于体验。体验是指某件事给人们带来的感受，不管该事件是真实存在的还是虚拟的，只要给人们带来某种感受就属于体验。为了便于区分，可以将多样化和复杂化的体验分为以下几种类型：

（1）感官体验。感官体验是客户通过视觉、听觉、触觉、味觉、嗅觉等与外界互动所体会到的知觉体验。它是客户最基本的体验，如欣赏音乐、品味美酒佳肴等。

（2）思维体验。思维体验是较为理性的，是指通过启发客户的智力，以富有创意的方式引起客户的惊奇、兴趣、对问题集中或分散的思考，为客户创造认知和解决问题的体验。

（3）行动体验。行动体验是通过吸引客户的主动参与，让客户在整个过程中获得一种全新的体验，让客户感同身受，进而引领客户获得一种全新的生活方式或生活体验。

（4）情感体验。情感体验注重客户内在的感情与情绪，其表现可以是一个温和、充满柔情的正面心情，也可以是欢乐、自豪的情绪，还可以是激烈的情感反应。

（5）关联体验。关联体验即通过实践实现自我改进，使别人对自己产生好感。它使客户和一个较广泛的社会系统产生关联，从而建立起对某种品牌的偏好。

拓展阅读

东方树叶把四季拍成诗，将感官营销发挥到极致

东方树叶是农夫山泉公司出品的一个茶饮料子品牌，主打"零卡路里"的卖点。2021年，正值东方树叶品牌创立十周年，东方树叶先后拍摄了"夏—秋—冬"系列短片，循着季节去探索茶生活。

东方树叶用如诗如画的镜头语言讲述了品牌的四季故事。一方面，东方树叶捕捉到年轻人对减压慢生活的诉求，把四季拍成了"歌"。东方树叶洞察不同的季节特点，为消费者展示产品的花式喝法，夏天冻冰茶球，冬天来煮茶，勾勒出差异化季节的饮茶体验，激发观者对于饮用东方树叶产品的欲望。另一方面，基于感官营销，在广告里充分发挥声音元素。山间蝉鸣、溪水潺潺、冰茶球的碰撞声……东方树叶用声音让用户产生味觉感应，传递"一期一会，适时生活"的自然理念。

通过此次营销设计，东方树叶打造了沉浸四季观感，用场景构建了品牌的东方特色，在这首四季奏鸣曲中，东方树叶一直在强调一个概念——年轻旺盛的天然茶香，其品牌定位是东方茶饮，直接指明了其消费者是"Z世代"。通过这四支季节奏鸣曲，东方树叶完美诠释了差异化的体验式营销。

3. 体验式营销的流程

体验式营销是客户通过体验感受到产品的优势或与其他产品的区别，从而激发购物动机，购买产品，随着时代的发展，体验式营销在企业营销中占据的位置越来越重要。比如，现在很多企业都推出了体验店，目的就是提升客户体验，提高产品销量。体验式营销的流程如图3-8所示。

识别客户 → 了解客户 → 换位思考 → 体验参数 → 体验过程 → 评估评价

图3-8 体验式营销的流程

（1）识别客户。企业通过一些技术手段，根据客户的特征、购买记录等识别目标客户，明确客户的范围，然后为其提供购物前的体验，这样做能够大幅降低营销成本。企业还可以对客户进行细分，将客户按照学历、年龄等划分为不同类型，提供不同的体验。

（2）了解客户。企业识别客户后，就要对这些客户进行深入了解，了解客户的购物水平、需求、特点等，了解客户的痛点或需要解决的问题等，以便提供相应的体验来解决客户的需求、担忧或问题。

（3）换位思考。换位思考是指营销人员站在客户的角度思考问题，找到客户的利益点，弄清客户的痛点，根据这两点来决定应重点向客户提供哪些体验。

（4）体验参数。企业应明确产品或服务的卖点，并形成多个体验参数，以便客户根据需要自行体验，从而提升客户体验。比如，服装颜色是否符合客户的需要，服装风格是否为客户喜欢的风格等。设置多个体验参数能帮助客户从多个方面评价产品，也能帮助营销人员更精准地掌握客户的需求。

（5）体验过程。营销人员提供产品或服务让客户体验，在这个过程中要密切关注客户的表情、语言等有关体验的部分，记录客户的体验过程，以便后续管理。

（6）评估评价。客户体验产品或服务后，营销人员还要对整个体验式营销进行评估。其评价主要从以下几个方面着手：客户体验效果如何，客户有什么抱怨或不满意的地方，是否解决了客户的问题，客户是否有购买倾向，客户有哪些建议等。

二、体验式营销的转化策略

1. VR/AR 虚拟营销

（1）VR 虚拟营销。虚拟现实（Virtual Reality，VR）技术是一种可以创建和体验虚拟世界的计算机仿真系统，它利用计算机生成一种模拟环境，使客户沉浸于该环境中。虚拟现实技术就是利用现实生活中的数据，通过计算机技术产生的电子信号，将其与各种输出设备结合，使其转化为能够让人们感受到的现象，这些现象可以是现实中真真切切的物体，也可以是人们肉眼看不到的物质，通过三维模型表现出来。

VR 虚拟营销，通俗地讲，就是利用 3D 技术和虚拟现实技术推出的云端沉浸式展览展示服务平台，通过为其提供 VR 全景展示、策划、拍摄、制作、发布及分享服务，将企业、园区、酒店等实景进行 1∶1 真实化再现，进而突破时间、空间等条件限制，实现 24 小时不间断的营销宣传推广。VR 全景可以实现虚拟现实的三维场景效果，水平或垂直的 360 度全景，720 度视角，使客户拥有沉浸式、互动性、实时性的线上体验，全面帮助企业进行营销宣传推广。

（2）AR 虚拟营销。增强现实（Augmented Reality，AR）技术是一种将虚拟信息与真实世界巧妙融合的技术。它广泛运用了多媒体、三维建模、实时跟踪、智能交互、传感等多种技术手段，将计算机生成的文字、图像、三维模型、音乐、视频等虚拟信息进行模拟仿真后，应用到真实世界中，两种信息互为补充，从而实现对真实世界的"增强"。

AR 虚拟营销是把增强现实技术与营销相结合的一种全新的技术营销方式。例如，美妆品牌丝芙兰与加拿大美妆电子商务 ModiFace 合作推出了 AR 虚拟试妆，将 AR 试妆技术应用于丝芙兰虚拟艺术家应用程序中，让客户可以在家体验上千种产品。除此之外，AR 虚拟营销也是包装、酒水等行业常用的一种互动营销表现形式。

2. 情景营销

情景营销就是在销售过程中，运用生动形象的语言向客户描绘一幅使用产品后带来的美好画面，激起客户对这种情景的向往，并有效激发客户购买欲望的营销方式。情景营销是以生活情景的体验来达到营销的目的。情景营销的基本假设是，客户在其日常生活中的某个"相似的瞬间"，更容易接受相同的宣传，而不论其年龄、性别、收入等是否存在差别。情景营销分为以下几类：

（1）场合情景。在不同的场合，会有不同的情景效果，情景营销十分注重场合，不恰当的场合会让营销效果截然相反。在营销过程中，一定要注意选择良好的场合情景，如果不分场合地盲目营销，势必难以让客户满意。

（2）时间情景。营销应该把握好时间情景，比如当客户很忙的时候，尽量不要打扰；拜访时发现客户心情不佳，最好能够及时避开。这是因为在轻松愉快的氛围里，人与人之间更容易交流，也更容易达成共识。

（3）关系情景。一个陌生人往往很难得到别人的理解，而熟人之间很容易接近。如果营销人员和客户的关系比较好，就很容易营销了。销售人员在营销时，不妨充分利用好关系情景。

（4）主题式情景。主题式情景设计的关键在于抓住体验的氛围，不求说出产品的全部优点，而在于在最短的时间内让客户感知到产品感性化的差异点，进而引发其消费共鸣。

（5）引导式情景。根据消费心理学分析，客户决定购买有两个关键时刻："买的时候"和"用的时候"，客户的购买行为直接由这两个时间点的"情感"所决定，因此改善营销环境和增进产品本身带来的乐趣就是增加销售额的关键。

（6）流程式情景。流程式情景营销最大的特点在于它能够确保成功的终端样板和优秀的导购经验在最短的时间内得到快速推广，减少不必要的环节，提高整体竞争力。

（7）邀请式情景。实施有效的邀请式情景营销的关键在于如何建立潜在客户资料库，如果缺少潜在客户资料库，营销人员就很难根据客户的需求发出邀请，更谈不上后期的销售跟进问题。

拓展阅读

可口可乐以"分享"和"快乐"为主题，创造圣诞温馨营销

2021年圣诞节来临之际，可口可乐围绕"分享"和"快乐"的品牌内核，推出了年度圣诞节大片。故事从小男孩的奇思妙想展开，他环顾了一周，发现新公寓没有烟囱。为了能顺利收到圣诞老人的礼物，在邻居们同心齐力的帮助下，小男孩成功地搭建起了烟囱，并邀请一位独居的老奶奶共度圣诞节，这支广告溢满温情和感动。

可口可乐这支广告之所以能打动消费者，主要在于情感的真实性。短片选择了一个多元社区公寓，出场的冷清的环境，让观众的记忆仿佛一下子回到了在城市里孤独过节的场景，小男孩落寞的表情也使广大观众产生情感共鸣。之后故事里流露出的快乐、温暖、分享又让观众对可口可乐充满认可。

"分享"和"快乐"是可口可乐一以贯之的品牌内涵，以"分享"和"快乐"为主题，既渲染节日欢聚的气氛，也将自身的品牌形象通过视频短广告传递给消费者，从而引发消费者的共鸣，传递了一种快乐与分享的力量，强调了人与人之间的信任与团结。

3. 游戏互动营销

游戏互动营销就是借助游戏场景，将品牌融入游戏场景中，让品牌与客户直接沟通对话，通过有奖游戏提升客户的服务体验，让粉丝能够更加主动地分享传播，提高企业通过微信、微博等社会化营销平台进行互动营销时粉丝的互动性和主动传播性，强化企业品牌形象，有效提升转化率，实现资源利用最大化的一种营销方法。游戏互动营销一般有以下三种方式：

（1）广告推进模式。与传统营销推广类似，广告推进模式是网络营销最常用的营销模式之一。通过在游戏专业媒体、门户网站、视频网站等网络应用产品上投放广告，将游戏推送到目标玩家面前。

（2）渠道拉动模式。对网络游戏而言，典型的渠道是网络运营商。

（3）平台营销模式。大型网络企业每年都有若干款新产品推出，为了提高营销推广效率，让每次通过推广获得的新客户能够成为企业的忠诚客户，越来越多的企业开始构筑自己的平台。

4. 定制营销

定制营销是指企业在大规模生产的基础上，将每一位客户都视为一个单独的细分市场，根据个人的特定需求来进行市场营销组合，以满足每位客户特定需求的一种营销方式。

定制营销有以下四种方式：

（1）合作型定制营销。当产品的结构比较复杂，可供选择的零部件式样比较多时，客户一般会权衡后再做选择，甚至有一种束手无策的感觉。他们不知道何种产品组合符合自己的需要，在这种情况下可采取合作型定制。企业与客户进行直接沟通，介绍产品各零部件的特色和性能，并以最快的速度将定制产品送到客户手中。

（2）适应型定制营销。如果企业的产品本身构造比较复杂，而且客户的参与程度比较低时，企业可采取适应型定制营销方式。客户可以根据不同的场合、不同的需要，对产品进行调整，通过变换或更新组装来满足自己的特定要求。

（3）选择型定制营销。在这种定制营销中，产品的用途对于客户来说是一致的，而且结构比较简单，客户的参与程度很高，从而使产品具有相同的表现形式。

（4）消费型定制营销。在这种情况下，客户的参与程度很低，他们一般不愿意花费时间接受企业的调查，但他们的消费行为比较容易识别。这时企业可通过调查，掌握客户的个性偏好，再为其设计好更能迎合其需要的系列产品或服务，这样便可以增加客户的消费数量或次数。

三、体验式营销转化设计

企业在营销中必须将客户体验放在首位，围绕客户体验来做营销，如果脱离了客户体验，那么营销只能以失败告终。提升客户体验的关键点如图3-9所示。

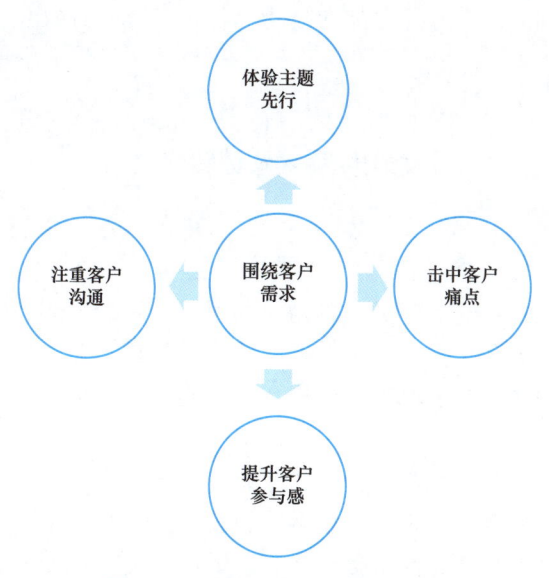

图3-9 提升客户体验的关键点

1. 围绕客户需求

体验是客户在使用、接受某种产品或服务的过程中受感性因素或理性因素影响而产生的一种感受。一种好的产品或服务应契合客户的实际需求，给客户带来新颖的体验。因此，企业应站在客户的角度思考问题，不盲目追求产品或服务功能的大而全，而是通过体验式营销把握客户的需求，同时根据客户需求的变化改进产品或服务。

客户在消费时虽会进行理性选择，但也会有感情方面的追求，因此营销人员不能孤立地思考产品，而是要通过各种方法为产品创造综合效应，丰富产品的内涵，提升客户体验。

2. 击中客户痛点

如果不能解决客户的需求，产品设计得再华丽、功能再齐全都是徒劳的。唯有击中客户的痛点，才有可能满足客户的核心需求。击中客户痛点是指产品能够满足客户的需求，解决客户的问题，或者触动客户的情感，能够给客户带来价值。这就要求企业在产品及其后续营销上能敏锐把握客户心理，捕捉客户需求，这样才能击中客户的痛点。

3. 体验主题先行

体验式营销应遵循主题先行原则，即整个营销过程都要围绕一个主题，产品或者服务都以此主题为中心，当然也可以有"主题道具"。主题是营销人员在市场调查、收集客户资料等基础上设计出来的，应有严格的计划、实施过程、控制过程和后续管理等。

4. 提升客户参与感

人们都有自我表达的愿望，而自我表达往往以参与的形式体现，即客户参与产品或服务的研发设计，并从中获得切身体验，仿佛产品和服务都与客户产生了联系，从而激发了客户的购买欲望。因此，营销人员不能只考虑产品的特点和功能，还要考虑客户的需求，考虑客户能否参与其中。

5. 注重客户沟通

沟通也是客户体验的组成部分。沟通是企业与客户拉近距离的最佳方法。因此，体验式营销应注重沟通，营销人员应注意沟通技巧，与客户形成有效互动。

任务演练

房地产体验式营销转化设计

一、任务描述

合创集团成立于 1992 年，是一家上市房地产公司，主要定位于开发城镇化住宅，近几年对我国新型城镇化建设起到了一定的助推作用。合创集团提供多元化的产品，以切合不同的市场需求，满足各种类型客户的需要，其业务包括物业发展、建筑安全、装修、物业管理、物业投资、酒店开发和管理等。今年合创集团的销售额已突破 7 000 亿元，位居中国房地产行业首位。

最近，合创集团在青岛市黄岛区开发了一处新楼盘，并展开市场营销。营销人员通过对几种营销方式的分析总结，决定利用数字营销技术，采用体验式营销的方式开展房屋销售工作。根据目标客户的状况，利用传统文化、现代科技、人文艺术等整合手段来扩展房屋体验的内涵，更好地满足客户的产品体验、环境体验、服务体验等，在给客户带来强烈震撼的同时达到促进产品销售的目的。

二、任务分析

体验式营销是一种新的营销方式，已经逐步渗透到每个细分市场，房地产也不例外。房地产体验式营销是一种全新的营销思维模式，它的出现改变了以往的营销方式和消费方式，目前在消费者市场中已经得到了较为广泛的应用。

在对体验式营销进行设计时，首先要进行目标客户识别，了解目标客户。对于房地产企业来说，可以采用合法的方式获取客户的购买记录，分析客户特点、购买需求及购买水平等信息。然后针对客户分析结果，设计不同的体验式营销。总体来看，对于房地产行业来说，体验式营销主要分为三部分：产品体验、环境体验和服务体验。

产品体验主要指对户型结构、建筑材料和配套设施的体验，客户购买的主要对象还是产品，对于产品的品质、功能是最为关心的，营造产品体验，赢得客户的认可是促进成交的重要手段。产品体验可以通过样板间、效果图、配套实施图等展现出来，增加客户的实景体验感。

环境体验包含了自然环境体验、人文环境体验，以及项目为客户所创造的生活方式体验，主要体现在售楼处周边以及售楼处自然环境的营造方面；不同的项目所创造的项目核心价值不同，为客户所创造的环境体验就应该不同。

服务体验是指置业顾问热情、耐心、细致地向客户讲解项目的情况，并且站在客户的角度，基于客户的需求为客户推荐产品，同时后勤人员、保安门卫等工作人员向客户提供业务配套服务，让客户产生宾至如归的感觉。

当然，对于以上提到的产品体验、环境体验和服务体验，可以利用VR/AR虚拟技术，让客户产生身临其境的感觉；也可以围绕感官体验进行设计，从视觉、听觉、触觉、味觉、嗅觉等多个方面提升客户的感官互动深度及实现情感代入，最终实现产品的营销转化。

三、任务操作

（1）根据任务描述，识别目标客户，并对目标客户进行分析，完成表3-17。

表3-17 目标客户分析

序号	客户姓名	联系方式	客户特点	购买需求分析	购买力分析	…
1						
2						
…						

（2）根据目标客户分析，设计体验式营销过程，完成表3-18。

表3-18 体验式营销过程设计

分类	设计项目	具体设计要求
产品体验	样板间	
产品体验	工艺样板间	
产品体验	配套实施	
环境体验	自然环境	
环境体验	人文环境	

续表

分类	设计项目	具体设计要求
环境体验	生活方式环境	
	VR/AR 虚拟场景	
服务体验	业务人员服务	
	后勤人员服务	

（3）营销活动结束后，根据收集的体验式营销数据，确定分析指标，完成体验式营销转化效果分析，完成表3-19。

表3-19 体验式营销转化效果分析

序号	指标	数据	分析
1	房屋销售数量		
2	房屋销售额		
3	客户体验数量		
…	…		

四、任务评价
本任务评价具体内容如表3-20所示。

表3-20 体验式营销转化任务评价

序号	评分项	评分标准
1	目标客户分析	（1）目标客户识别准确 （2）目标客户数据收集合理、全面 （3）目标客户分析精准
2	体验式营销过程设计	（1）产品体验设计合理、可行 （2）环境体验设计合理、可行 （3）服务体验设计合理、可行
3	体验式营销转化效果分析	（1）体验式营销转化效果分析指标明确、合理 （2）体验式营销转化数据真实、准确 （3）体验式营销转化效果分析精准

五、任务拓展
1. 家居体验式营销转化设计

安心居是我国知名的家居和家具零售商，产品多样，功能齐全，风格多元，主要销售座椅/沙发系列、办公用品、卧室系列、厨房系列、照明系列、纺织品、炊具系列、房屋储藏系列、儿童产品系列等约10 000种产品，目前在国内已有1 000多家门店，销售业绩在家居行业遥遥领先。近日，安心居在上海市新开了一家零售门店。在全面客户体验时代，营销人员决定趁新店开业之际，利用数字营销技术，开展体验式营销，打造出最佳视觉效果来激发客户的购买欲望，让新店实现销量的突破。

请参考房地产行业体验式营销转化设计操作的流程，并结合家居行业的特性和目标客户的特点，完成家居体验式营销转化设计。

2. 汽车体验式营销转化设计

飞跃汽车是成立于1988年的国产汽车品牌，主要生产SUV、轿车、皮卡及新能源汽车等车型。飞跃汽车自创立开始，一直秉承"创新科技、美誉天下"的品牌理念，不断提升自身的研发实力，扩大市场份额，培育客户忠诚度。但是受经济环境的影响，飞跃汽车感受到了发展的艰难，为了寻求新的销售出路，飞跃汽车开始走出4S店，打造线上购买、线下体验的一体化营销路径。客户可通过线上官方商城、官方微信、上汽大众超级APP完成车辆配置并下订单，在4S店体验实车，并预约在4S店提车。

为此，营销人员打算利用数字营销技术，开展体验式营销，拉近与客户的距离，为客户营造便捷、温馨的展厅体验，向客户展现飞跃汽车的魅力，促使客户完成成交转化。

请参考房地产行业体验式营销转化设计操作的流程，并结合汽车行业的特性和目标客户的特点，完成汽车体验式营销转化设计。

自测题

一、单项选择题

1. 以下选项中不属于福利营销的是（   ）。
   A. 产品买一赠一　　　　　　B. 满赠活动
   C. 发放产品优惠券　　　　　D. VR体验

2. 客户按照一个固定路径走，即可完成一个目标行为，指的是（   ）。
   A. 转化流程型路径　　　　　B. 商品销售型路径
   C. 多位一体化路径　　　　　D. 客户成长型路径

3. 福格行为模型的M、A、T分别代表了（   ）。
   A. 动机、能力、触发　　　　B. 需求、金钱、决策
   C. 动机、权利、影响　　　　D. 需求、能力、触发

4. 以下选项中属于定制营销的是（   ）。
   A. 虚拟型营销　　B. 情景型营销　　C. 促销型营销　　D. 合作型营销

5. 以下选项中属于客户行为模型的是（   ）。
   A. 福格行为模型　　　　　　B. KANO需求分析模型
   C. PDCA循环模型　　　　　 D. Censydiam用户动机分析模型

二、多项选择题

1. 客户转化路径主要包括（   ）。
   A. 转化流程型路径　　　　　B. 商品销售型路径
   C. 多位一体化路径　　　　　D. 客户成长型路径

2. 以下选项中属于体验式营销转化策略的有（   ）。
   A. VR虚拟营销　　　　　　　B. 情景营销
   C. 游戏互动营销　　　　　　D. 口碑营销

参考答案

3. 优惠券的类型主要有（　　）。
   A. 立减券　　　B. 分期券　　　C. 满减券　　　D. 折扣券
4. 促销活动转化的策略包括（　　）。
   A. 推式策略　　B. 拉式策略　　C. 跳跃策略　　D. 混合策略
5. 以下选项中属于直播营销四要素的有（　　）。
   A. 场景　　　　B. 人物　　　　C. 产品　　　　D. 创意

三、判断题
1. 福格行为模型中涉及的三个要素是动机、力量和权利。（　　）
2. 体验式营销的核心在于降低客户初次体验的门槛，降低客户购买的心理压力和决策成本。（　　）
3. 抽奖是一种客户为了获得奖品和奖金，依靠技巧或能力进行比赛的营销方式。（　　）
4. 客户行为触发可分为三类：刺激、引导辅助和信号。（　　）
5. 影响客户营销转化的因素主要有商品属性、购买心理和客户场景。（　　）

项目四　搜索排名优化——SEO

学习目标

知识目标

- 了解搜索排名规则
- 熟悉搜索引擎营销的关键词分类与分析的方法
- 掌握网页搜索排名分析的步骤与方法
- 掌握网页搜索排名优化的维度与方法

技能目标

- 能够借助搜索排名分析工具，结合网页流量分析与搜索排名分析的方法，分别完成自身网页和竞争对手网页的搜索排名分析
- 能够利用数据处理工具与关键词挖掘工具，结合关键词分析与核心关键词确定的方法，挖掘与拓展关键词，完成关键词词库的清洗与筛选
- 能够结合搜索引擎营销排名规则与关键词优化的方法，完成网页搜索排名优化并分析优化效果

思政目标

- 培育敬业、专注的工匠精神
- 在搜索引擎营销过程中，遵守法律法规，遵循公序良俗，营造良好的网络生态

案例引入

五菱宏光新品发布，用搜索实现高效曝光

上汽通用五菱成立于 2002 年，旗下有五菱、宝骏等知名品牌。作为一家大型中外合资汽车公司，五菱汽车全面实施"平台百万化、平台差异化、平台乘用化以及国际化"的平台战略，不断推进企业及产品的转型升级，已逐渐发展成为一家国际化和现代化的微、小型汽车制造企业。2020 年上汽通用五菱推出的宏光 MINIEV 因其高颜值的外观、亲民的价格、小巧实用的车型受到年轻人的欢迎，次年 4 月"春季限定"版宏光 MINIEV 马卡龙正式上市。新款宏光 MINIEV 对整车造型进行了调整升级，配合专属的白桃粉、抹茶绿、柠檬黄全新配色，外观时尚可爱，高度符合年轻人的审美品位。品牌希望新品在发布预热期能够在年轻人市场中获得更大曝光和销售转化，因此选择年轻用户聚集的抖音平台，借力巨量引擎高效曝光五菱宏光新品，缩短产品销售链路，直达消费者的深度搜索。

1. 承接曝光，高效引流

在抖音平台，用户有"看后搜"的行为，即用户在浏览内容后搜索的行为。用户在浏览后对某一内容产生兴趣，就产生了主动搜索的需求。巨量引擎的数据显示，这一部分用户的比例达到了 57%。此次品牌搜索营销活动中，用户在观看完宏光 MINIEV 开屏展示类品牌广告后，能够在搜索栏看到"五菱宏光 MINI 马卡龙"的浅色字样，从而被引导搜索。不同的搜索关键词可链接至不同的内容窗口，如搜索"五菱汽车"可链接至直播间和品牌专区页面，"五菱 MINI 马卡龙"则会转至产品话题讨论页面。4 月 8 日新品上市当天，五菱宏光直播间和品牌专区的点击率高达 27.15%。直播间和品牌专区上线期间积累了 5.5 万的新增粉丝，搜索量与品牌专区合作前环比增长 99%，构建起完整的直播生态链路。活动结束后，汽车品牌排行榜排名由第 9 位攀升至第 2 位。搜索品牌广告实现了在展示广告曝光后的高效转化和直播间的引流，精准汇聚对品牌有兴趣、有更高消费意愿的优质流量。

2. 品牌专区，排他展示

用户搜索后所看到的首页内容质量及其视觉效果是对品牌的第一印象，也是搜索转化的关键。用户在搜索"五菱宏光"后即可看到专属品牌专区，专区背景根据五菱宏光新品春色主题设置为绿色底色，营造春色氛围，在第一触点吸引消费者注意力，宣传广告视频可自动循环播放，加深用户记忆。同时在品牌专区可直达直播间进行预约和参与话题挑战赛，官方抖音号置顶展示的功能能够引导用户第一时间参与活动和话题互动，极大地缩短了引流的路径。此外，用户搜索后会触发"搜索彩蛋"，以浮层全屏的动画展示宏光 MINIEV 产品形态，拉近种草产品与用户距离，建立产品认知，加深品牌印象。

3. 内容联动，爆款打造

五菱宏光充分利用抖音平台的内容优势，结合 SNS（社会性网络服务）直播场景、内容热点、明星、KOL 等资源催化爆款产品。前期，五菱宏光官方抖音账号发布多个剧情类短视频，为新品发布活动和直播预热造势。活动期间，抖音搜索中代言人的明星品牌专区与品牌搜索关键词"五菱宏光 MINI"话题关联，可在明星页面曝光品牌宣传视频、官方账号及直播间预约按钮，巧用代言人 IP，拓宽搜索路径，放大内容热度。上市当日"宏光

MINI 马卡龙"登上抖音热榜，最高排在第 6 位，总曝光量达 73 万，点击热搜即可进入热点品牌专区，有效吸引公域流量。随着内容平台的蓬勃发展，搜索引擎营销在用户搜索场景、搜索习惯上都展现出巨大的变化，用户搜索行为从单一的搜索平台"去中心化"，多元的短视频内容平台因具有高效的信息传递效率、丰富的信息表现形式、短链路的销售转化模式成为用户选择的新搜索渠道。新搜索模式下，搜索不应只是"用完即走"的工具，而应成为曝光和转化间的关键枢纽与品牌营销的第二增长曲线。

工作任务一　搜索引擎原理

搜索排名优化主要是指在了解各类搜索引擎如何抓取互联网页面、如何进行索引以及如何确定关键词的搜索结果及排名等技术的基础上，对网页进行相关优化，目标是通过优化的方式提高目标受众搜索相关关键词时品牌信息的排名，从而提高网站展现量和点击量等，最终提升网站的销售能力或宣传能力。其主要工作过程如下：
（1）了解搜索引擎排名工作的过程与规则。
（2）进行网站核心业务分析，定位核心关键词。
（3）在网页搜索排名分析的基础上，对网页的内容、关键词、链接及其他方面进行优化。
（4）坚持长期监测网站数据，进行网页的分析与优化工作。

一、搜索引擎优化含义

SEO 是英文 Search Engine Optimization 的缩写，中文意思为"搜索引擎优化"。它是一种通过分析搜索引擎的排名规律，了解各种搜索引擎怎样进行搜索、怎样抓取互联网页面、怎样确定特定关键词搜索结果排名的技术。搜索引擎（见图 4-1）采用易于被搜索引用的手段，对网站进行有针对性的优化，提高网站在搜索引擎中的自然排名，吸引更多的用户访问网站，提高网站的访问量，提高网站的销售能力和宣传能力，从而提升网站的品牌效应。

图 4-1　搜索引擎
(a) 示意一；(b) 示意二

二、搜索引擎工作原理

搜索引擎的工作过程非常复杂，大体可以分成三个阶段。
（1）爬行和抓取：搜索引擎蜘蛛通过跟踪链接发现和访问网页，读取页面 HTML 代码，存入数据库。

（2）预处理：索引程序对抓取来的页面数据进行文字提取、中文分词、索引、倒排索引等处理，以备排名程序调用。

（3）排名：用户输入查询词后，排名程序调用索引库数据，计算相关性，然后按一定格式生成搜索结果页面。

搜索引擎排名工作过程如图4-2所示。

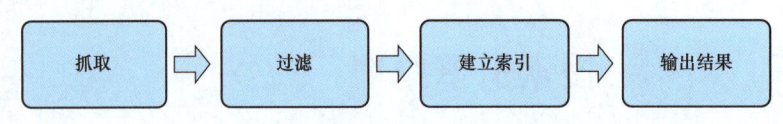

抓取 ⇒ 过滤 ⇒ 建立索引 ⇒ 输出结果

图4-2　搜索引擎排名工作过程

1. 抓取

抓取是搜索引擎的第一步工作，就是在互联网上发现、搜集网页信息，同时对信息进行提取。搜索引擎用来爬行和访问页面的程序被称为"蜘蛛"（Spider）或网络机器人，是一种按照一定规则自动抓取互联网信息的程序或者脚本。Spider的作用就是在互联网中浏览信息，然后把这些信息都抓取到搜索引擎的服务器上。Spider会通过搜索引擎系统的计算决定对哪些网站施行抓取以及抓取的内容和频率，计算过程会参考网站的历史表现，比如内容是否优质，是否存在对目标受众不友好的设置，是否存在过度的搜索引擎优化行为等。

2. 过滤

过滤是指搜索引擎对抓取到的无意义的网页内容与恶劣诱导网页进行过滤。互联网中并非所有的网页都对目标受众有意义，也会存在一些明显欺骗目标受众的网页、不健康网页、空白网页等。为了改善目标受众的搜索体验，引导行业生态向积极健康的方向发展，搜索引擎会自动对这些内容进行过滤。

3. 建立索引

Spider对网站进行了爬行和抓取之后，需要对过滤后的页面进行预处理，这个预处理过程被称为"索引"。索引是指搜索引擎对抓取回来的内容逐一进行标记和识别，并将这些标记储存为结构化的数据。搜索引擎数据库中拥有数以亿计的网页，如果没有索引目标受众输入搜索词后就需要进行大量计算并进行内容匹配与排序，难以在极短的时间内返回搜索结果。对抓取后的内容进行结构化处理有助于与目标受众搜索的内容进行快速匹配，为最后的查询排名做准备。建立索引主要包括以下九个步骤：

（1）提取文字。搜索引擎虽然在努力读取音频、图片、视频等非文本信息，但是对普通网页的索引目前还是以文本为主。搜索引擎会提取出用于排名处理的页面文字内容，如提取页面的Title、Keyword、Description等标签元素和具体页面中的文字，如图4-3所示。

（2）中文分词。中文分词（Chinese Word Segmentation）指的是将一个汉字序列切分成单独的词的过程。中文分词是中文搜索引擎特有的一项工作。在中文里词与词之间没有任何分隔符，一个句子里面所有字和词都是连在一起的。因此，搜索引擎首先要分辨哪几个字组成一个词，哪些字本身就是一个词。不同搜索引擎有不同的分词方法。

（3）去停止词。停止词是指一些在页面内容中出现频率很高，但是对内容没有任何影响的词，如"的""地""得"等助词，"啊""哈""呀"等感叹词，还有"从而""以""却"等副词或者介词。英文也有一些常见的停止词，如 the，a，an，to，of 等。停止词不影响页面的主要内容表达，搜索引擎在对页面建立索引之前会去掉这些停止词，使索引数据主题更为突出，减少无谓的计算量。

```
1  <!DOCTYPE HTML>
2  <html>
3  <head>
4  <title>网站优化要了解百度蜘蛛是喜新厌旧的习性-鸿运通网站建设公司</title>
5  <meta name="keywords" content="网站优化"/>
6  <meta name="description" content="经常更新原创文章是做网站优化的体力活；当爬虫到网站(WEB)爬行过，就会经常过来，但是若是发现每次过来看到的内容都什么不同，爬虫就会越来越少光顾了"/>
7  <meta name="author" content="8800"/>
8  <meta http-equiv="Content-Type" content="text/html; charset=UTF-8">
9  <meta http-equiv="X-UA-Compatible" content="IE=edge">
10 <meta name="viewport" content="width=device-width, initial-scale=1.0, maximum-scale=1.0, user-scalable=0">
11 <meta name="renderer" content="webkit">
12 <meta name="applicable-device" content="pc,mobile">
13 <meta property="og:type" content="image">
14 <meta property="og:image" content="https://www.61916.com/upfile/img/180625/website_logo_5b30634874eb2.jpg">
15 <link rel="Shortcut Icon" href="/favicon.ico">
16 <link rel="Bookmark" href="/favicon.ico">
17 <meta http-equiv="Content-Language" content="zh-cn">
18 <link href="/public/cn/css/common.css?1675997332" rel="stylesheet" type="text/css">
19 <script src="/public/cn/js/jquery.js" type="text/javascript"></script>
20 <script src="/public/cn/js/jquery.lazyload.min.js" type="text/javascript"></script>
21 <script src="/public/cn/js/jquery.SuperSlide.js" type="text/javascript"></script>
22 <script src="/public/cn/js/scrolltop.js" type="text/javascript"></script>
23 <script src="/public/cn/js/common.js?1675997332" type="text/javascript"></script>
24 <!--[if lt IE 9]>
25    <script src="/public/cn/js/html5shiv.min.js" type="text/javascript"></script>
26    <script src="/public/cn/js/respond.min.js" type="text/javascript"></script>
27 <![endif]-->
```

图 4-3 某网站 Title、Keyword、Description 元素中的关键词分布

（4）消除噪声。噪声并不是指网页中的嘈杂声音，而是指页面上对页面主题没有贡献的内容，如版权声明文字、导航条、广告等。这些内容对页面主题只能起到分散作用，所以搜索引擎需要识别并消除这些噪声。在搜索排名时不使用噪声内容。

（5）去重。同一篇文章经常会重复出现在不同网站或同一个网站的不同网址上，目标受众搜索信息时，如果在前几页看到的都是来自不同网站的同一篇文章，会影响目标受众体验。所以在进行索引前还需要识别和删除重复内容，这个过程称为"去重"。

（6）正向索引。经过提取文字、中文分词、去停止词、消除噪声和去重后，搜索引擎得到的才是独特的、能反映页面主体内容的、以词为单位的结果。完成上述工作后，搜索引擎索引程序就可以提取关键词，将页面转换为一个关键词组成的集合。同时记录每个关键词在页面上出现的频率、格式、位置等。这样，每个页面都可以记录为一串关键词集合。

（7）反向索引。反向索引也叫倒排序，是相对于正向索引而言的。正向索引不能直接用于排名。假设目标受众搜索某个关键词，如果只存在正向索引，排名程序需要扫描所有索引库中的文件，找出包含该关键词的所有文件，再进行相关性计算。这样的计算量无法满足实时返回排名结果的要求，因此搜索引擎需要将正向索引数据库重新构造成反向索引，把从文件到关键词的映射转换为从关键词到文件的映射。要以关键词为条件寻找与之相关的页面，建立以关键词为主索引的一个关键词对应多个页面的关系表，即关键词反向索引表，如图 4-4 所示。

（8）链接关系计算。链接关系计算是指网站的导出链接和导入链接的计算。导出链接指的是自己网站上面指向其他网站的链接，导入链接是指其他网站导入自己

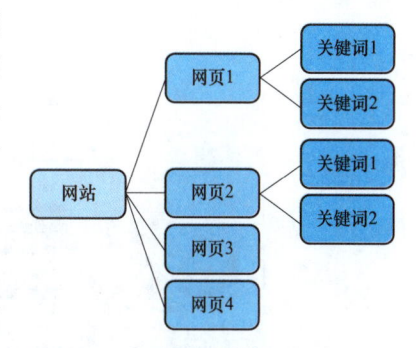

图 4-4 页面与关键词的对应关系

网站的链接。页面的导入链接越多，相对而言得分就越高，越有利于页面的排名。导出链接越多，相对而言得分就越低，越不利于页面的排名。

（9）特殊文件处理。除了 HTML 文件外，搜索引擎通常还能抓取和索引以文字为基础的多种文件类型，如 PDF、WORD、WPS、XLS、PPT、TXT、JPG 等。搜索引擎需要对此类特殊文件进行处理，以便返回更加符合目标受众搜索需求的信息。

4. 输出结果

目标受众输入关键词后，搜索引擎会对其进行一系列复杂的算法分析，并根据分析结果在索引库中寻找与之匹配的一系列网页，按照目标受众输入的关键词所体现的需求强弱和网页的优劣打分，并按照最终的分数进行排列，展现给目标受众，整个过程包括目标受众引导、搜索智能提示、搜索词拆解与拓展、内容筛选四个环节。

（1）目标受众引导。目标受众引导是指在目标受众开始搜索之前，搜索引擎平台根据对目标受众人群画像的构建，在搜索框中间或者下方默认向目标受众推荐其可能搜索的关键词、类目词、品牌词、特定活动等，引导目标受众搜索相关热门内容，或提示目标受众所要搜索的关键维度的过程。当目标受众点击搜索框但还没有输入搜索信息时，搜索引擎会推荐关键词和相应的内容，主要包括历史搜索词、热门搜索词等（见图4-5）。

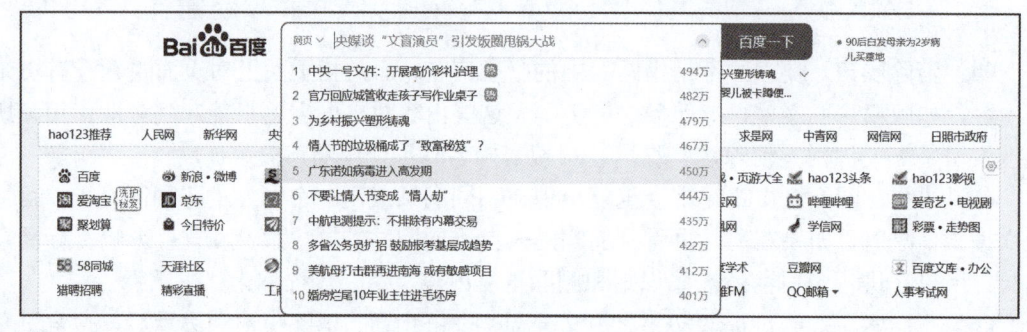

图 4-5 目标受众引导

（2）搜索智能提示。如图 4-6 所示，搜索智能提示是指当目标受众在搜索框中输入要搜索的信息之后，搜索引擎通过搜索联想和自动补全功能，向目标受众推荐与搜索词相关的关键词的过程。目标受众通过点击推荐关键词，能搜索到更精准的结果。

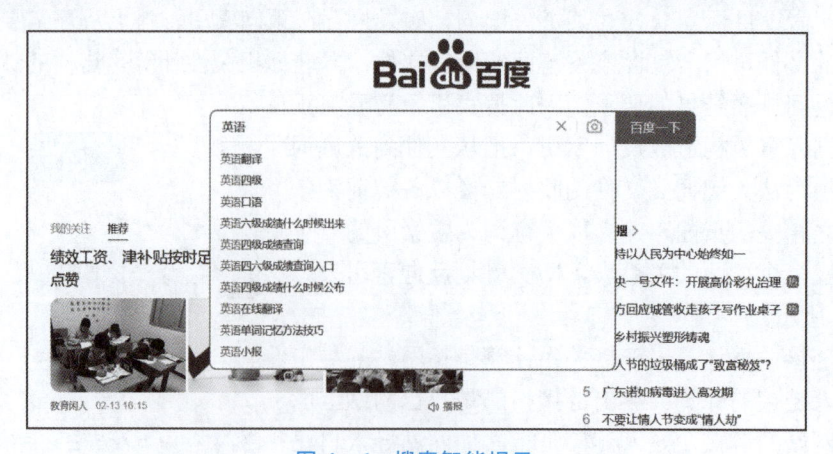

图 4-6 搜索智能提示

（3）搜索词拆解与拓展。搜索词拆解是指在目标受众的搜索词确定之后，搜索引擎对目标受众的搜索词进行拆解，也就是分词。通过搜索词拆解可以进行语义解析，预测目标受众的搜索意图。搜索词拓展是指搜索引擎系统根据对目标受众输入的关键词进行拆解之后，对核心词的改写和拓展，以此来使目标受众获得更丰富、体验更好的搜索结果。

（4）内容筛选。当搜索引擎系统完成搜索词的拆解与拓展后，就会得到一个关于搜索词的向量集合；系统通过对搜索目标受众标签的提炼，会得到一个关于目标受众的向量集合。这两个集合里包含不同关键词的权重和不同目标受众标签的权重，它们将会被用来进行信息筛选。在对信息进行检索时，参考的指标有标题、参数、规格、品牌、类目、促销类型等。这些指标的权重也组成了一个关于网页的向量集合。最后，系统通过计算上述三个向量集合之间的相似度得出搜索排名，相似度越高，排名越高。

在对信息进行检索时，目标受众的搜索词被完整匹配和部分匹配的权重不同，单词命中和多词命中同一信息的权重也不同。筛选后的排名并不是最终的搜索排名，还需要综合考虑多种因素，每个因素的权重也不尽相同。

拓展阅读

智能搜索

找商品、找信息是搜索用户的基本诉求，搜索栏便是满足用户搜索诉求的载体。智能搜索是指用户通过关键词、图片、语音等方式进行搜索，通过搜索列表页找到合适的商品或信息，点击进入产品页或服务页进行购买，这是一个简单直接的转化示例。智能搜索的解决方案主要有以下几种：

（1）搜索栏内关键词智能预测。比如，搜索关键词"彼得兔"，用户在结果列表页发生点击行为之前，搜索栏内会提供预测关键词，如彼得兔公仔、动物毛绒玩具、小毛绒玩具、兔子毛绒玩具、毛绒玩具、女生生日礼物等关键词。天猫通过用户的历史搜索、浏览、购买等行为，预测、挖掘用户意图并不断修正关键词。

（2）最近搜索。记录最近几条搜索关键词，可直接再次发起搜索行为，提高输入效率。

（3）猜你想找。搜索栏下还提供了"猜你想找"功能，提供了5条推荐关键词，均是根据用户的个性化画像标签进行的搜索关键字的个性化推荐，是搜索和推荐结合的产物。

（4）图片搜索。图片搜索有"AR buy+"、拍照识别等场景，基于图像识别技术识别图片场景中的主体并搜索库中的商品。图片搜索非常适合于不能用语言准确描述主体，又能快速搜索到相关商品的场景。

（5）语音搜索。语音搜索基于语音识别技术，将输入语音转化成文本，搜索相关商品，具有方便快捷的特性，目前，语音搜索已经成为搜索引擎新的标配。

传统的搜索引擎是根据输入关键词，返回固定检索结果，而天猫会根据用户行为和画像，并结合卖家的流量投放诉求，实时调整搜索结果，以保证搜索结果的召回率和准确率，进行个性化排序。个性化排序是搜索引擎根据用户的历史行为、品牌偏好、价格偏好、商品销量、商品评论等，将不同的最优结果排在前面，以提高用户和商品的匹配效率。

三、搜索引擎排名的影响因素

目标受众向搜索引擎提交关键词后，搜索引擎就在搜索结果页面返回与该关键词相关的页面列表，并按照一定的规则进行排序，展现给目标受众。排序是由各种算法综合打分后衡量的一个结果，影响排序的因素有很多，不同的搜索引擎有不同的排名规则，对每项影响因素的权重计算也略有不同。一般而言，往往从相关性、权威性、时效性、页面体验、丰富度、受欢迎程度等方面进行衡量。

1. 相关性

相关性是指页面内容与目标受众所查询的关键词在意义上的接近程度，主要由关键词匹配度、关键词密度、关键词分布、关键词权重标签及语义相关性等决定。

（1）关键词匹配度。关键词匹配度是目标受众搜索词与网站关键词之间关键词性判断的匹配程度。当目标受众输入关键词进行查询时，搜索引擎会首先检查网页中是否有该关键词，进行关键词匹配，匹配程度高的将被优先展示。

（2）关键词密度。关键词密度也叫词频，是指某关键词出现的次数所占字符数与该网页总词汇量所占字符数的比例，可以用来衡量网页中的关键词密度是否合理。当网页中的关键词堆砌时，搜索引擎会进行去重整理，甚至对网页进行惩罚，因此在网页中设置关键词时，应当注意合理性，不能过度重复或者使用与主题内容不相关的关键词，否则就会被处罚。

（3）关键词分布。关键词分布是指关键词在网页中出现的位置。关键词在网页中出现的位置等均与搜索引擎的相关性评判存在直接影响。

（4）关键词权重标签。在页面权重分配里，按照标签的作用，可以把 HTML 标签分为"权重标签"与"非权重标签"两大类。权重标签是指会影响页面权重的标签，常见的权重标签包括"Title、Keywords、Description"等。

（5）语义相关性。语义相关性是通过语义分析技术判断词与词之间的相关性，即通过对海量的内容进行分析后找出词与词之间的关系，判断出它们之间在某种程度上的相关性以及它们是否为同义词。在检索时同义词也会被适当地加到检索结果中。例如，有一款手机商品的描述信息为"iPhone"，并没有出现关键词"苹果"，搜索引擎仅仅使用关键词匹配的方式，并不能判断"iPhone"与"苹果"具有一定的关联性，进行语义相关性判断就能够判断"iPhone"与"苹果"具有一定的关联性。搜索引擎为了解决这个问题，提升内容相关性的计算强度，就要引入语义分析技术，进行语义相关性判断，这样就能够判断"iPhone"与"苹果"具有一定的关联性。

拓展阅读

语音语义识别技术

随着语音识别技术的发展，通过语言操纵机器的梦想正在逐步变为现实。经过 50 多年的研究，尤其是近 20 年来的积累研究，语音识别技术取得了显著进步，并且广泛应用于商业活动和生活中，常见的应用有苹果 siri、华为小艺、小米小爱、百度小度等。

目前，语音云用户规模达到了亿级，每日请求达千万次，其交互技术也由单一平台向云平台发展。与此同时，理解算法体系的发展，已经实现了集词法分析、句法理解、意图分类和句子语意度量的一体化语义理解算法体系。在这样的基础上，智能语音在多个使用场景和行业领域都得到了广泛应用，大体可以分为"to C 端"和"to B 端"两个方向。

在 C 端应用方面，主要用于移动设备、汽车、家具三大场景，用来变革原有人机交互方式；B 端则针对垂直行业需求，提升人工效率，主要集中于客服、教育、医疗、旅游等领域，如帮助医生录入电子病历，回答大部分简单重复的客服问题。同时，智能语音语义技术也逐渐渗透到安防、旅游、法律等行业，在提升效率效果、解放人力等方面发挥了越来越重要的作用。

尽管目前语音语义技术的应用已经非常广泛，但问题和挑战也接踵而来。从语音识别与合成技术突破，到语音云平台和语音助手，再到语音交互获大规模使用，依然存在一些难点，包括朗读语音、方言和多语音处理不够强，受语音声学模型制约，多通道语音理解有待提高等。摆在语音识别技术面前的挑战还有很多，但在社会各界的努力下，语音识别已经迎来了热潮，未来更有全民普及之势。

2. 权威性

权威性是指让目标受众对内容产生信赖感，不对结果产生怀疑的特性。在某些领域，搜索引擎需要为目标受众提供专业可靠的信息，防止目标受众因为获取不准确的信息而造成损失，如医疗需求、法律需求等。权威性的评估对象是内容背后的主体，而非内容本身。如果是以网站维度发布的内容，需要判断该网站的权威性；如果是以账号 ID 维度发布的内容，需要判断该账号 ID 对应作者的权威性。对于网站而言，权威性体现在该网站在国家工信部有 ICP 备案号；对于账号 ID 而言，权威性体现在该作者在对应平台经过认证，包括身份职业认证、领域认证、"加 V"认证等。如果网站或者账号 ID 的定位是非综合类内容领域，那么其涉及的内容领域建议不超过两个，且两个领域之间应该有密切关联。内容发布则需要保持一定的频率。

3. 时效性

时效性就是内容的"相对即时"程度，在同样满足目标受众基本需求的前提下，越新的相关性内容对目标受众的价值越高，搜索引擎也会给予更多机会。

4. 页面体验

网站要有良好的页面体验，搜索引擎会认为这样的网站有更好的收录价值。良好的页面体验包括网站具有清晰的层次结构，为目标受众提供包含指向网站重要部分链接的站点地图和导航，使目标受众能够清晰、简单地浏览网站，快速找到其所需要的信息；网站具有良好的性能，浏览速度和兼容性好；网站广告不干扰目标受众的正常访问；网站的权限设置合理，不设置过多的注册访问权限；页面内容优质等。

5. 丰富度

丰富度是指网页内容丰富，不仅可以满足目标受众的单一需求，而且可以满足目标受众的延展需求。例如，在满足目标受众主要需求的基础上，有其他与主题相关的增益内容，同时页面用趋势图、动态效果等多元方式来呈现内容，使目标受众可以直观地获取所需信息；评论区内容丰富，有大量真实目标受众的反馈，言语中肯，有参考价值。

6. 受欢迎程度

网站的访问量、点击量，目标受众的跳出率、访问时间、访问页面数量、反复登录次数等都是网站受欢迎程度的直接反映指标。网站的访问量越高，说明网站质量越高。一些高质量的网站可以让目标受众停留很长时间并访问多个页面，所以停留时间和访问页面数量越高、反复登录次数越多的网站对目标受众就越有价值，其受欢迎程度越高，忠实目标受众越多。

四、搜索排名优化

搜索排名优化通过对网站进行内容、链接、关键词等方面的优化，提高关键词搜索排名以及公司品牌或产品的曝光度。

1. 内容优化

搜索引擎优化的目的是为目标受众提供更加优质的内容，把真正优质、可靠、权威性高的网页排到前边；而网页主体内容是网页的价值所在，是满足目标受众需求的前提基础。搜索引擎优化对优质内容的衡量会通过内容的"身份""颜值""内涵"和"口碑"来判断。"身份"是指生产者的权威可信度，内容的生产者需有专业的认证，专注发布内容的领域，被公众认可，并有一定的影响力；"颜值"是指浏览体验的轻松愉悦度，如页面加载迅速，内容排版精美，图像质量清晰；"内涵"是指内容的丰富度和专业度，如文章主题前后一致，逻辑清晰，可以给目标受众提供丰富全面的信息，在该领域内有一定的专业性；"口碑"是指目标受众的喜爱度，如内容被大量目标受众喜爱，目标受众有强烈的分享和互动意愿。

不同类型页面的主体内容不同，搜索引擎判断不同类型页面的内容价值时关注的点和优化的方向应有所区别。

（1）提供内容的页面优化。提供内容的页面是指以文字、图片、视频为主要内容。提供内容的优质页面，首先应该保证内容中的文字、图片、视频之间是高度相关的，不能有文不对题、图文不符的情况出现。提供内容的页面在进行优化时需要从文字内容、图片内容和视频内容入手。

① 文字内容应表述清晰、丰富、排版精美。表述清晰是指文章标题通顺，一目了然。标题在准确概括文章主要内容的基础上，可以做到新颖生动，同时文章内容结构完整，表达准确，前后逻辑保持一致，没有错字、漏字情况出现，使目标受众在浏览时可以准确获取信息。内容丰富是指文章信息丰富，表述文字优美。在提升目标受众浏览愉悦感的同时给目标受众一定的指导和参考：内容引人深思，具有一定的专业深度，讲解透彻，深度聚焦，可以给目标受众全面的分析和阐述。排版精美是指文章段落清晰、分页明确，序号正确连贯，能为目标受众带来轻松愉悦的浏览体验。

② 图片内容应信息全面、视觉效果好。信息全面是指内容完整，不缺失、不断层，可以全方位阐述并传达信息。例如，当主体内容（如菜谱、手工制作、急救手法等）对图片的依赖度较高时，需要保证每一个步骤都有相应的说明配图。视觉效果好一般是指图片画质清晰、配色美观、可以为目标受众带来极佳的视觉享受。图片的 Logo、马赛克等杂

质占比不能过大；图片水印清晰可分辨，但不影响主体内容浏览；图片的类型、格式、大小应保持统一，主题风格前后一致；不存在重复、无效的图片。

③ 视频内容可看性强，浏览体验感好，具有拓展升华性。可看性强是指在播放视频时，字幕、画面与播放进度保持同步，没有错字、漏字等情况出现；如果是外文视频，则必须配有字幕辅助目标受众观看。浏览体验感好是指视频画质清晰，内容完整连贯，易于理解；播放流畅，在播放中没有噪声、卡顿等质量问题；有专业口播和包装剪辑，转场效果流畅，生动有趣，可以吸引目标受众的眼球，给予目标受众极佳的视听体验。具有拓展升华性是指内容充实、有深度，可以给目标受众一定程度上的认知思考，提升目标受众的愉悦感，或带给目标受众一定的参考和指导意义；视频有配文、注释、弹幕、评分、点赞、评论区等多种增益功能或信息，能为目标受众提供参考。

（2）提供服务的页面优化。提供服务的页面是指以提供查询、下载、购买等功能为主的服务页面。首先应该保证页面中的功能真实可用、操作便捷，不能有虚假信息、诱导关注等影响搜索体验的情况。在此基础之上，要使其可读性强、信息丰富。可读性强是指页面的主要信息详细完整，表达明确，主题突出；页面中的配图、视频画质高清，浏览顺畅；内容排版整齐、段落分明，阅读时通顺流畅。没有因错字、漏字等而给目标受众造成误解的情况出现，配文可以为目标受众提供一定的解释说明。信息丰富是指在满足目标受众主要需求的基础上，有其他与主题相关的增益内容。页面通过趋势图、动态效果等多元方式呈现内容，使目标受众可以直观地获取所需信息；评论区内容丰富，有大量真实目标受众的反馈，言语中肯且有参考价值等。

2. 链接优化

链接也被称为"超链接"，主要是指从一个网页指向另一个目标的连接元素，如文本、图像、URL 等。当浏览者单击链接后，链接目标将自动显示在浏览器上，并根据目标的类型来运行。链接也属于网页的一部分，各个网页的链接全部组成在一起后才能构成一个真正的网站。链接的优化主要分为内部链接优化和外部链接优化。

（1）内部链接优化。内部链接是在同一网站域名下的内容页面之间的相互链接。可以对首页、栏目页和内容页进行合理的站内链接布局；可以建立站点地图，方便 Spider 了解网站的结构，增加网站重要页面的收录量等。

（2）外部链接优化。外部链接是指从别的网站导入自己网站的链接，因此又被称为"导入链接"。优质的外部链接往往具有相关性强、权重高、导出链接少、权威性高等特点，可以充分利用各种工具（如爱站网、百度站长、A5 站长等）来搜寻相关站点。

3. 关键词优化

关键词是影响搜索排名优化效果的重要因素，关键词优化包括合理的 Title、Keywords、Description、页面关键词及相关关键词的密度与合理布局等。当一个网站搭建好之后，应最优先考虑的就是确定网站的 Title、Keywords、Description 元素。这三个元素是网页关键词的重要组成部分，做好关键词优化实质上就是做好"TKD"的优化。

（1）Title 元素编辑与优化。目标受众通过搜索某个关键词，在搜索引擎结果展示页中首先看到的就是网站的标题，而网站标题就是 Title 元素的内容。目标受众往往会通过对标题的第一印象来判断是否会进入网站进行浏览、停留及咨询，所以网站的标题要写得足够吸引人。吸引目标受众点击只是第一步，只有网站的内容和标题相匹配才能真正留住目标受众，为目标受众塑造一个良好的网站形象。

在进行标题编辑与优化时，应确保每个页面都有指定的标题，且不同网页分别使用不同的标题；页面标题应准确概括页面内容，避免使用模糊和不相关的描述；页面标题应简明扼要，避免使用冗长的标题，避免关键词堆砌；页面标题的符号使用正确，可结合不同搜索引擎的标点符号使用规范，标题可以采用"核心词+修饰词"的格式。格式建议说明书如表4-1所示。

表4-1 格式建议说明书

页面类型	页面类型说明	建议标准格式	举例
首页	首页是整个网站的入口	站点名/品牌名—首页/官网/Slogan 注：此类页面的核心词为品牌词/网站名称，修饰词包括官网、官方网站、首页、主页、Home、网站的Slogan、站点父品牌词等	优酷首页 淘宝网—淘我喜欢
列表页	站点内频道/列表类页面	列表/频道名—上级频道（可省）—站点名/站点内频道 注：此类页面的核心词为列表/频道方向的内容，修饰词可以是站点名和上级频道内容，站点名为修饰词时必须放在最末	男士频道—唯品会优酷财经—优酷
主题聚合页	主题聚合页是围绕某一主题各方面的属性聚合而成的内容集合	"主题—属性1—属性2—站点名" 注：此类页面的核心词是围绕主题，修饰词可以是主题的属性、上级频道内容、站点名等，站点名为修饰词时必须放在最末	成都旅游攻略—玩法路线—自由行攻略—携程旅行
内容页	内容页是指具体内容页，如文章详情页、商品详情页、具体视频播放页等	标题格式："内容标题—列表/频道名（可省）—站点名" 注：① 此类页面的核心词是内容的主体说明，如文章的标题、视频的名称、商品/店铺的名称等，修饰词可以是上级频道内容、站点名等，站点名为修饰词时必须放在最末 ② 建议一句话表明内容标题，不重复表述，或重复不超过3次	红烧肉的做法—菜谱—香哈网 18号台风"泰利"生成，或成今年"风王"！—中国新闻网

网页标题优化还需要遵循一定的原则，当标题存在作弊、内容虚假、故意堆砌等恶劣问题时，会受到限制展现的惩罚。标题作弊主要指标题内容虚假或在标题中故意堆砌关键词等行为；标题内容虚假指标题表述的内容与网页内容不相符，有欺骗目标受众的嫌疑；标题故意堆砌是指在标题中多次重复、过度堆砌关键词。

（2）Keywords元素编辑与优化。企业在网页Keywords元素中设定了便于目标受众通过搜索引擎搜到本网页的关键词，这些关键词代表了网站的市场定位，因此要围绕网页的核心内容进行编辑。在进行"Keywords"的编辑与优化时，要注意以下几点：

① 不同的词语之间，应用半角逗号隔开（英文输入状态下），不要使用"空格"或"|"间隔。

② Keywords 元素中的关键词应该是一个个的短语，而不是一段话。

③ Keywords 元素中的关键词要与网页核心内容相关，确保使用的关键词出现在网页文本中。

④ 使用目标受众易于通过搜索引擎检索的关键词，过于生僻的词语不太适合做关键词。

⑤ 不要重复使用关键词，否则可能会被搜索引擎处罚。

⑥ 一个网页的 Keywords 元素标签里最多包含 5 个最重要的关键词，可以适当添加辅助关键词。

⑦ 每个网页的 Keywords 元素应该不一样。

（3）Description 元素的编辑与优化。描述（Description）功能更多的是为了弥补标题的不足，目标受众通过搜索引擎可以很快看到标题，但是标题往往不能全面展示网站的详细情况，这时搜索引擎除了展现标题之外，还会展现网站的描述，方便目标受众迅速了解即将访问的网站到底是做什么的、能够提供哪些服务、具备哪些优势等。在 Description 编辑与优化时，通常要覆盖标题的核心关键词和内容页面的长尾关键词；在必要的情况下，可以使用特殊符号来标注特定关键词。Description 编辑与优化一定要做到精练、有吸引力，应尽量针对产品和服务来进行，切忌内容过长。一个优质的网站描述，不仅阅读起来语句通顺，而且能让读者一读就懂。

（4）其他方面优化。除去以上三个核心之外，其他方面也需要注意。例如，URL、服务器、代码等的优化。URL 优化相对简单，主要包括 URL 各组成部分命名及子域名的优化；服务器的优化一般分为磁盘优化、网络优化、虚拟内存优化等，好的服务器优化可以保证网站的稳定性和打开速度，提高目标受众体验；代码优化主要包括精简代码、头部优化、权重标签使用优化及图片优化等。通过代码优化可以提高网页的加载速度。其他方面优化更多的是网站建设人员的工作，数字广告相关岗位人员有所了解即可。

拓展阅读

搜索排名优化人员的职业发展

下面是某医疗行业企业搜索排名优化主管岗位的任职要求：

（1）中专及以上学历，具备一定的理论知识与实战经验，并有成功案例；有医疗行业 SEO 相关工作经验者优先考虑。

（2）熟悉 SEO 及百度等各大搜索引擎的原理和特点，熟悉排名规则和规律，有较强的思维逻辑分析能力。

（3）具备较强的数据分析能力，能定期对相关数据进行有效分析，有良好的团队合作精神。

（4）有较强的总结与执行能力以及数据分析与沟通能力。

在职场，SEO 其实有很多岗位，从技术相对偏低的 SEO 专员到 SEO 工程师、SEO 主管；其晋升岗位还有数字营销/网络营销运营部主管、数字营销/网络营销运营部经理、数字营销/网络营销运营部总监、市场运营总监，等等。

SEO 从业者需要根据自己的特点来考虑就业方向，从实际出发，了解 SEO 的基本市场渠道；以营利渠道为未来发展基点，考虑自己的就业方向；客观审视自己的优势与劣势所在，对职业生涯进行合理规划。

任务演练

网站主页优化

一、任务目标

（1）能够根据企业主营业务内容，结合网站主页搜索排名分析中的 Title 分析，编辑并优化网站首页的 Title 元素。

（2）能够根据企业主营业务内容，结合网站主页搜索排名分析中的 Keywords 分析，编辑并优化网站首页的 Keywords 元素。

二、任务背景

利用搜索引擎开展广告营销活动时，可以首先通过搜索排名优化的方式，提高网页的自然搜索排名，最先考虑的就是 Title 元素和 Keywords 元素的优化。Title 元素和 Keywords 元素最重要的作用就是告知搜索引擎网站的主营业务内容，也是当目标受众搜索关键词时，搜索引擎判断网页是否与目标受众搜索词相关的重要依据。

通过对企业网站主页搜索排名的分析，周义基本确定了接下来的营销思路——进行网页信息优化，首先是编辑并优化网站主页的 Title 元素和 Keywords 元素，主要是结合企业主营业务内容，利用挖掘到的公司品牌词、企业主营产品的核心词与属性词、营销词、通用词、长尾词等关键词进行编辑并优化。

三、任务分析

Title 中的关键词与 Keywords 中的关键词要与企业主营业务内容和商品信息相关，要有一定的搜索人气，并且每个关键词的相关关键词越多越好，搜索人气越高越好。

网站主页优化，主要是结合网页企业背景信息中的企业主营业务内容，利用挖掘到的公司品牌词、企业主营产品的核心词与属性词、营销词、通用词、长尾词等关键词，对网站首页 Title、Keywords 进行编辑并优化。

网站首页 Title 编辑优化思路：站点名/品牌名＋关键词、关键词＋站点名/品牌名或站点名/品牌名—首页/官网/Slogan、网站名称或者网站名称—提供服务介绍或产品介绍等。

网站首页 Keywords 编辑优化思路：Keywords 关键词可以是网站名称、主要栏目名、主要关键词等。

标题中的关键词与 Keywords 中的关键词要与企业背景中的文字描述具有相关性，并且有一定的搜索人气，网站排名最好在搜索结果页前十位，在规定的字符数之内，每个关键词的相关关键词越多越好，且搜索人气越高越好。

四、任务操作

说明：根据企业背景信息中的企业主营业务内容，分别编辑并优化网站主页的 Title 及 Keywords。搜索排名优化页面如图 4-7 所示。

要求：

（1）Title 及 Keywords 中的关键词需与企业背景中的文字描述具有相关性。

（2）通过搜索中心对每个关键词进行检索，需保证网站排名在搜索结果页前十名的位置。

（3）每个关键词均具有搜索人气且搜索人气越高越好。

（4）每个关键词的相关关键词越多越好。

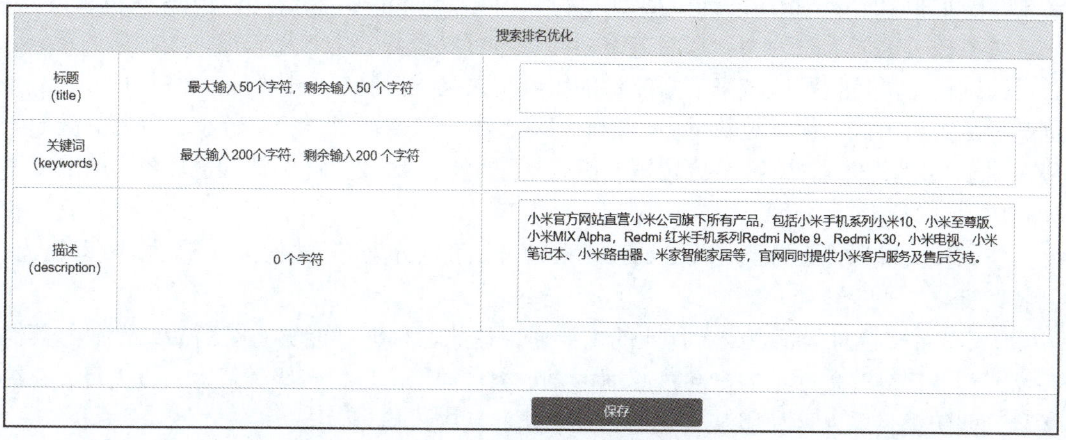

标题 (title)	最大输入50个字符，剩余输入50个字符	
关键词 (keywords)	最大输入200个字符，剩余输入200个字符	
描述 (description)	0个字符	小米官方网站直营小米公司旗下所有产品，包括小米手机系列小米10、小米至尊版、小米MIX Alpha，Redmi 红米手机系列Redmi Note 9、Redmi K30、小米电视、小米笔记本、小米路由器、米家智能家居等，官网同时提供小米客户服务及售后支持。

图4-7 搜索排名优化页面

工作任务二　关键词分析与挖掘

关键词可以是一个词语、一个短语或一句话，企业网站通过关键词优化与搜索竞价营销的方式进行关键词推广，可以在搜索引擎中获得较好的排名，为网站带来更多的流量，提升企业品牌的知名度和影响力，从而吸引更多潜在目标受众，促进交易的进行。为了带来更好的营销效果，企业在进行搜索引擎营销时需要充分了解关键词并建立自己的关键词词库。对这项工作任务来说，必须要掌握关键词分析的方法、搜索意图与特征分析的方法、关键词数据指标分析的方法、关键词挖掘的过程与方法等相关知识和技能。本任务主要工作过程如下：

（1）分析并确定企业的核心业务内容，充分了解产品或服务的详细信息。

（2）根据企业产品或服务的详细介绍确定核心关键词。

（3）围绕核心关键词，利用多种工具和方法拓展关键词。

（4）结合不同营销需求下的数据指标要求，进行关键词词库的清洗与筛选。

（5）针对不同的关键词进行搜索意图分析，以便进行不同营销场景下的关键词添加。

一、关键词分析

目标受众想要了解某些信息时，会借助搜索引擎输入关键词进行搜索。搜索引擎会对目标受众搜索的关键词进行一系列的分析，确定目标受众的搜索意图；再以此为依据在已有的索引库中进行信息的匹配与排名，向目标受众推送符合搜索需求的信息。所以关键词是目标受众、搜索引擎、企业之间进行联系的桥梁，企业想要获得更多的搜索结果展示机会，就要分析好关键词。

1. 关键词分类

在整个搜索引擎营销的过程中，关键词的选取至关重要，搜索引擎营销人员必须要明确关键词的分类，这样才能根据网站的特性来筛选、布局和优化关键词。关键词的分类方式有多种，不同性质的网站使用的关键词分类方式不同。下面介绍一些常用的关键词分类方式。

（1）按关键词长短分类。按照关键词的长短可以将其分为长尾关键词和短尾关键词。长尾关键词主要是指可以带来搜索流量的组合型关键词，特征是比较长，往往由 2～3 个词甚至是短语组成，优点是数量多，竞争相对较小；但是搜索量相对较小。短尾关键词一般多属于热门搜索词，特征是比较短，优点是搜索量相对较大；但是竞争激烈，精准度不如长尾关键词高。

（2）按关键词性质分类。关键词按性质划分，可以分为产品核心词、属性词、营销词、品牌词等。

① 产品核心词是商品或者行业的主要通用性的名称词，能够将某商品或行业与其他商品或行业区分开。常见的产品核心词主要是类目词汇，包括一级类目、二级类目、三级类目、四级类目等。例如服装、女装、连衣裙、新中式旗袍。

② 属性词也叫修饰词，主要是体现商品的一些特征，能够帮助受众了解产品详细情况的关键词。不同的商品都有其特有的属性，如 8 厘米宽、不锈钢、休闲风等。其中"产品词/服务词＋属性词"，也属于属性词的范畴。

③ 营销词是指具有营销性质或表示产品卖点的词，这种词一般具有一定的引导性或者营销效果，能够引起买家的注意，令其更加关注产品并产生购买欲望。例如，促销、新品、包邮、特价、"双 11"促销、中秋半价、新品、智能等，都是营销词。

④ 品牌词一般是指明确带有企业品牌名称的关键词，一般是服务、产品或网站的一个代表性的名称，如百度、小米、淘宝、雅诗兰黛、链家、鸿星尔克、蜂花、华为官网等。

（3）按关键词搜索热度分类。按照关键词的搜索热度可以将其分为热门关键词、一般关键词和冷门关键词。热门关键词主要是搜索量比较大的词汇，一般关键词是指搜索量适中的词汇，冷门关键词一般是目标受众搜索目的性很强，但是搜索量很小的词汇。

（4）按关键词含义分类。按关键词含义分类主要是通过关键词本身的含义分类关键词，一般有价格词、排行榜词、解决方案词、知识类词、资讯类词、负面关键词、专有名词或专业术语等。

① 价格词一般是"产品＋价格"的语义性描述关键词，主要是用来描述某产品或服务的价格或询问价格，如"苹果手机多少钱""美的电饭煲价格"等。

② 排行榜词一般是对产品或者服务的品牌进行对比询问的关键词，如"电饭锅哪个好""手机排行榜""买平板电脑选哪家"等。

③ 解决方案词一般是"产品/服务＋解决词"的组合，主要是人们对某产品/服务或生活中存在的某些问题该如何解决的询问性关键词，如"如何理财""如何使用微波炉""微波炉怎么用""手机坏了怎么办""空调漏水怎么办"等。

④ 知识类词是关于某产品/服务的名词解释、背景/环境、由来、分类、发展过程、操作技巧、价值、特色、形态特征、组成成分、分布范围、注意事项、使用禁忌、文化、预防方法等百科类的描述性关键词或询问性关键词，如"什么是电饭锅""使用电饭锅要注

意什么""电饭锅使用的注意事项""电饭锅能做菜吗"等。

⑤ 资讯类词是简短描述新闻事件、生活热点事件的关键词,如"杨倩成为中国体坛首位'00后'双金得主""鸿星尔克捐款5 000万元""全国水果价格下降"等。

⑥ 负面关键词是指会损害品牌形象、与品牌调性相悖,或与广告内容完全无关的关键词。

⑦ 专有名词或专业术语包括人名词、地名词、节日词、行业专有名词等。人名词主要是指重要人物的姓名;地名词主要是国家、省、市、县、地区的名称;节日词主要是各国的重要节日;行业专有名词主要是指行业特有的名词,如数据库、云计算、免疫、过敏等。

(5)按关键词通用程度分类。按照关键词的通用程度,可以把关键词分为通用词和非通用词。通用词指基于某一行业类别或定义某一行业类别的词,比产品词更加宽泛。通用词是不包含品牌、被目标受众大量使用的搜索词,如数码、水果、电器等。这些关键词表明目标受众有一些模糊的欲望和兴趣,但企业并不能识别其真实的意图。非通用词是除通用词以外的关键词,如解决方案词、属性词、品牌词、知识类词、咨询或视频图片类词、人群词等其他搜索词。

(6)按业务内容相关度分类。按关键词与企业的相关度,可以把关键词分为品牌词、品类词(产品词)和人群词。

① 品牌词是指网站的专有品牌名称或者企业公司名称。每个网站都需要创建一个属于自己网站的品牌词,这样有利于网站后期的品牌推广。

② 品类词是指公司的主营产品或者主营服务的关键词,如化妆品、数码相机、婚纱摄影、健康减肥等。

③ 人群词是指描述目标受众群体表现出的主流兴趣点的关键词,如篮球运动鞋厂家的人群词有"灌篮技巧""投三分球技巧"等。

2. 搜索意图与特征分析

不同的关键词有不同的商业价值。企业通过搜索词分析可以清楚地掌握目标受众的搜索意向,了解目标受众的特点,从而有针对性地采取不同的营销策略。例如,搜索"数码相机成像原理"的目标受众的购买意图应该比较低,其商业价值也不高,因为目标受众很可能只是想了解数码相机的成像原理。而搜索"数码相机价格"的目标受众的购买意图则会比较高;搜索"数码相机购买"或"数码相机促销"的目标受众的购买意图更为明确,商业价值很高,如果企业能据此适时推出一些促销活动,就很可能促成目标受众购买。

(1)目标受众搜索意图分析。AIDA模式也称"爱达"公式,是美国广告学者艾尔莫·李维斯(Elmo Levis)总结的推销模式,如图4-8所示。AIDA模式指出,消费者的决策会经历四个行为阶段:注意(Awareness)、兴趣(Interest)、需求(Desire)、行动(Action)。注意是指营销者首先要引起消费者的注意;兴趣是指消费者对产品或服务产生兴趣;需求是指消费者经过考虑后,觉得产品或服务符合其需求,产生对产品或服务的需要;行动是指消费者最终决定购买,从而达到营销的目的。搜索引擎营销可以很好地契合于AIDA模式的四个消费者行为阶段中,并在此过程中或近或远地促成交易(行动)的发生。不同类型的搜索行为背后的搜索意图也不相同,应该从目标受众搜索行为的角度出发,结合AIDA模式,分析不同类型的搜索行为背后的搜索意图。

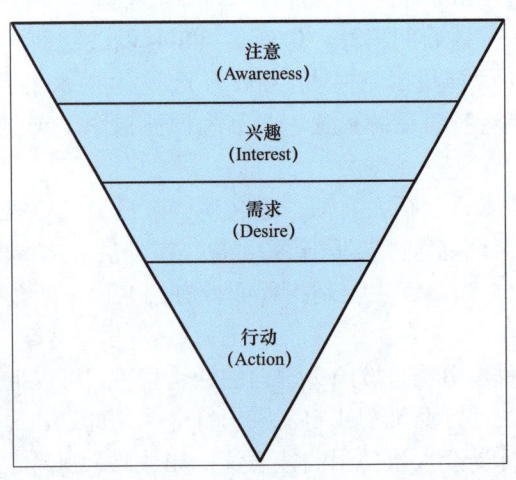

图 4-8　AIDA 模式

① 导航型搜索行为的目的主要是寻找特定的网站，使用的搜索词如"华为官网""北京东方时尚驾校"等。导航型搜索行为的受众大多数位于购买决策流程的"注意—兴趣"阶段，没有对特定产品或服务的具体需求，可能对很多类别的产品或服务都会产生注意与兴趣，但并没有准备好为任何一种产品或服务发生购买行为。

② 交易型搜索行为主要是想要做某些具体的事情，如买东西、注册、参加竞赛、下载不同类型的文件等，可能使用的搜索词如"华为 Mate 40""连衣裙""演讲比赛物料"等。用户带有明确的某种"交易"目的来进行搜索，这一搜索行为一般对应某些具体的产品或服务需求，已经进入了购买决策流程的"需求—行为"阶段，甚至可能很快发生购买行为。

③ 信息型搜索行为的目的主要是搜索信息来解答他们的疑问或者要了解的新的主题概念，可能使用的搜索词如"什么样的手机好""手机排名"等。信息型搜索行为相较于以上两种情况而言则显得复杂而不确定；相对于"导航型"，"信息型"的搜索可能并没有明确的导航指向，或者即使有也需要经过多次导航才能获得；相对于"交易型"，"信息型"的搜索还没有聚焦于某个或某类特定产品需求，或者即使有所针对也仅停留于"兴趣"阶段。信息型搜索者也是搜索引擎营销活动的重要对象，他们尚未选择要购买的产品，还属于可以被"争取"的阶段。企业可以向他们展示可能相关的产品，使其进入交易型搜索阶段。

（2）目标受众特征分析。一般情况下，可以对目标受众做多种特征属性的分析，如最常见的基础属性包括性别、地域、年龄、收入、职业等。搜索引擎作为一个超级媒体，其每天出现数十亿次的搜索词涵盖了各种各样的目标受众。因此，受众的区分可以通过关键词来进行，不同的关键词代表不同的搜索行为，这些不同的搜索行为又体现出某种特征属性。很多关键词可以直接区分目标受众，以某个产品为例，搜索其名称的目标受众一定对该产品及品牌感兴趣，他们的特征属性应该符合该品牌手机购买人群的情况，此类关键词的搜索结果能够直接区分出"手机类"受众。不仅是具体产品或品牌名称，一些网站类的描述词同样具有如此功能，例如，"基金网"功能之类的关键词能够直接区分出"理财类"受众。还有很多通用词汇能够直接区分受众性别、人生阶段等，如搜索"化妆品"的多为女性，搜索"童装"的多为家有儿童的人群。也有很多几乎没有区分意义的关键词，如"天气"这个关键词日常搜索量很大，但从搜索意图来判断，主要是为了获得本地当天的具体天气，并不能反映出除地域特征以外的任何其他属性，因而无法据此对受众进行区分。

3. 关键词数据指标分析

（1）搜索指数。搜索指数又称搜索量、搜索人气或展现量，是目标受众对关键词的历史搜索次数的指数化统计，以目标受众在搜索引擎中的搜索量为数据基础，以关键词为统计对象，分析并计算出各个关键词在搜索引擎中搜索频次的加权。

（2）点击指数。点击指数又称点击量，是某一段时间内某个或者某些关键词广告被点击的次数的指数化统计。为了方便企业进行关键词的分析与选择，各大搜索引擎会在一定的统计周期内，以目标受众在搜索引擎中的点击量为数据基础，以关键词为统计对象，计算出各个关键词在搜索引擎中被搜索的次数，并通过一定的算法进行指数化处理。这个处理后的数据就是搜索指数。

（3）点击率。点击率是指当目标受众在网页上搜索关键词后，广告得以展现并被点击的概率，通常是网站页面上某些内容被点击的次数与被展示次数之比，反映了网页上某一内容的受关注程度，经常用来衡量广告吸引用户的程度。

（4）转化指数。转化指数又称转化量，是指某一段时间内某个或者某些关键词广告被点击并促成转化的次数。转化指数是以目标受众在搜索引擎中的转化量为数据基础，以关键词为统计对象加权计算出的关键词在搜索引擎中的转化频次。

（5）转化率。转化率是指某一段时间内转化行为的次数占广告信息总点击次数的比率。转化率是企业最核心的经营指标之一，一般转化率越高，说明营销效果越好。

（6）地域分布。地域分布表示关注该关键词的受众的地域分布情况，地域分布是根据目标受众搜索数据，对搜索该关键词受众的地域属性进行聚类分析，得出的受众所属省份、城市以及城市级别的分布情况。

（7）基础属性分布。基础属性分布是指关注该关键词的受众的基础属性分布情况，根据受众搜索数据和注册信息，对搜索该关键词受众的性别、年龄等进行聚类分析，得出受众的年龄、性别等基础属性的分布情况。

（8）兴趣分布。兴趣分布是基于搜索目标受众行为数据以及画像库刻画出的关注某兴趣且搜索过该关键词的人群分布情况。

（9）竞争度。竞争度，又称竞争激烈程度，竞争激烈程度越高，代表关注该关键词的同行数量越多，竞争越激烈。

（10）建议出价。建议出价也称指导价，是搜索引擎广告平台根据近期某个关键词竞争激烈程度以及企业本身广告质量估算的指导价格。由于目标受众搜索需求和竞争的动态变化，所估算的指导价并不能保证广告一定会在搜索结果的首页展示。

（11）最低出价。最低出价也称底价，是指进行搜索竞价营销时该关键词的最低价格，关键词出价不能低于底价，出价低于底价的广告不参与竞价排名。

二、关键词优化

关键词优化的价值在于能细分市场并开发新市场，带动更多的商业价值。一般情况下，优化关键词的第一步就是确定核心关键词，确定了核心关键词之后再进行关键词扩展。扩展后还要建立关键词词库，并对所建词库进行清洗和筛选。

1. 确定核心关键词

（1）根据企业信息确定核心关键词。关键词按性质可以划分为产品核心词、属性词、营销词、品牌词等，可以根据企业信息进行主营业务内容的分析，找出产品核心词、属性词、营销词、品牌词等作为网站的核心关键词。

（2）从受众角度确定核心关键词。从受众角度思考，网站能够为受众解决什么问题？遇到问题时，他们会搜索哪些关键词？在查询企业的产品时他们又会搜索什么关键词？这时，只要具备一定的常识并且了解自己的产品，就可以列举出足够多的核心关键词。

（3）通过分析竞争对手确定核心关键词。最好的学习对象就是竞争对手，确定网站的核心关键词时，可以通过查看竞争对手网站页面源文件的方式搜集其核心关键词，为自身网站核心关键词的确定提供参考依据。这样做既可以避开竞争度较大的关键词，又可以帮助搜索引擎营销人员选取更适合网站推广的关键词。例如，一家做婚纱摄影的企业网站，通过查看竞争对手网站的源文件，可以了解这个竞争对手网站的标题、关键字和描述中有哪些关键词。

2. 扩展关键词

有了核心关键词后，就要进行关键词的扩展，下面介绍几种常用的扩展关键词的方法。

（1）使用关键词挖掘工具扩展关键词。目前较为常见的挖掘工具有关键词规划师、站长工具、爱站工具等。在关键词规划师搜索框中输入关键词，会出现一些相关关键词，或者是直接生成词包；在站长工具主界面的"SEO 查询"下可以看到"关键词挖掘"选项，单击进入该界面可以进行相关关键词的挖掘；在爱站网的工具导航界面可以看到"关键词挖掘"选项，单击该选项即可进入"关键词挖掘"界面，进行关键词挖掘。

（2）使用相关搜索扩展关键词。在搜索引擎搜索框中输入核心关键词时，搜索框就会自动显示与此关键词相关的一些搜索建议词。例如，在百度中搜索"婚纱摄影"，搜索框下方会出现与"婚纱摄影"相关的关键词，如图 4-9 所示。这些相关的关键词可以作为扩展关键词。

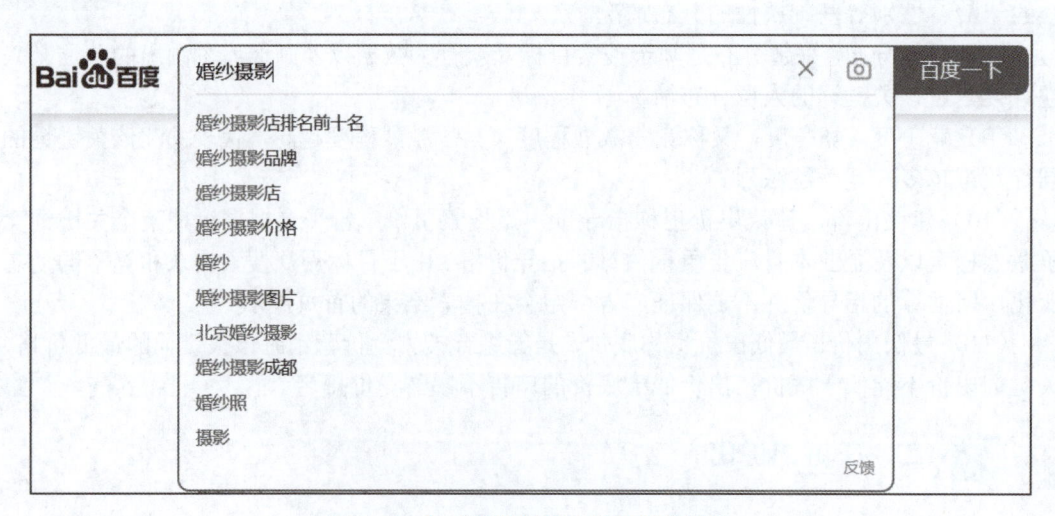

图 4-9 与"婚纱摄影"相关的关键词

也可以利用搜索结果页面最下方的搜索引擎给出的相关搜索扩展关键词,在百度中搜索"婚纱摄影"时,搜索结果页最下方会有一些相关搜索的关键词,如图4-10所示。

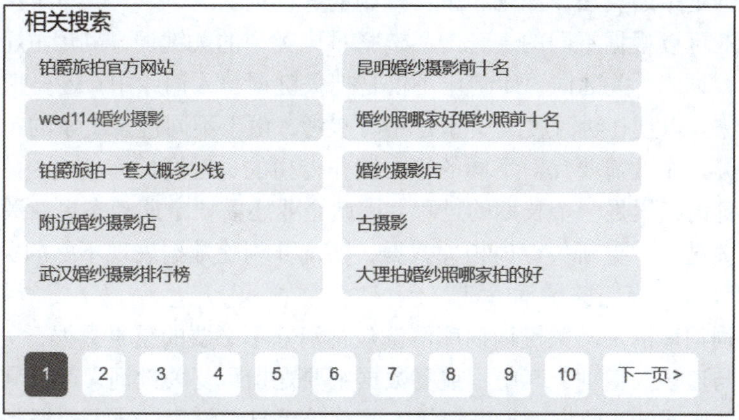

图4-10 "婚纱摄影"相关搜索

（3）使用其他各种关键词变体扩展关键词。关键词的变体主要有同义词、相关词、简写、错别字等几种变体类型,可以对关键词进行各种变体,完成关键词扩展。同义词是指意思相近的词语,可以根据核心关键词的同义词进行关键词的扩展。例如,核心关键词为"酒店",那么与"酒店"同义的词语还有"旅馆""宾馆""饭店""民宿"等。相关词是意义不同但具有一定的相关性且受众群体相近的关键词,可以利用核心关键词的相关词扩展关键词。例如,"网站建设""网络营销"与关键词"SEO"的相关度高,目标客户群体也大致相同。简写就是将某一个词语简化,所以可以将核心关键词的简写作为拓展关键词使用。例如,"北京大学"与"北大","平板电脑"与"平板"等。很多受众在使用拼音输入法时经常会输入错别字或者同音字,所以部分错别字关键词也会有搜索量,可以借助常用的错别字扩展关键词,如"快接"与"快捷"等。但是优化错别字就不可避免地要在页面中出现这些错别字,可能会给目标受众带来不好的网站体验,所以要慎重使用利用错别字扩展关键词的方法。

（4）使用八爪鱼法扩展关键词。八爪鱼法扩展关键词是指在产品核心关键词的前面或后面添加一定的形容词来扩展关键词。例如,使用在价格、排名、地区、营销诱导等方面进行关键词修饰的方法。如果关键词是"酒店",可以按地区扩展为"北京酒店";也可以根据营销诱导需求扩展为"五星级酒店""环境好的酒店";还可以按价格扩展为"150～200元价格的酒店"等。

（5）使用词组组合法扩展关键词。确定产品核心关键词后,可以将要组合的词组一起添加到表格中,使用词组组合法扩展关键词。如以品牌词+产品核心词、营销词+产品核心词、属性词+产品核心词、品牌词+营销词+产品核心词、品牌词+属性词+产品核心词、营销词+属性词+产品核心词等形式进行组合,扩展出大量的长尾关键词。

3. 建立关键词词库

针对挖掘到的关键词,需要建立关键词词库进行管理,建立关键词词库的目的是在进行搜索引擎营销时省去关键词重复挖掘与筛选的过程。建立关键词词库时,通常需要注意以下几点:

第一，需要对从不同来源获取的大量关键词进行辨别。通过辨别，企业可以初步剔除一些无用词和违规词。无用词主要是指跟商品关联度弱，搜索量、点击率和转化率过低的关键词。违规词是指违反法律法规和平台规则的关键词。

第二，企业可以根据不同的主营产品选择不同类型的关键词，利用 Excel 或相关工具分类制作关键词词库。关键词词库制作不仅是把关键词填入词库中，还要把与关键词相关的数据保留下来，以便在进行搜索引擎营销时参考。由于不同搜索引擎的市场环境、数据指标等存在差异，企业需要针对不同的平台制作专门的关键词词库。

第三，关键词积累是一个长期的过程，因此企业还需要定期动态更新关键词词库。例如，定期新增关键词、更新关键词相关数据、筛选并剔除数据表现不好的关键词等。

4. 关键词词库清洗与关键词筛选

（1）关键词词库清洗。关键词词库清洗包括清除不必要的重复数据、处理缺失数据、删除无意义词与违规关键词。其中，重复数据主要是指重复关键词，可以利用函数法、高级筛选法、条件格式法、数据透视表法等方法删除重复关键词；缺失数据是指数据集中某个或某些属性值不完全的数据，其最常见的表现形式就是空值或者错误标识符，查找缺失数据的方法主要是定位输入和查找替换；无意义词主要是指语气词、特殊符号词，违规关键词主要有与"最""级""极"相关的词、与虚假欺骗相关的词等，可以利用筛选的方式剔除包含这些字词的关键词，必要的时候可以进行人工剔除。

（2）关键词筛选。关键词筛选是指根据搜索引擎营销的需求，筛选出符合营销目标的关键词。进行关键词数据筛选时通常要注意以下几点：

第一，关键词筛选要坚持相关性原则。从网站优化的角度来看，如果把一些不相关的内容添加到网站中，会给网站造成负担，也让页面与主题不相符，影响搜索引擎的判断，增加优化难度。因此，在关键词筛选时要坚持关键词和产品相关的原则，尽可能少用或不用不相关的词语或者相关度不高的词语。

第二，在关键词的选择上，企业一定要站在目标受众的角度来考虑，分析目标受众对产品的称呼是什么，他们会使用什么样的词语来搜索，而这些会被目标受众搜索的词语才是真正的关键词。

第三，当前市面上有很多工具提供关键词各指标的相关数据，如搜索指数等。搜索指数高并不意味着就适合自己使用，实力较弱的企业进行搜索引擎营销时选择搜索指数高的行业大词会使自己处于排名劣势，很难达到营销目的。企业在选词时可以把相关数据作为参考，把基于数据整理出来的词语和企业的主营业务内容进行对比，只选择和主营业务内容相关的关键词。

第四，利用工具进行筛选可以大大提高数据筛选的效率与效果。常见工具有 Excel、Python 等，这些工具可以加快筛选的过程，提高筛选的正确性，实现高效筛选。

任务演练

任务演练一　关键词分析与挖掘

一、任务目标

（1）能根据营销需求，结合主营业务内容，通过多种渠道进行关键词挖掘，建立关键词词库；

（2）能根据主营业务内容，拓展与主营业务内容相关的关键词，增加词库关键词数量。

二、任务背景

当目标受众想要了解某些信息时，会借助搜索引擎通过搜索关键词的形式查找想要的信息，因此，关键词是目标受众与企业之间沟通的重要桥梁。在进行搜索引擎营销之前，建立关键词词库可以帮助企业更好地了解目标受众的搜索意图，做好搜索排名优化与搜索竞价营销。因此周义决定根据企业主营业务和产品信息，挖掘品牌词、产品核心词、属性词与营销词，并采用多种方法进行关键词拓展。

三、任务分析

关键词挖掘与拓展的首要原则是与企业主营业务、主营产品相关，同时，关键词还应具有搜索人气，保证该关键词的优化价值。可以把产品核心词、属性词、品牌词、营销词作为核心关键词，然后围绕核心关键词利用多种方法扩展关键词。产品核心词是产品或者行业的主要通用性名称；属性词也叫修饰词，主要是体现产品的一些特征，能够帮助买家了解产品的详细情况；品牌词一般是指明确带有企业品牌名称的关键词；营销词是指具有营销性质的词，这种词一般具有一定的引导性或者营销性；价格词主要是用来描述某产品或服务的价格或询问价格；排行榜词主要是对产品或者服务的品牌进行对比询问的关键词。

四、任务操作

1. 第一步：关键词挖掘（见图4-11）

说明：根据企业背景信息中的企业主营业务内容，挖掘公司品牌词、主营产品的核心词、属性词，以及背景信息中的营销词。

要求：

（1）挖掘的关键词需出现在企业背景信息当中。

（2）核心词不少于2个，属性词不少于10个（仅在产品属性中查找），品牌词不少于2个，营销词不少于2个。

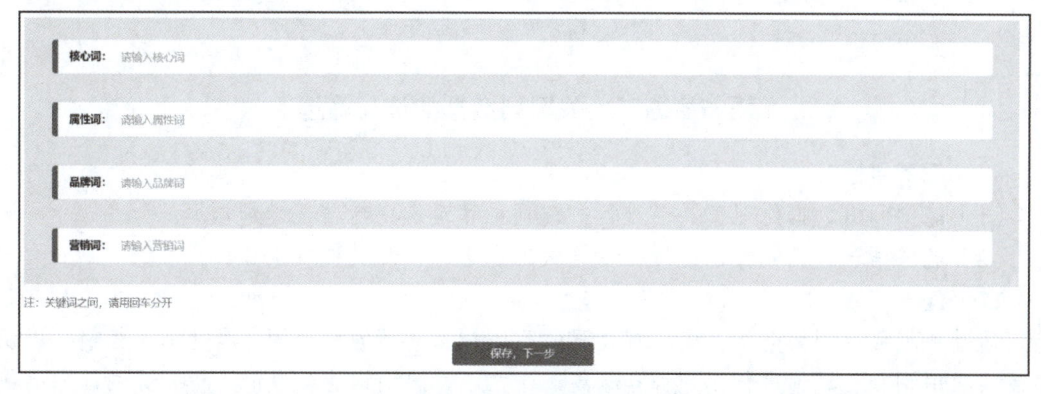

图4-11 关键词挖掘

2. 第二步：拓展通用词

说明：

（1）根据企业背景信息中的企业主营业务内容，拓展通用词。

（2）价格词个数不少于5个，排行榜词个数不少5个。

要求：参照以下形式要求，拓展符合企业主营业务内容的通用词。

（1）价格词：主要是用来描述某产品或服务的价格或询问价格的关键词。请以"价格语义描述词＋产品/服务核心词"的形式拓展符合主营业务内容的价格词。例如，物美价廉的手机，填写"物美价廉的"到价格语义描述词列，填写"手机"到产品/服务核心词列，如图4-12所示。

图4-12 填写价格词

（2）排行榜词：对产品或者服务的品牌进行对比询问的关键词。请以"排名语义描述词＋产品/服务核心词"的形式拓展符合主营业务内容的排行榜词。例如，性价比排行榜高居榜首的手机，填写"性价比排行榜高居榜首的"到对比词/排行词列，填写"手机"到产品/服务核心词列，如图4-13所示。

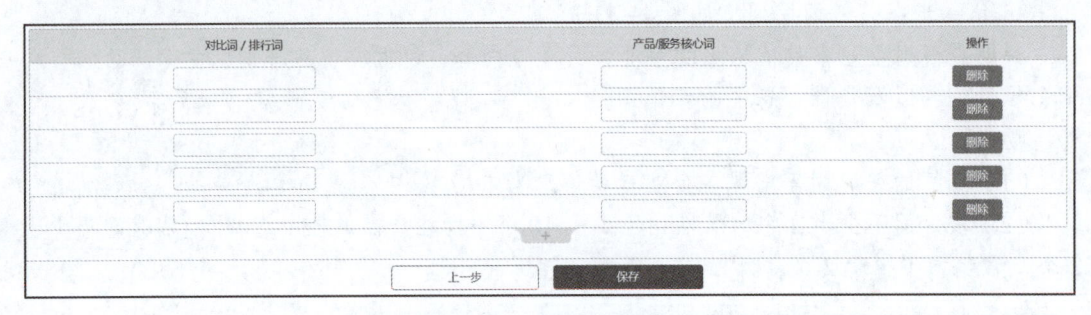

图4-13 填写排行榜词

任务演练二　关键词数据清洗与筛选

一、任务目标

（1）能够利用数据处理工具，进行关键词词库清洗，梳理关键词词库。

（2）能够结合营销目标，进行关键词数据筛选，确定关键词词库。

二、任务背景

通过前期关键词的分析，周义对公司的品牌词、产品的核心词、属性词、营销词以及常用的通用词和长尾词进行了挖掘和拓展，建立了关键词词库。为了提高关键词词库的使用效率，需要对已挖掘的关键词进行清洗和筛选。周义决定结合网页优化需求和用户搜索需求，从关键词的重复性、缺失性、无意义性等角度，进行关键词词库的清洗，同时从相关性、搜索人气、点击率、竞争指数、关键词数量等方面，筛选符合营销需求的目标关键词，不断优化关键词词库。

三、任务分析

关键词词库清洗主要是清除掉不必要的重复数据、处理缺失的数据、删除无意义与违规关键词，而关键词数据筛选主要是根据一定的关键词数据指标筛选出符合一定营销目标的关键词，方便后期搜索排名优化和搜索竞价营销过程中关键词的添加工作。通过数据处理工具进行清洗和筛选，可以大大提高关键词词库清洗、筛选的效率与效果。

关键词词库的最终确立，对关键词的各项指标都有一定的要求，其中主要涉及关键词的重复率、相关性、搜索人气、点击率、竞争指数、关键词数量等方面，因此需要对挖掘的关键词进行清洗与筛选，以符合最终关键词词库的标准。对关键词词表进行清洗与筛选，以保证最后的关键词符合关键词搜索人气、点击率、竞争指数和数量的要求，且关键词不能重复，要与企业主营业务产品具有一定的相关性。

四、任务操作

说明：下载关键词词表（点击此处或右键另存为），对关键词词表进行分析、筛选和整理，并上传至实训系统，如图4-14所示。

要求：① 关键词不得重复；② 关键词搜索人气不低于172；③ 关键词点击率不低于8.50%；④ 关键词数量不能少于80个。

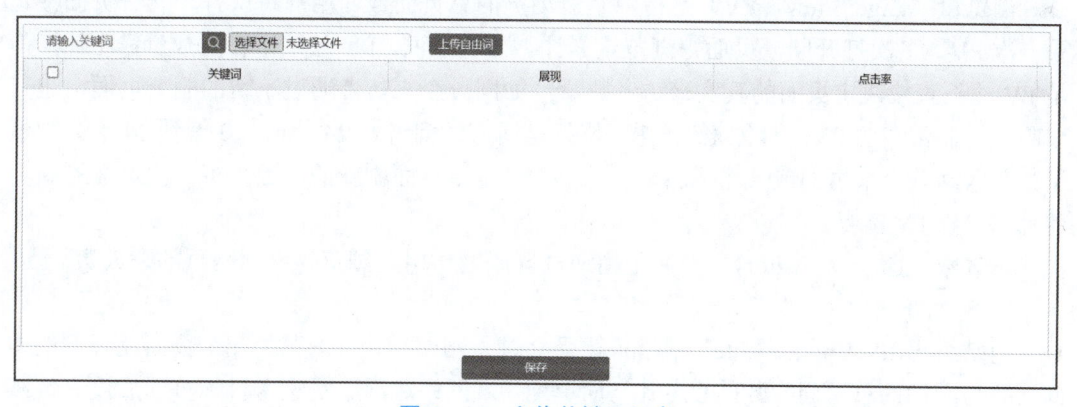

图4-14 上传关键词词表

工作任务三　网站分析

网页分析是搜索引擎广告营销的基础，为搜索引擎广告营销提供方向上的指导，以提高网页在搜索结果页上的排名和搜索引擎广告营销的效果。

网页分析需要有明确的方向，在进行网页分析之前，要先对企业网站流量有充分的了解，对所有访问网站的用户的具体行为有一个清晰的整体认知；然后再分析具体网页的访问数据、搜索排名情况和竞争情况，充分了解网页的实际状态，以便找出问题并进行改进。本任务的主要工作过程如下：

（1）分析企业网站流量，并确定要分析的网页。

（2）借助网页流量分析工具，完成网站流量分析与网页访问数据分析。

（3）确定并查找网页核心关键词，完成网页搜索排名分析。

（4）确定竞争对手及其网页关键词，查询竞争对手网页关键词的搜索排名情况。

一、网站流量分析

网站流量分析主要是对网站各种数据及其指标和趋势进行分析。数据趋势和数据本身能够在一定程度上反映网站的运营状态和搜索引擎广告营销的效果，直接或间接地指导搜索引擎广告营销工作。在流量分析过程中，有多种数据指标可以反映网站当前的流量状况，不同的分析工具有不同的数据指标。从整体而言，下面几个基本的数据指标必不可少。

1. 流量来源

网站的流量来源主要包括直接访问、搜索引擎和外部链接。直接访问来源是指受众直接在浏览器中输入网址或通过单击浏览器收藏夹中的网址进行的访问，是衡量网站知名度的指标。搜索引擎来源是指受众通过单击搜索引擎的搜索结果页面进行的访问，反映了网站搜索引擎优化和搜索竞价营销的水平。外部链接来源是指受众通过单击其他网站中的外部链接进行的访问，反映了网站受欢迎的程度和网站外部推广工作的效果。

2. 浏览量与访客数

浏览量（Page View，PV）是指网站被浏览的总页面数。用户每次打开一个页面便记录一次 PV，多次打开同一页面则浏览量累计。一般来说，PV 与来访者的数量成正比，但是 PV 并不直接决定页面的真实来访者数量，如同一个来访者通过不断的刷新页面，也可以制造出非常高的 PV。具体来说，PV 值就是所有访问者在 24 小时（0 点到 24 点）内看了某个网站多少个页面或某个网页多少次。PV 是指页面刷新的次数，每一次页面刷新，就算作一次 PV 流量。

访客数（Unique Visitor，UV）是指通过互联网访问、浏览该网站网页的总人数。

3. 网站跳出率

网站跳出率（Bounce Rate）是指目标受众进入网站后，只浏览了一个页面就离开的访问次数与网站的总访问次数的百分比。简单地说，网站跳出率是进入目标页面后没有继续访问该网站的其他页面，而直接离开网站的目标受众人数统计。跳出率越高，代表进入网站后马上离开的目标受众越多，说明网站体验不好；反之，则说明目标受众能够在网站中找到自己感兴趣的内容，可能还会再次浏览该网站，从而提高目标受众的回访次数，增加网站的转化率。不同类型的网站，其跳出率也有所不同。网站跳出率高低的判断还需要考虑网站的运营时间、特点、过往跳出率的变化情况等因素。通常情况下，跳出率过高的网站可能存在内容与受众需求不符、访问速度过慢、内容引导较差等问题。

4. 平均访问页面数分析

平均访问页面数也叫访问深度（Depth of Visit），是指每个受众在单次浏览网站的过程中平均访问页面的数量。其计算公式为：

$$平均访问页面数 = \frac{浏览量}{访客数}$$

平均访问页面数越大，说明受众体验度越高，网站的黏性越大，受众对网站的内容越感兴趣。

5. 平均访问时长

平均访问时长是指所有受众在一次浏览网站的过程中所花费的平均时间。平均访问时长并不一定越长越好，要视情况而定。新闻资讯或者网络社区类网站的平均访问时间越长，意味着受众在这些网站中越可能找到有价值的信息；而对于购物类网站来说，访问时间过长则有可能是因为受众找不到目标信息，此时需要对网站进行优化，让目标受众尽快找到购物目标，从而实现转化。

二、网页搜索排名分析

在进行搜索引擎广告营销之前应该进行网页搜索排名分析，跟踪并统计网页所有核心关键词的排名变化情况以及每天的搜索词的排名情况等。

1. 网页核心关键词确定

在 HTML 语言里，Title、Keywords、Description 出现在"<head>"中，是 Meta 标签的重要元素。Title、Keywords、Description 可翻译为标题、关键词、描述，它们是网站内容描述的重要组成部分，通常也被合并简称为"TKD"或"TDK"。需要注意的是，在进行搜索引擎营销时，"关键词"的概念与"Keywords"元素的概念不同，前者范围更广，除了指"Keywords"元素中的关键词外，还可以指"Title"和"Description"中的关键词、网页内容中出现的关键词、搜索竞价营销中使用的关键词等。因此，为了进行有效区分，下文中统一使用 Title、Keywords、Description 表述 Meta 标签中的 Title 元素、Keywords 元素和 Description 元素。

在进行网页搜索排名分析前，先要确定核心关键词，可以通过查看网页源代码的形式查看网页 Mate 标签中的 Title、Keywords、Description 元素中的关键词，确定核心关键词；也可以利用其他站长统计工具查看网站 Title、Keywords、Description 元素中的核心关键词。某网站首页中 Title、Keywords、Description 元素的关键词分布如图 4-15 所示，可以对其进行分析并确定核心关键词。

```
<head>
    <meta charset="utf-8">
    <meta http-equiv="X-UA-Compatible" content="IE=edge">
    <meta name="viewport" content="width=device-width, initial-scale=1">
<meta name="description" content="华为是全球领先的ICT（信息与通信）基础设施和智能终端提供商，致力于把数字世界带入每个人、每个家庭、每个组织，构建万物互联的智能世界。">
<meta name="keywords" content="">
<!--share begin -->
<meta property="og:title" content="华为 - 构建万物互联的智能世界">
<meta property="og:description" content="华为是全球领先的ICT（信息与通信）基础设施和智能终端提供商，致力于把数字世界带入每个人、每个家庭、每个组织，构建万物互联的智能世界。">
<meta property="og:image" content="https://www-file.huawei.com/-/media/corp/home/image/logo_400x200.png">
<meta property="og:url" content="https://www.huawei.com/cn/">
<meta property="og:site_name" content="huawei">
<!--share end -->
<!-- add twitter meta begin -->
<meta name="twitter:card" content="summary">
<meta name="twitter:title" content="华为 - 构建万物互联的智能世界">
<meta name="twitter:description" content="华为是全球领先的ICT（信息与通信）基础设施和智能终端提供商，致力于把数字世界带入每个人、每个家庭、每个组织，构建万物互联的智能世界。">
<meta name="twitter:image" content="https://www-file.huawei.com/-/media/corp/home/image/logo_400x200.png">
<!-- add twitter meta end -->
```

图 4-15　关键词分布

2. 网页关键词排名查询

为了更好地了解当前网页的搜索排名情况，一方面，可以模拟目标受众的搜索行为，在主流搜索引擎中搜索核心关键词及相关关键词，查看不同关键词下的网页排名位置。另一方面，可以借助第三方工具，输入网址，查看网页的核心关键词及排名情况。例如，在某第三方工具中查询网页关键词及排名情况，结果如图 4-16 所示。

关键字	排名	(PC)搜索量	收录量	网页标题
华为	第1页第1位	8,006	100,000,000	华为-构建万物互联的智能世界
华为官网	第1页第1位	3,501	100,000,000	华为-构建万物互联的智能世界
huawei	第1页第1位	808	100,000,000	华为-构建万物互联的智能世界
华为技术有限公司	第1页第1位	328	48,300,000	华为-构建万物互联的智能世界
华为官网网站	第1页第1位	188	100,000,000	华为-构建万物互联的智能世界
华为客服电话24小时人工服务	第1页第1位	181	28,100,000	联系我们-华为

图 4-16 查询结果

三、网页竞争分析

网页竞争分析是网页分析中非常重要的一步。要想掌握关键词的竞争情况，找到更具有性价比的关键词，就必须做好网页竞争分析，具体可以从竞争程度分析和竞争对手分析两个维度入手。

1. 竞争程度分析

在选择关键词时，核心要求就是搜索量大、竞争程度小。搜索量可以直接利用关键词分析工具查询，但是竞争程度的判断相对复杂。分析竞争程度时可以综合搜索结果数、intitle 结果数、关键词搜索指数、相关词数等指标的分析结果进行判断；若进行搜索竞价营销，也可以参考"竞争度"或"竞争指数"等数据。一般而言，相关数据指标的数值越大，意味着竞争越激烈。

（1）搜索结果数。搜索结果数是搜索引擎经过计算后认为与搜索词匹配的页面数，它能够直观地反映出关键词的竞争程度。通过搜索引擎搜索关键词时，会显示该关键词相关页面的总数量，也就是该关键词的所有竞争页面。例如，某一时刻百度搜索中关键词"笔记本"的搜索结果数如图 4-17 所示，相关结果约为 100 000 000 个，说明竞争相对激烈。

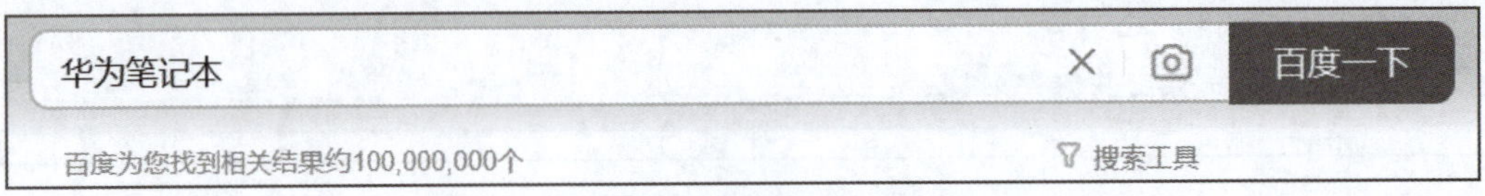

图 4-17 关键词"笔记本"的搜索结果数

（2）intitle 结果数。"intitle"是搜索引擎优化中常用的高级搜索指令。intitle 结果数是指标题中包含某关键词的网页数量，其查询语法为："intitle：关键词"，返回结果数越大则表示竞争越激烈。例如，某时间在百度搜索引擎中输入关键词"intitle：华为笔记本"，反馈"相关结果约 29 300 000 个"，如图 4-18 所示，说明竞争非常激烈。

项目四　搜索排名优化——SEO

图 4-18　华为笔记本搜索结果

可以发现，以上两种方法的验证结果相差非常大，关键词"手机"返回的搜索结果数约 1 亿个；"intitle：手机"返回的结果则只有 2 930 万个。原因是部分网页的关键词只出现在结果页面中，在页面标题中并没有出现，这部分关键词很有可能只是偶然在网页上提到，企业并没有针对关键词进行网页优化，此类页面针对该特定关键词的竞争实力很低，在进行关键词优化时可以直接排除；只有在标题中出现同一关键词的页面才是真正的竞争对手。

（3）关键词搜索指数。关键词搜索指数是指数化的搜索量，反映了关键词的搜索趋势，不等同于搜索次数，如图 4-19 所示。一般来说，关键词的搜索指数越高，目标受众搜索的次数也就越多，就会有越多的企业对该关键词进行优化或者竞价，竞争程度也就越大。

图 4-19　关键词搜索指数

（4）相关词数。相关词是指与某关键词具有一定相关性的关键词，相关词的数量和搜索指数越大，关键词的竞争程度也就越大。例如，笔记本电脑相关词如图 4-20 所示。

图 4-20　笔记本电脑相关词

· 141 ·

2. 竞争对手分析

企业在进行搜索引擎营销的过程中，可以在广告位上看到自己的广告，也自然会发现竞争对手的广告。确定竞争对手后，企业应分析竞争对手网页的关键词及搜索排名，有针对性地制定竞争策略。

（1）竞争对手关键词分析。对竞争对手网页中不同词性的关键词（如品牌词、产品词、行业词、长尾词等）进行分析对比，利用搜索结果分析竞争对手的落地页面，看其指向是否和搜索词相关。如果品牌词指向首页、产品词指向专题页面、行业词指向栏目页、长尾词指向内容页，说明其网页的关键词布局较好，此竞争对手实力相对强劲。

（2）竞争对手搜索排名分析。可以借助第三方平台查看竞争对手的排名表现，甚至可以把竞争对手布局过但自己未布局的关键词挖掘出来进行补充，还需要结合自身网站的具体情况进行调整。例如，竞争对手实力较强，进行了产品核心词的布局，但自身网站实力较弱，若也进行产品核心关键词布局，在搜索排名时反而会处于劣势。与自身网页的搜索排名分析相同，在分析竞争对手搜索排名时，一方面可以模拟目标受众的搜索行为，在搜索引擎中搜索核心关键词及相关关键词，查看竞争对手网页的排名位置；另一方面可以借助第三方工具了解竞争对手的关键词策略与关键词排名情况。

任务演练

网站主页搜索排名分析

一、任务目标

（1）能结合企业网站描述与主营产品，结合关键词相关性判断的方法，完成网站主页 Title 与 Keywords 元素中关键词相关性的判断；

（2）能利用搜索排名查询工具，搜索并分析网站主页 Title 与 Keywords 元素中关键词的排名情况；

（3）能利用关键词分析工具，查询并分析网站主页 Title 与 Keywords 元素中关键词的展现指数情况。

二、任务背景

为了将品牌文化及产品理念有效地传递给目标受众，开拓更大的目标市场，集团市场部决定通过搜索引擎营销的方式对自家品牌与产品进行深入推广。网站主页是一个企业对外展示的窗口，提高网站主页搜索排名能够让客户更快找到自己，提高点击率。在此认知下，周义开始着手对公司的网站主页搜索排名进行分析，通过分析关键词的相关性、排名及搜索人气等数据，充分掌握网站主页的当前状态，为进一步优化网页信息打下坚实的基础。

为了更好地了解当前网站主页的搜索排名情况，周义首先开始跟踪统计网站首页 Title 与 Keywords 元素中所有核心关键词的相关程度与排名情况，同时也利用关键词分析工具统计分析关键词的展现指数与相关关键词情况。

三、任务分析

网站主页搜索排名分析主要是从相关性、排名与搜索人气三个方面对自己网站页面 TDK（Title、Description、Keywords）元素中的关键词进行分析。关键词的相关性主要是判断关键词与企业主营业务内容是否相关；排名分析主要是通过搜索的形式查询 Title 与 Keywords 中每个关键词的搜索排名情况；搜索人气主要是查询 Title 与 Keywords 中的关键词是否具有搜索人气，搜索人气高的关键词在后期会带来更高的网页展现机会。另外，在进行关键词搜索人气分析时不仅要关注当前关键词的搜索人气情况，还要关注相关关键词的个数和搜索人气，相关关键词的个数越多，搜索人气越高，后期能够带来的网页展现机会也就越多。

四、任务操作

第一，说明：能结合企业背景，利用数据中心的"受众搜索词"与"搜索中心"，对网站主页搜索排名进行分析，如图 4-21 所示。

要求：

（1）判断 Title 关键词与企业主营业务内容是否具有相关性。

（2）通过搜索中心查询 Title 关键词的排名情况。

（3）通过关键词分析查询 Title 关键词的展现指数。

关键词	相关性判断	排名	展现指数	相关搜索词	覆盖率
小米	请选择	0	0	小米数字电视机顶盒;小米电脑笔记本;笔记本电脑小米;小米手环;小米手环智能手环	0.16
商城	请选择	0	0	女装商城;正品商城女装;商城女装;家电商城;海尔商城官网小家电	0
小米手机	请选择	0	0	苹果华为小米手机通用;二手小米手机;小米手机壳;小米手机;小米手机壳软壳	0.014
笔记本	请选择	0	0	笔记本手机;什么笔记本;笔记本系统下载;联想超薄笔记本电脑报价大全;联想电脑笔记本	0.386
路由器	请选择	0	0	智能路由器;企业级路由器;千兆路由器;jog路由器;工业级路由器	0.108
官网	请选择	0	0	女装官网;官网女装;唯品会官网女装大;女装唯品会官网;苹果手机官网	0.11

图 4-21 网页搜索排名分析

第二，说明：能结合企业背景，利用数据中心的"受众搜索词"与"搜索中心"，对网站主页搜索排名进行分析。

要求：

（1）判断 Keywords 关键词与企业主营业务内容是否具有相关性。

（2）通过搜索中心查询 Keywords 关键词的排名情况。

（3）通过关键词分析查询 Keywords 关键词的展现指数。

自测题

参考答案

一、单项选择题

1. 下列选项中不是网站流量来源的是（　　）。
   A. 竞争对手　　　B. 搜索引擎　　　C. 直接访问　　　D. 外部链接

2. 关于关键词的筛选，下列做法不正确的是（　　）。
   A. 某手机企业根据相关性原则剔除"高性价比箱包"关键词
   B. 小陈通过换位思考根据目标受众的搜索习惯筛选关键词
   C. 小张使用 Excel 和 Python 工具提高筛选效率
   D. 某化妆品网站为获得更多展示机会铺列大量不同行业关键词

3. 知识类词是关于某产品/服务的名词解释、背景/环境、由来、分类等百科类的描述性关键词或询问性关键词，下列关键词中属于知识类词的是（　　）。
  A. 5 000 元钱的电脑哪个好　　　　B. 什么是 1+x 证书
  C. "双 11" 半价　　　　　　　　　D. 考试不及格怎么办

4. 以下关于长尾关键词的说法中正确的是（　　）。
  A. 长尾关键词搜索量更大　　　　B. 长尾关键词竞争相对较小
  C. 长尾关键词是核心词　　　　　D. 长尾关键词是热门关键词

5. 关键词筛选要坚持相关性原则，某酒店设置的关键词有"五星酒店，环境好的酒店，广州酒店，电饭煲"，其中不相关的需要剔除掉的关键词是（　　）。
  A. 电饭煲　　　　　　　　　　　B. 环境好的酒店
  C. 五星酒店　　　　　　　　　　D. 广州酒店

二、多项选择题

1. 在进行搜索排名分析时，可以选择竞争对手网站中的哪些关键词进行对比？（　　）
  A. 品牌词　　　B. 行业词　　　C. 产品词　　　D. 长尾词

2. 分析网站中的关键词排名时，可以通过（　　）途径对关键词进行查询。
  A. 百度搜索　　B. 百度指数　　C. 爱站网　　　D. Chinaz

3. 违规关键词主要是指与"最""级""极"相关的词、与虚假欺骗相关的词，下列关键词中属于违规关键词的有（　　）。
  A. 国家顶级权威机构　　　　　　B. 口碑不错的机构
  C. 全国唯一培训机构　　　　　　D. 专业机构

4. 下列选项中属于关键词数据清洗原则的是（　　）。
  A. 清除掉不必要的重复数据　　　B. 增加违规关键词
  C. 删除无意义与违规关键词　　　D. 处理缺失的数据

5. 在点击率一定的情况下，以下关键词指标可以反映出关键词竞争力强弱的是（　　）。
  A. 跳出率　　　B. 点击量　　　C. 展现量　　　D. 转化率

三、判断题

1. 关键词的搜索指数越高，目标受众搜索的次数也就越大，就会有越多的企业进行该关键词的优化或者竞价，竞争程度也就越大。（　　）

2. 搜索排名分析中的相关词是指与某关键词具有一定相关性的关键词，相关词的数量和搜索指数越大，关键词的竞争程度就越小。（　　）

3. 关键词的搜索指数是指数化的搜索量，反映了关键词的搜索趋势，不等同于搜索次数。（　　）

4. 网页 TKD 分析是指对网站的 Title、Keywords、Description 标签进行分析，通常可以通过 TKD 分析确定网站的核心关键词。（　　）

5. 在推广过程中，关键词的平均点击价格越低，表示单次点击付出的费用越少。
（　　）

项目五　搜索竞价营销——SEM

学习目标

知识目标

了解搜索竞价排名广告的排名规则与扣费规则
熟悉创意编辑与目标受众定向的方法
掌握关键词添加与设置的方法和技巧
掌握竞价排名广告的营销方法和搜索引擎固定广告位的品牌推广方法
掌握搜索竞价营销的数据分析方法

技能目标

能够结合搜索引擎广告规则、关键词添加与设置的方法以及目标受众定向和创意设置的方法，完成搜索竞价排名广告营销
能够结合不同阶段目标受众搜索词的特点，完成面向不同阶段受众的品牌推广
能够结合搜索竞价营销数据分析的方法，利用数据分析工具，进行多维度的搜索竞价营销效果分析

思政目标

遵守法律法规和公序良俗，在搜索竞价营销过程中营造良好的网络生态
树立公平竞争意识，营造公平竞争的健康营销环境
培养正确处理企业营销行为与目标受众需求关系的意识，坚决抵制误导目标受众的错误行为

案例引入

安丘青云山的 360 搜索推广营销活动

安丘青云山民俗游乐园位于山东省安丘市，是国家 AAAA 级旅游景区，一处大型综合性旅游景区。在 2019 年清明节前夕，安丘青云山与 360 推广合作，通过区域定向、物料定制、分阶段投放策略的"一站式服务"，实现了在目标区域获客的营销目标，为景区线下引流大量游客。同时，通过活动期间的大量曝光，成功地为品牌形象加分，实现了在目标区域内吸引更多游客、提升品牌影响力的营销目标。

（1）深度挖掘客户需求，在区域内定向圈定正确的目标人群，保证后续所有内容呈现"弹无虚发"的状态。360 推广以在目标区域内获客为营销目标，利用大数据及 LBS 技术进行定向，精准圈定景区周边城市为营销投放区域，确保投放区域内的每一个目标消费者都能够接收到安丘青云山的活动信息，从而有效提升营销效果。

（2）设计制作优质的创意物料，将目标群体的注意力聚焦于品牌信息。经过对安丘青云山的了解和沟通，360 推广的策划人员根据其民俗文化的特征和景区内花卉种类、数量繁多的特色，分别在清明节和五一劳动节期间制定了"民俗节"和"最美赏花季"两个活动推广主题，意在吸引更多不同喜好的游客。360 推广对应这两个主题设计制作了两套风格迥异的物料，充满创意的"高颜值"物料吸引了目标群体的眼球，成功提升了推广效果。同时，创意物料的优秀质感，也提升了安丘青云山在消费者心目中的品牌形象。最终，安丘青云山收获了 5.8 万次的点击量，直接售出门票 3 000 余张，为景区在线下引流了大量游客，同时也通过活动信息的大幅曝光，增加了品牌知名度。

从此次营销活动中可以看出，安丘青云山 360 搜索推广营销活动的成功离不开优秀的投放策略和优质的创意物料，将目标群体的注意力聚焦到品牌信息上，最大程度地吸收了流量；而 LBS 定向是营销中圈定正确目标人群不可或缺的"利器"，提高了在周边区域的知名度和美誉度，真正做到了"品效合一"。

工作任务一 搜索竞价排名广告营销

搜索竞价排名广告可以全面而有效地利用搜索引擎来进行品牌传播和推广，并产生商业价值。相关岗位人员的主要工作内容包括：负责网站竞价广告投放，网站关键词分析、评估、建议，以及公司网站广告账户日常优化管理；根据网站阶段性投放策略及时调整投放计划，积极收集、总结、分析产品营销过程中的市场信息，提供建设性的意见和建议；分析、评审搜索引擎付费关键词的相关性、合理性，并改进投放效果；创建相关的、精准的关键词列表和展示位置列表并进行合乎逻辑的主题分组；优化广告文案，在保证相关性的前提下提高点击率。因此，要完成搜索竞价排名广告营销工作，就必须掌握搜索竞价排名广告的规则、关键词添加的原则与技巧、关键词匹配方式与出价方式设置的方法、创意编辑的技巧、目标受众定向的技巧等相关知识与技能。本任务的主要工作过程如下：

(1）查看竞价账户推广的网站能否正常打开以及客服转接页面是否能正常打开。

(2）制作每天账户的数据报表，分析数据报表。

(3）对自己的相应账户进行调价，查看每天高消费关键词的效果，对无效果的关键词进行综合分析。

(4）根据历史表现评估关键词的效果，选出优质关键词并将其作为重点。

(5）否定并剔除无效且匹配不当的关键词。

(6）对核心重点关键词进行创意优化。

(7）统计账户投放时段和地域效果，对效果好的时段、地域确保重点词排位。

(8）分析目标受众分布，调整并优化目标受众定向。

一、搜索竞价排名广告规则

搜索竞价排名规则是搜索引擎对不同企业的不同广告进行排名的规则，同时也为企业的搜索竞价营销工作指明了方向，使企业能够清楚地知道如何进行竞价营销以及针对具体的营销效果如何进行分析和改进。

1. 广告排名规则

搜索竞价排名广告是一种按点击付费的广告服务，企业广告排名位置由主要网页的综合排名指数决定，综合排名指数由关键词质量度及出价（竞价价格）决定。其计算公式为：

$$综合排名指数 = 关键词质量度 \times 出价$$

由此可知，要想使广告信息获得好的排名，企业应当努力提高账户关键词质量度，适当提高关键词的出价，但需要注意，出价并不是越高越好。

拓展阅读

竞价排名商品或者服务应当显著标明广告

根据《中华人民共和国广告法》（以下简称《广告法》）第十四条的规定，广告应当具有可识别性，能够使消费者辨明其为广告。大众传播媒介不得以新闻报道形式变相发布广告。通过大众传播媒介发布的广告应当显著标明"广告"，与其他非广告信息相区别，不得使消费者产生误解。广播电台、电视台展示、发布广告，应当遵守国家有关部门关于时长、方式的规定，并应当对广告时长做出明显提示。

《中华人民共和国电子商务法》（以下简称《电子商务法》）于2019年1月1日正式实施，根据其规定，电子商务经营者向消费者发送广告的，应当遵守《广告法》的有关规定。电子商务平台经营者应当根据商品或者服务的价格、销量、信用等以多种方式向消费者显示商品或者服务的搜索结果；对于竞价排名商品或者服务应当显著标明"广告"。

搜索引擎广告的排名很大程度上决定着消费者到底将点击哪个企业，购买哪家产品。据了解，当下搜索引擎平台的很大一部分收入来自平台内企业的广告投放。若没有明显的标识，企业往往会竞价购买获得靠前的搜索结果展示，以使消费者点击概率提高。但这样损害的是消费者的利益，将误导消费者对商品或服务的评价。明确竞价排名的广告属性，将更好地保护消费者的知情权，并通过必要的限制来避免可能出现的不正当竞争行为。

（1）关键词质量度。关键词质量度是搜索竞价排名广告中衡量关键词质量的综合性指标，企业广告账户中每个关键词都会获得一个质量度得分，通常以 10 分制呈现。质量度可以反映目标受众对企业推广的关键词及广告创意的认可程度。质量度得分越高，代表系统认为企业的推广结果和落地页对于看到推广结果的目标受众来说更具有相关性，同等条件下赢得潜在目标受众关注与认可的可能性更高。如果关键词质量度为 0 分，企业推广的信息无法获得广告展现的资格。影响关键词质量度的因素主要有以下几个方面：

① 点击率。点击率是指网页的点击率，是搜索引擎中网页的点击量占展现量的比例，点击率的高低是影响关键词质量度的重要因素，较高的点击率表示目标受众对企业广告信息的关注和认可程度较高。系统主要参考企业网页中关键词的历史点击率和账户的当前设置。目标受众搜索词、企业购买关键词、对应的创意、创意展现样式，以及推广落地页的内容、搜索词与广告信息之间的相关性等都会影响企业网页中关键词的点击率。

② 相关性。相关性主要是指关键词与目标页面的关联程度、关键词与创意内容的关联程度。换言之，关键词要紧扣所访问的页面，创意要紧扣关键词。与搜索排名规则中的相关性相同，关键词质量度中的相关性主要由关键词匹配度、关键词密度、关键词分布、关键词权重标签、语义相关性等决定。关键词与创意内容、目标页面的相关性是为了保证目标受众搜索关键词后看到的创意内容符合搜索需求；同时确保他们点击查看网页信息后，网页内容同样符合目标受众的搜索需求。

③ 落地页体验。落地页体验主要衡量企业推广的落地页内容和质量。优秀的落地页不仅能给目标受众带来良好的体验，还有助于企业更好地展现产品和服务信息。企业推广的落地页是否被系统抓取，呈现内容是否清晰、充实、易于浏览等都是影响落地页体验的因素。在不考虑影响排名的其他因素时，推广落地页的体验越好，排名就越有机会靠前显示。

④ 账户历史表现。账户历史表现首先要保证账户没有出现违规处罚信息，在网站历史推广过程中添加违规内容、设置禁用词等都会影响账户的历史表现。一般而言，老账户的关键词质量度大于新账户的关键词质量度，稳定账户的关键词质量度大于不稳定账户的关键词质量度。

（2）关键词出价。关键词出价是指企业愿意为广告被点击一次所支付的最高价格，其不是由搜索引擎设定的，而是由企业自行设定的。这里有两点需要特别注意，一是这个价格是企业愿意支付的点击价格，并不是系统实际收取的点击价格；二是企业设定的出价表示该关键词的最高点击价格。出价是影响关键词排名的重要因素，在其他因素都相同的情况下，价格越高，越有机会获得较高的排名，但是通过提高出价的方式提高广告排名往往会导致扣费较高，所以要合理设置出价。

关键词出价要高于关键词最低展现价格，也就是底价，不同关键词的最低展现价格相同。一般来说，在设置关键词出价时，如果关键词出价低于最低展现价格，关键词无法正常投放，也就无法获得展现机会。

2. 广告扣费规则

广告扣费规则是指在搜索引擎中进行广告投放时，搜索引擎广告平台向企业收取费用的规则。根据广告平台的设定，广告主可以按照不同的方式进行出价；而在不同的广告出价方式下，平台会有不同的广告扣费方式。常见的有按点击扣费（Cost Per Click，CPC）、按展现扣费（Cost Per Mille，CPM）、按转化扣费（Cost Per Action，CPA）、按时间扣费（Cost Per Time，CPT）、按成交扣费（Cost Per Sales，CPS）等方式。

（1）按点击扣费。按点击扣费是指按照被点击的次数进行扣费的方式。大部分搜索引擎广告平台均有此种扣费方式。当目标受众点击平台上的 CPC 广告后，平台就会按照点击扣费公式进行扣费。广告平台会识别恶意点击与无效点击，恶意点击与无效点击不扣费。

（2）按展现扣费。按展现扣费是指按每千人展示的成本扣费的方式。只要展示了广告主的广告内容，广告主就为此付费。

（3）按转化扣费。按转化扣费是指按实际投放效果进行出价，进而达成转化扣费的方式。它按反馈的有效问卷或订单的数量来计费，不限制广告投放量。

（4）按时间扣费。按时间扣费是指以固定时间周期来出价和对应扣费的方式，一般来说扣费等于出价。国内主流广告平台都有按照"一个月多少钱"或"一周多少钱"这种固定模式扣费的广告。例如，百度的品牌专区、品牌起跑线、品牌华表等广告营销工具都以购买关键词包的形式按照一定周期出价。

（5）按成交扣费。按成交扣费是指通过实际销售量出价，进而达成成交扣费的方式。通常而言，此方法更适合购物类 APP 的推广，但是需要收集精确的流量数据进行统计和转换。

拓展阅读

搜索引擎竞价推广岗位职责

随着互联网的发展，数字营销人才越来越重要，搜索引擎竞价推广是数字营销中比较受欢迎的职位，需求量大且就业薪资相对较高。下面是常见的搜索引擎竞价推广岗位职责及任职要求，以供参考。

1. 某企业搜索引擎竞价推广岗位职责

（1）负责公司 SEM 投放策略和优化策略的制定。

（2）负责百度、360、搜狗、神马等搜索引擎 SEM 账户的深度优化工作。

（3）灵活进行相关数据的统计和整合，并对优化效果进行追踪评估，制定推广方案。

（4）负责账户关键词搜集、筛选、账户策划和创意撰写；分析同行 SEM 排名并进行实时调价。

（5）灵活控制成本和预算投入，创造咨询量，最大程度提高 ROI。

（6）定期对推广情况进行总结并提出下一阶段的推广建议和思路，对自己的 SEM 工作效果负责。

2. 任职要求

（1）市场营销、网络营销、统计学、电子商务、互联网等相关专业优先。

（2）拥有丰富搜索引擎广告投放经验者优先考虑。

（3）具有良好的沟通能力和出色的文案编辑写作能力。

（4）执行能力强，工作认真细致，对数据有较强的敏感性。

二、关键词添加与设置

在搜索竞价营销过程中，关键词可以直接让企业的网站在互联网众多的竞争者中脱颖而出，好的关键词设置还能在显著减少广告费用的同时提升营销效果。在本小节中，需要重点了解关键词添加、关键词匹配方式设置和关键词出价设置的相关知识内容。

1. 关键词添加

1）关键词添加的步骤

（1）新建推广计划或选中需要添加关键词的推广计划。

（2）新建推广单元或选择需要添加关键词的推广单元。

（3）单击"添加关键词"按钮，进入关键词工具页面，如图5-1所示。

关键词	展现指数	点击量	推荐价格	点击率	竞争激烈程度
iphone手机	13400	2650	6.4	19.70 %	6
什么手机好用	7300	834	2.93	11.40 %	8
手机解锁	460	76	5.15	16.50 %	9
手机触摸屏	450	54	3.68	12.00 %	7
手机找人	125	21	5.82	16.80 %	7
手机输入法	620	106	5.34	17.00 %	9
一元手机	3800	483	1.51	12.70 %	20
全透明手机	7000	910	1.84	13.00 %	18
待机王手机	56	6	3.08	10.70 %	10

图5-1 关键词工具页面

（4）写入需要添加的关键词，或者在"搜索关键词"框中用核心关键词进行扩展。选择符合营销目标的关键词进行添加。

拓展阅读

淘宝直通车智能推广

淘宝直通车智能推广是淘宝平台提供给网店经营者的一种平台内的关键词流量购买工具。智能推广直通车不需要关键词，由网店经营者选择推广商品，设定出价上限，系统便会根据一定的机器算法与大数据积累，面向不同人群，智能推广关键词并调整出价、创意等，精准投放相对应的宝贝。智能推广利用人工智能技术实现商品的推广，可以大大降低推广难度与推广成本。

随着大数据、人工智能算法的不断发展与成熟，这些技术也同样在数字广告领域落地生根，从而尽可能地节省劳动力，提高数字广告的投放效率与效果。

2）关键词添加的原则

（1）与企业产品或服务相关的原则。搜索竞价排名广告添加的关键词要遵循与企业产品或服务相关的原则。可以对企业网站提供的产品和服务内容进行分析，筛选出与网站业务相关度较高的关键词作为核心关键词完成关键词添加。具体来说，可以对企业网站上的整个产品线进行分类，将每条产品线下面的关键词作为核心关键词进行添加。

（2）精准性原则。关键词要尽量精准，关键词越精准，搜索该关键词的意图越明确，就越能够为企业带来更多的精准流量，点击转化效果就越好，对排名提升也会有很大的促进作用。在某些特殊情况下，如追求最大程度的品牌曝光时，可选择比较宽泛的关键词。越宽泛的关键词，其对应的信息需求种类越多，宽泛关键词对应的目标受众的搜索意图有可能是购买相关产品，但更多的也许是其他方面的需求，并不一定会导致消费行为。在竞价推广中，企业必须为目标受众的每次点击付费，虽然企业希望尽量只为那些能够转化为自己客户的人支付点击费用，但含义宽泛的关键词却可能带来相反的结果。

（3）营销目标原则。营销目标是筛选关键词的重要参考依据，不同的关键词有着不同的营销价值，带来的效果也不相同。品牌词的转化率和点击率都比较高，如果从效果指标上进行比较，品牌词通常具有很大的优势；产品词的点击率、点击量比较高，但转化率一般。关键词的添加不可盲目，千万不要认为搜索量越大，关键词就越能给自己的网站带来良好的效果，搜索量越大，竞争越激烈，价格也会越高，所以要尽量使用具有一定搜索量且竞争压力比较小的关键词，适当降低优化难度。

（4）预算原则。除了营销目标外，还需要考虑预算，毕竟企业以追求经济效益为首要目标。当企业以市场拓展为营销目标而预算又有限时，可以考虑将人群词和产品词加入关键词列表；如果企业预算非常充足，可以将竞品词和活动词也加入推广单元中，这类词可以实现的营销效果也是多重的，推广人员要根据具体情况考虑是否使用。

（5）符合相关国家标准原则。关键词应当符合 GBK 汉字编码国家标准，可以包含汉语拼音、英文大小写字母、阿拉伯数字和空格、短横线（-）、点（.）等符号，不能添加特殊符号、全角字符、粗体字符、非中英文字符和繁体中文字符。

2. 关键词匹配方式设置

关键词匹配是指目标受众搜索关键词与广告主设置的推广关键词的匹配程度。在不被搜索引擎打击、不恶意堆积关键词的情况下，匹配度越高，排名效果越好。关键词匹配方式设置大致可分为以下四种：

（1）精准匹配。精准匹配是指搜索关键词与推广关键词二者字面完全一致，用于精确严格的匹配限制。一般的精准匹配条件较为严格，若搜索词中包含其他词语，或搜索词与推广词的语序不同，均不会展现对应的内容，如图 5-2 所示。

部分平台精准匹配的匹配条件相对宽松，当搜索词与推广词完全一致或仅词序不同时，广告均有机会展现，如图 5-3 所示。

精准匹配的优势：第一，只有当目标受众搜索词与推广词完全一致时，广告才有机会展现，所以精准匹配的最大优点是"定位精准"。第二，企业广告预算有限时，可以有效控制花费。第三，部分关键词出价过高时，设置精准匹配，可以让价格相对较高的关键词只"抓"精准客户。

广告主购买关键词	展现机会	用户查询
连衣裙长款	不完全相同 无展现机会	用户查询1 长款连衣裙
连衣裙长款	完全相同 有展现机会	用户查询2 连衣裙长款
连衣裙长款	不完全相同 无展现机会	用户查询3 夏季连衣裙长款

图 5-2 严格精准匹配

广告主购买关键词	展现机会	用户查询
连衣裙长款	完全相同 有展现机会	用户查询1 连衣裙长款
连衣裙长款	交换顺序 有展现机会	用户查询2 长款连衣裙
连衣裙长款	不完全相同 无展现机会	用户查询3 连衣裙

图 5-3 宽松精准匹配

精准匹配的劣势：精准匹配会显著降低广告的展现机会，会失去大量捕获潜在客户的机会。

（2）短语匹配。短语匹配是指搜索关键词完全包含推广关键词（包括关键词的同义词）或关键词位置颠倒时，系统有可能会展示推广广告。短语匹配可分为以下三种类型：

① 短语精确包含：当匹配条件是目标受众的搜索词完全包含推广的关键词时，系统才有可能展示广告。例如，推广关键词为"奶粉"，目标受众搜索"购买奶粉""婴儿奶粉""奶粉价格"等关键词时，都可以匹配，而搜索"牛奶米粉"时不匹配。

② 短语同义包含：当匹配条件是目标受众的搜索词完全包含推广关键词或关键词的变形（如插入、颠倒和同义）时，系统才有可能展示广告。例如，推广关键词为"婴儿奶粉"，目标受众搜索"婴儿奶粉价格""幼儿奶粉""奶粉婴儿"等关键词时都可以匹配，且有机会展现。

③ 短语核心包含：当匹配条件是目标受众搜索词包含商品关键词、关键词的变形（如插入、颠倒和同义）或包含推广关键词的核心部分、关键词核心部分的变形（如插入、颠倒和变形）时，系统才有可能展示广告。例如，推广关键词为"婴儿奶粉"，目标受众搜索"婴儿奶粉价格""幼儿奶粉""奶粉婴儿"关键词都可以匹配，搜索"奶粉""二段奶

粉"也可以匹配。

短语匹配的优势：与精确匹配相比更为灵活且能获得更多潜在客户的访问，与广泛匹配相比则有更强的针对性且可能有更高的转化率。短语匹配的劣势：获得的展示次数不够多，介于广泛匹配与精确匹配之间，转化率没有精确匹配高。

（3）广泛匹配。广泛匹配是指搜索关键词完全包含推广关键词，或者包含词序不同甚至不连贯的关键词时，商品均有机会展现。广泛匹配是最宽泛的匹配方式，也是系统默认的匹配方式。系统有可能对匹配条件进行延伸，扩展至关键词的同义词、近义词、相关词以及包含关键词的短语等，如图5-4所示。

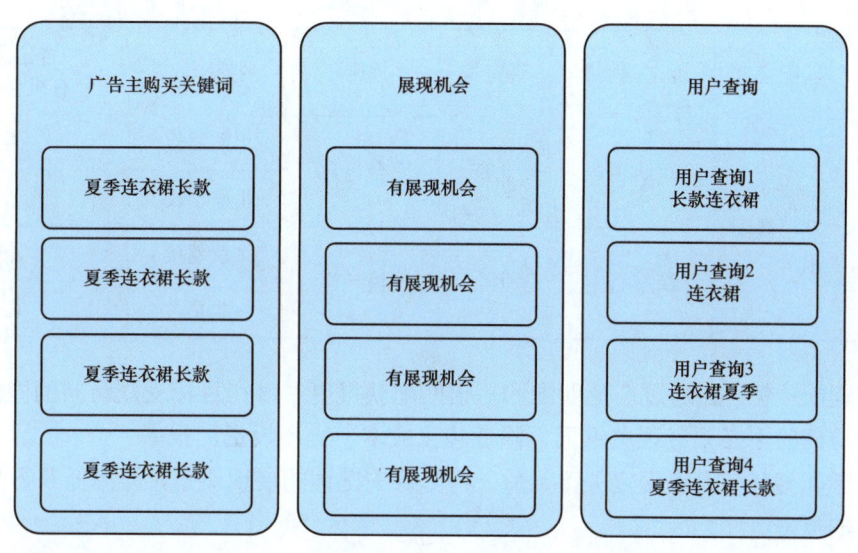

图5-4 广泛匹配

广泛匹配的优势：可以定位更多的潜在目标受众，捕捉更多的商机。展现机会多，能给买家留下更深刻的潜在印象，有可能带来大量点击，触发较多的点击消费，提升品牌知名度。节省时间与精力，不需要提交所有相关关键词，不必担心漏掉关键词。

广泛匹配的劣势：点击访问的针对性不足，转化率比精确匹配和短语匹配低。与精准匹配相比，推广费用会更高。由于对应单个关键词的搜索词量大，无法灵活控制关键词的排名与出价。

（4）否定匹配。否定匹配也叫作否定关键词，设置某个关键词为否定匹配时，目标受众搜索该关键词或该关键词的相关词，广告信息不展现。对于那些可能被匹配但与推广意图不符合的关键词，可以将他们添加到否定匹配关键词中来阻止对应的广告信息展现。企业通常选择自身关键词反面或者非经营业务类的词作为否定关键词。否定关键词否定了部分没有用的搜索词，也就减少了关键词的无效展现次数，提高了关键词的点击率，从而提高了关键词的质量度。否定匹配一般包括短语否定关键词与精确否定关键词。

① 短语否定关键词。在账户中添加短语否定关键词后，只要目标受众的搜索词完全包含这个短语否定关键词，广告信息就不会展现。例如，推广关键词为"北京旅游"，匹配模式设置为广泛匹配。在搜索时发现，搜索"北京驾校"也能找到企业的广告信息，则可以分析出搜索"北京驾校"的目标受众并不是意向客户。这样就可以利用短语否定关键

词否定"北京"。以后只要目标受众的搜索词包含"北京",如包含"北京驾校""北京学校"这类词时,企业的广告信息就不会展现。

② 精确否定关键词。经营者在账户中添加"精确否定关键词"后,只有目标受众的搜索词与"精确否定关键词"一模一样时,广告信息才不会展现。仍以推广关键词"北京旅游"为例,匹配模式是广泛匹配,当目标受众搜索"北京"时,也能找到企业的广告信息。把"北京"设置成"精确否定关键词",这样目标受众在只搜索"北京"时,广告信息不会展现。否定匹配设置如表 5-1 所示。

表 5-1 否定匹配设置

关键词	匹配模式	否定词类型	否定词	规则	搜索词	广告信息是否有机会展现
北京旅游	广泛匹配	短语否定	北京	完全包含	北京驾校	否
					北京学校	否
		精准否定	北京	一模一样	北京驾校	是
					北京	否

否定匹配优势:在通过广泛匹配和短语匹配获得更多潜在目标受众访问的同时,滤除不能带来访问的不必要展现关键词,降低转化成本,提高投资回报率。

否定匹配劣势:设置否定关键词后,将降低关键词的展现概率,即降低获得潜在目标受众关注的概率。

企业在设置关键词匹配方式时,可以组合使用多种匹配方式,其中广泛匹配和短语匹配能够让创意展现在更多潜在受众面前,从而带来更多曝光机会,精准匹配定位精准目标受众,提高点击与转化效果。

3. 关键词出价设置

出价作为商业策略的一部分,将受到搜索引擎隐私机制的严格保护,所有企业的出价信息和出价策略对他人均不可见。掌握关键词的出价方法与技巧可以降低广告花费。

1)关键词的出价方法

(1)关键词批量出价。为了减少关键词维护的工作量,在关键词添加后可以对关键词批量出价,批量出价的方式主要有按默认出价、自定义出价、按市场平均价的百分比出价、按底价或底价的百分比出价等,不同搜索引擎广告平台有不同的批量出价方式。

(2)关键词单独出价。为了进行更精细的关键词出价维护,在添加关键词后,要逐一对每个关键词设置单独出价。

关键词出价的设置既可以在推广单元层级进行,也可以在关键词层级进行。推广单元层级的出价是该推广单元下所有关键词的统一出价,即批量出价,单元内关键词没有单独设置出价时均默认为按照单元出价。关键词层级的出价是该关键词的单独出价,在为关键词和其所在的推广单元同时设定出价的情况下,以关键词出价为准。关键词出价方法如表 5-2 所示。

表 5-2　关键词出价方法

项目	出价方法
关键词	最优先级　仅用作该关键词
单元	次优先级　作用于该单元内所有的关键词

（3）关键词智能出价。部分搜索引擎提供了这种出价方式供广告主选择，如百度的 OCPX 出价系统，会在广告主出价基础上基于多维度实时反馈和历史积累数据出价，并根据预估转化率和竞争环境变化动态调整，以优化广告排序，帮助广告主获得最适合的流量，降低广告成本。

2）关键词的出价技巧

（1）按照时段出价。不同时段的目标受众群体及数量不同，关键词的搜索量也不同，所以不同时段的关键词价格也有所不同，可以根据不同时段进行调价，常见的高峰时段一般为 9:00—11:00、14:00—17:00、20:00—22:00 等。随着时间段的不同，关键词出价也应该随之变化。

（2）按照地区出价。不同推广地域的目标受众群体及数量不同，关键词的搜索量也不同，对于同一个或同类关键词，各个地区的出价并不相同。例如，北上广等一线城市的出价普遍要高于二三线城市，可针对不同城市设置不同的出价。

（3）根据关键词性质出价。关键词按性质可以划分为产品核心词、属性词、营销词、品牌词等类别。一般来说，产品核心词搜索量较大，属性词搜索量较小；相较而言，产品核心词的出价要适当高于属性词。营销词在有营销活动时段（如"双11"）内搜索量较大，可以在活动周期内设置高出价。不同企业品牌知名度不同，目标受众搜索品牌词的频率也不相同，知名度高的企业的品牌词搜索量较高，知名度低的企业的品牌词搜索量较低。一般而言，在企业进行竞价广告排名时，知名度高的企业品牌词的出价要高于知名度低的企业。

（4）按照排名出价。对于竞价排名广告的展示位置而言，排名越靠前，能够带来的展现、点击数量也会越高。但要注意，不是一直排在第一名就一定合适，从竞价排名规则与扣费规则来看，关键词想要获得靠前的排名，在相同的质量度下，出价就应更高。一般而言，通过提高出价的方式获得排名靠前的位置时，若质量度无优势，扣费也会相对较高。

（5）从整体营销成本考虑出价。从账户整体考虑，综合衡量账户的平均点击价格，若某些关键词相较于其他关键词出价过高，则很有可能提高该关键词的点击花费，进而影响账户整体的平均点击价格，提高营销成本。因此，针对个别出价过高的关键词，要从整体营销成本角度考虑进行降价。除了以上内容，关键词出价的技巧还有很多，比如设置不同关键词的投放力度，参考关键词的最低展现价格等。总体来说，企业要通过关键词技巧实现低投入、高转化，促使目标受众完成购买。

三、创意编辑

创意编辑可以理解为对搜索竞价排名广告所展示的创意内容进行编辑。

1. 搜索竞价排名广告创意的作用

（1）让目标受众看。企业推广的最终目的不是在搜索引擎中展现企业的广告信息，而是把企业的目标受众吸引到企业网站，让他们接受企业的广告信息，这个阶段也可以称为"引流"。当目标受众通过某个关键词进行检索时，会在结果页中看到企业的广告信息，这个"广告信息"就是广告创意。在进行广告竞价排名时，需要企业及时把握潜在受众的搜索行为。准确的关键词和独特的创意能够抓住目标受众需求，将产品的特点与优势传达给目标受众。

（2）让目标受众点击。创意以文本、图像、视频的形式呈现在目标受众面前，其实就是用来吸引目标受众点击的广告。出色的创意能使广告在众多企业中脱额而出，在第一时间吸引目标受众的视线，从而带来更多的潜在客户。广告的目的大多是促成订单，广告创意最重要的作用就是让目标受众去点击，把目标受众引流到企业网站，之后利用网站的吸引力、销售及客服人员的业务能力最终促成订单。

（3）提高关键词排名。创意的质量在很大程度上影响关键词的点击率，创意质量越高，关键词的点击率越高；关键词与创意的相关性越高，关键词的质量度也会越高。关键词质量度是影响排名的重要因素，在出价不变的情况下，关键词的质量度越高，排名越靠前。

（4）降低关键词点击花费。创意的质量影响关键词的质量度，由关键词的扣费公式可知，在排名不变的情况下，关键词的质量度越高，关键词的单次点击花费就会越低。

2. 创意编辑

创意是企业展示在搜索目标受众面前的推广内容，包括标题、描述、访问 URL 和显示 URL。关键词的作用是帮助企业找到尽可能多的潜在受众，而创意决定了是否能吸引这些潜在受众，进而促使他们产生点击行为并进入网站。因此，掌握创意的撰写要求和技巧非常重要。SEM 创意编辑有四个操作技巧：创意飘红、创意相关、语句通顺、具有吸引力。

（1）创意飘红。创意展现在用户面前时，标题、描述中部分文字以红色字体显示，称为创意飘红。当创意文字包含的词语与目标受众搜索词包含的词语完全一致或意义相近时，在搜索结果展现中就会出现飘红。为了使创意包含更多的飘红，创意中应尽量多出现与搜索词一致的内容。创意飘红能够有效吸引目标受众的注意，如图 5-5 所示。

图 5-5 创意飘红

在 SEM 中，通配符是一种特殊的创意关键词控制符号。添加通配符能够增加创意飘红的概率，在创意中合理、适当地插入通配符后，通配符位置会显红，使展现结果更醒目，从视觉上提升吸引力，从而提升质量度。通配符的个数要适当，在撰写创意时，除了添加通配符外的文字部分，还可以适当多添加核心业务词，这样当目标受众搜索时，搜索词包含核心业务词的概率会比较大，从而使创意中的这些核心业务词也飘红。也可以使用地域通配符使地域词飘红，当创意中展示目标受众所在地域时，会增加创意与目标受众的相关性。

（2）创意相关。所谓相关，就是指创意要围绕关键词撰写，并和公司的产品业务紧密相关。关键词、创意、落地页之间要保证相关性。创意相关性是影响关键词质量度的重要因素。增强目标受众搜索词、触发关键词和展现创意之间的相关性，可以提高关键词质量度，这意味着推广成本的降低和投资回报率的提高。

（3）语句通顺。不通顺的创意会增加目标受众的理解成本，不仅影响企业形象，也会降低客户对企业的信任以及对企业实力的判断，甚至不能引起目标受众的关注。在撰写创意时，如果添加通配符，关键词被触发时就会替换通配符中的默认关键词；因此，在使用通配符时要保证替换后的创意语句通顺，不重复，符合逻辑。

（4）具有吸引力。创意要有卖点并将其突出，有吸引目标受众的能力。也就是说，在创意中要突出企业的价格优惠力度、促销产品，以及独特优势等。还可以按照创意生产的方法（如 FAB 法则、角色扮演法等）编辑具有吸引力的创意内容。

四、目标受众定向

目标受众定向又称目标人群定向、人群定向、人群溢价，是指在搜索引擎营销过程中，如果企业愿意为指定的受众人群标签设置溢价比例，当指定的受众出现时，系统会在原来出价的基础上增加相应的溢价比例出价，使广告排名更加靠前，以便让具有更大转化价值的目标受众优先看到。

溢价是指愿意为指定的流量加价，通过目标人群提高出价系数的方式进行拓流，同样也可以通过对非目标人群降低出价系数的方式进行排除。假设广告主为目标人群设置了溢价比例，当受众进行搜索时，系统会自动进行人群识别。若识别为目标人群，则执行溢价后的出价（此时目标人群投放最终出价为关键词出价与人群包出价系数的乘积），以此提高排名和展现概率，实现高转化预期；若无法识别为目标人群，则按照原关键词出价正常投放；若识别为非目标人群，系统会自动退出竞价，不展现广告。

1. 目标受众定向的原理

目标受众定向是在关键词定向基础上叠加目标受众定向，区分人群价值，设定差异化竞价，针对高价值人群高出价，精细化控制 ROI，实现精细化的受众定向。同样的搜索词，搜索人群不同时，潜在转化意图可能会有差异，统一的投放策略无法进行差异化运营，因而可通过"溢价"调整广告竞价价格，增加目标受众的展现概率，降低非目标人群的商品展现概率。

2. 目标受众定向的方法

在进行目标受众定向时，需要结合目标受众分析，确定产品或服务的使用人群、目标受众的行为标签、消费特征等，然后根据搜索引擎广告平台提供的标签进行定向。可以从不同维度进行目标受众的定向，合理使用不同的定向技巧，排除非目标受众的广告投放，把钱花到更有价值的目标受众身上。

（1）目标受众定向。搜索引擎不同，人群定向分类的方法不同，提供的人群标签也不同，但定向的方式基本相同。目标人群定向的方式基本可以分为基础属性定向、行为定向、场景定向和兴趣偏好定向。

① 基础属性定向。基础属性定向是指通过性别、年龄、人生阶段、收入、学历、设备类型、商圈地域等维度定位目标受众。其中商圈地域定向指的是根据目标受众的实时地理位置或者常驻地理位置进行定向，以帮助企业触达目标区域内的受众。

② 行为定向。行为定向是指根据目标受众的历史行为定向，其包含的范围最广，APP行为定向、电子商务行为定向、资讯行为定向、再营销人群定向均属于这种定向方式。APP行为定向主要是定向安装了某类 APP 的目标受众；电子商务行为定向主要是指点击、收藏、加购、购买某些商品的目标受众；资讯行为定向主要是指对某些文章等资讯具有浏览、收藏、转发、点赞等行为的目标受众；再营销人群定向是定向历史互动人群，主要是指有过广告展现、点击、转化等行为的目标受众。

③ 场景定向。场景定向主要是针对节日场景、活动场景的定向，如春节、中秋节、国庆节等，定向对特定场景感兴趣的目标受众。

④ 兴趣偏好定向。兴趣偏好定向主要是通过目标受众关注的行业、兴趣标签分类进行定向，如浏览兴趣、购买偏好等，定向具有特定兴趣偏好的目标受众。

（2）目标受众出价。在进行目标受众定向出价时，需要分析广告业务的目标受众，定义目标人群，使用出价系数，梯次化设置，一般可采用低出价高溢价、高出价低溢价和先正常出价再慢慢溢价等技巧。

① 低出价高溢价。低出价高溢价是指关键词出价低，人群溢价高，这是一种面向精准人群出价的方式，广告主清晰地知道自己的目标受众属性，通过关键词出低价、精准人群高溢价的方式过滤不必要的点击和展现，提高转化率。在预算有限时，企业可以使用此方法，把钱花在需要的关键地方。

② 高出价低溢价。高出价低溢价是指对关键词进行较高的出价，人群溢价出价较低，甚至不进行溢价。在对关键词进行出价时，高出价的关键词排名就会提高，进而会带来高展现量和点击量。这种出价方法影响最小，关键词流量较稳定，但缺点是花费较高。新手企业在不知道目标受众群体的特征时，可以采用这种办法，推广后可根据人群画像重新定向目标受众，并提高目标受众的出价。如果企业主营商品是标品，消费周期较长，就可以出高价保证广告排名靠前，低人群溢价。在品牌积累了一定的忠实消费者后，可以根据消费周期，适当地提升人群溢价的比例。

③ 先正常出价再慢慢溢价。先正常出价再慢慢溢价是指逐步提升溢价，提高人群排名的精准度，提高点击率，圈定精准人群。这种方法适合网站流量比较少，层级比较低，搜索流量比较少的小类目产品企业。

任务演练

搜索竞价排名广告营销

一、任务目标

（1）能够根据主营业务内容建立推广计划，并完成推广地域、推广时间和预算金额的设置。

（2）能够根据企业主营业务，建立推广单元并完成单元出价和创意的设置。
（3）能够根据主营业务内容与目标受众搜索词分析，完成关键词添加与出价设置。

二、任务背景

经过一段时间的搜索排名优化，网站排名和流量都有所提升，为了快速定位意向受众，获取精准流量，杨军决定通过搜索竞价排名广告对企业品牌进行推广。在整个搜索引擎营销的过程中，关键词是至关重要的，不同的关键词有不同的商业价值。通过关键词分析可以清楚地掌握目标受众的搜索意向，进而采取不同的营销策略。杨军对营销策略已经有了一个比较清晰的思路。在接下来的营销过程中，主要是新建推广计划与推广单元，根据营销目标添加合适的关键词，完成创意编辑，并设置推广地域、推广时间和预算金额等。

三、任务分析

关键词搜索推广的主要内容包括计划、单元、关键词三个层级。在计划层级下，根据公司主营业务和产品销售目标设置预算金额、推广地域及推广时间，通过新建计划，完成推广业务、推广网址的设置。在单元层级下，根据公司主营业务的内容和产品信息，完成单元名称、单元出价的设置。在关键词层级下，主要是添加关键词并修改关键词出价。添加关键词时主要的分析指标有相关性、搜索人气、点击率等。相关性是指选择与企业主营业务内容相关性高的关键词；搜索人气及点击率是指选择搜索人气及点击率高的关键词。创意需要围绕公司的主营业务内容、产品信息、添加的关键词进行编辑。

四、任务操作

（1）根据企业主营业务内容与用户需求，完成新建计划，并完成计划名称、推广地域、推广时间、预算金额的设置。
（2）新建推广单元。
（3）根据关键词分析结果，筛选出符合要求的营销关键词，添加至关键词列表，完成关键词出价等一系列操作。
（4）完成广告展示创意编辑。
（5）可尝试定向目标受众并进行溢价处理。

五、任务评价

本任务评价内容如表5-3所示。

表5-3 搜索竞价排名广告营销任务评价

评价方式	客观评价
评价内容	能完成推广计划、推广单元的新建工作
	能完成关键词的添加与出价
	能完成创意的设置
	能获得一定的展现量和点击量

六、任务拓展

（1）为了获得更好的推广效果，杨军决定对推广计划进行分类管理，按照不同的产品制订推广计划，在不同的推广计划内尽可能多地添加关键词并完成一个周期的广告推广。

（2）结合本任务演练，请完成服装行业网站的搜索竞价排名广告营销推广。

工作任务二　固定广告位品牌营销

　　固定广告位品牌营销的广告位于搜索结果首页首位的超大黄金首屏位置，以文字、图片、视频等多种广告形式全方位展示企业品牌信息，将最为精华和直接的品牌信息展现在目标受众面前，方便目标受众更便捷地了解品牌官网信息，更方便地获取所需企业资讯，是提升企业品牌推广效果的创新品牌推广模式。但固定广告位品牌营销价格昂贵，为了提高推广效果，需要针对不同阶段的目标受众进行不同维度的推广。对于品牌而言，可以从目标受众对品牌的认知度方面将其划分为未知受众群体和认知受众群体。进行固定广告位品牌营销，就必须了解未知受众的搜索特点和已知受众的搜索特点，并熟悉其推广流程。本任务主要工作过程如下：

（1）确定主要营销目标和营销群体。
（2）根据营销目标协商制作品牌展示物料。
（3）确定广告展示周期和搜索词，进行竞价询价工作。
（4）展示创意制作并进行推广。
（5）分析固定广告位品牌营销效果数据。

一、未知受众品牌推广

　　未知受众品牌推广是指在通用词搜索时让品牌广告出现在搜索结果首位的推广方式，它的主要作用是在目标受众认知过程中传达某品牌在该行业内具有一定的代表地位。例如，当目标受众搜索"越野车"时，出现了某品牌的品牌广告，目标受众就会认为这个品牌的产品在该领域做得好，而且潜意识里会对该品牌产生一定的信赖。

1. 未知受众品牌推广的营销价值

　　未知受众品牌推广主要触达对广告品牌没有认知的潜在目标受众，其目的是开发新流量，符合大多数广告对品牌营销的根本需求。未知受众品牌推广有助于品牌知名度的塑造，其最终产生的营销价值主要体现在以下几个方面：

（1）全面覆盖未知受众。触发关键词为通用词，能够全面覆盖品牌未知受众，影响范围大，能够很好地覆盖那些对某类产品感兴趣，但并未锁定具体品牌的目标受众。

（2）产生品牌联想，引发品牌好感。消费者总是喜欢购买自己熟悉的品牌，就像人们总是喜欢跟自己熟悉的人打交道。熟悉意味着拉近距离，意味着减少不安全感。品牌联想是消费者品牌知识体系中与品牌相关联的一切信息结点，包含了消费者对特定品牌内涵的认知与理解。针对未知受众的品牌推广可以在目标受众搜索新的品类信息时多次大面积地曝光品牌信息，品牌的多次展现会让消费者形成一定的品牌记忆，使消费者熟悉品牌，引发品牌好感，形成一定的品牌记忆与联想。

（3）传递品牌权威性，影响购买决策。目标受众搜索通用词时品牌信息独占首屏首位，可以强调品牌正面信息，同时可以展示品牌的"加V"（正品认证、官网认证等）信息。

这种品牌广告可以在搜索结果页图文并茂地展现出来，支持图片、视频、文字等多种元素的组合，视觉上更加吸引眼球，侧面向目标受众传达品牌具有可靠性、权威性的信息，能有效吸引目标受众了解品牌，提升品牌认知度，加快目标受众的购买决策形成。

（4）弱化竞争品牌影响。目标受众对信息的吸纳一般要经过"过滤"环节，只有那些对受众有用的、新鲜的、有特殊意义的信息，才有可能进入受众的"长时记忆"被存储起来。品牌知名度越高，意味着目标受众对该品牌的印象越深刻，竞争品牌进入目标受众"印象领域"的难度越大。针对未知受众进行品牌推广可以加深受众对品牌的印象，在一定程度上淡化竞争品牌的记忆，弱化竞争品牌的影响。

2. 未知受众搜索词

品牌未知受众的搜索词一般为通用词，当目标受众想要了解品类信息时，会使用品牌词作为搜索条件查询相关信息，如"手机""鲜花""无人机"等。这些关键词表明目标受众有一些模糊的欲望和兴趣，例如，当目标受众搜索"车"或"英语"时，不能确定这个人到底是不是要买车，或者要不要学英语，因为其搜索意图特别模糊。

当目标受众有一定的品类购买倾向时，往往会进一步搜索，进行价格与价值的比较，还会以商品品类或服务业务类型名词为核心，并由其结合排行、对比、价格、外观、性能、口碑、加盟、经验等需求进行拓展，组合出新的搜索词，在这个过程中其搜索意图逐渐清晰，目的是辅助后期购买决策。

3. 未知受众品牌推广的流程

下面以百度通用词品牌专区为例，查看未知人群的品牌推广流程。

（1）询价阶段。需要登录推广网址，进行询价管理，查看是否已经有同行询价在公示。如果已公示，可以直接报名竞价；如果没有，则需要自己进行关键词询价。

（2）公示阶段。提交询价后会进入询价公示阶段，公示阶段的询价包会在搜索区显示结果。在此公示期间，其他广告主可以直接报名参与竞价。公示期结束之后变成竞价阶段，缴纳保证金之后才可以参与竞价。

（3）竞价阶段。如果没有其他广告主与自己竞争，系统统计截止之后就需要缴纳竞价费用；如果有其他广告主竞价，则根据需要进行提价，竞争此投放包。

（4）投放阶段。如果竞价成功会签署合同，签署完成后选择物料上传并等待其通过审核，之后选择创意开启，到约定时间即可自动完成投放。

二、认知阶段品牌推广

品牌认知可以简单概括为对品牌固定的印象和感知。品牌认知可以占领目标受众的心智，这样当目标受众想买一样东西的时候，就会自然联想到某个品牌；即使没有产生联想，也会更信任有认知的品牌。

认知阶段的目标受众对品牌已经有一定的印象和感知，他们开始主动地获取与品牌相关的信息，为了达成购买，目标受众会进一步了解品牌信息，以更多的信息为决定后期购买行为奠定基础。为此，目标受众会通过搜索品牌词和具体产品词的形式了解品牌的详细介绍、产品的竞争力信息、销售信息、价格信息、售后信息等，甚至会搜索其他竞争对手的品牌词和具体产品词进行价格与价值的比较。企业必须在目标受众搜索时，将浓缩提炼的企业品牌信息快速展现在其面前，树立企业的品牌形象，传递品牌价值。

1. 认知阶段品牌推广的营销价值

认知阶段品牌推广对于企业而言有着十分特殊的意义，它实现了在搜索引擎上的品牌传播效能最大化，其营销价值主要体现在以下几个方面：

（1）加深品牌认知。认知阶段品牌推广面向的是具有一定品牌认知度的目标受众。品牌广告展示于品牌词搜索结果页的首页首屏黄金位置，能够使其获得更多关注，容易给受众留下最佳的第一印象。

（2）易于让目标受众接受。内容丰富、图文并茂的品牌信息能够有效缩短信息到达路径，为企业提供便捷的销售渠道，可以将目标受众需要的信息以最短的路径传递到目标受众面前，减少信息传播路径增多带来的销量衰减。

（3）增加权威性。搜索引擎是互联网时代企业重要的沟通渠道，当目标受众想要了解品牌信息时，可以让官方信息的传递变得更加便捷。图文并茂的品牌信息从整体上看更像一个微型的企业网站，在传递给目标受众企业信息的同时，还非常好地传递了"官方""权威""真实"等隐性感受，让目标受众觉得更亲切、更值得信赖。

（4）沟通企业与受众。搜索引擎是目标受众了解热门信息的主要渠道之一，利用搜索引擎做品牌推广是企业最直接的信息发布方式，同时也可以拉近与目标受众的距离，及时发布企业信息，做好正面引导。

2. 认知阶段搜索词

认知阶段的搜索词是特定的品牌词，当目标受众在搜索特定品牌词和产品词时，才会出现相关的品牌广告信息，即品牌广告信息按关键词精准触发。例如，联想公司为"联想"这个关键词购买了品牌专区。当目标受众在百度上输入"联想"时，显示的第一条信息就是联想的品牌广告信息，当目标受众输入其他词时，就看不到联想公司的品牌广告信息。特定品牌词是指明确带有企业品牌名称的关键词，是网站、产品、服务的一个代表性的名字，子品牌词也属于品牌词的范畴，如百度、阿里巴巴、淘宝、雅诗兰黛、链家、安居客、华为等。

特定产品词一般是指具体的产品名称词，如华为 mate 40、Redmi Note 10 等。

3. 认知阶段品牌推广的流程

下面以百度品牌专区为例，介绍认知阶段品牌推广的流程。

（1）提交品牌词。企业需要登录推广网站，根据自身推广需求，结合平台的关键词推荐，自主选择关键词并提交要推广的品牌词。

（2）填写基本信息。基本信息的填写主要包含选择投放的位置、展现样式，预计上线时间、投放周期，以及企业资质文件的上传等。

（3）关键词审核。完成关键词的提交与基本信息的填写后，搜索引擎广告平台会对提交的关键词进行审核，同时也会根据企业的具体情况、各个关键词流量来为企业量身定制品牌方案并提供相应的报价。购买的关键词类型有一定的要求，可购买的关键词有品牌词、产品词、品牌词/产品词+官网、品牌词+产品词、品牌词+行业词、品牌词+专属活动词、娱乐词（电影名、电视剧名、电视节目名等）、地名或旅游景点名等。不可购买的关键词类型有需求词、通用词、客服电话、公关词、争议词、部分顽疾相关词等。具体示例如表 5-4 所示。

表 5-4 可购买的关键词示例

关键词类型	示例
1. 品牌词	如奔驰、宝马、赛菲尔、美联臣
2. 产品词	如迈腾、海飞丝
3. 品牌词/产品词+官网	如奔驰官网、宝马官网
4. 品牌词+产品词	如奔驰 S600、宝马 X5、大众迈腾
5. 品牌词+行业词	如奔驰汽车、海尔洗衣机、赛菲尔珠宝
6. 品牌词+专属活动词	如蒙牛安检员
7. 娱乐词（电影名、电视剧名、电视节目名等）	如《我和我的父辈》《功勋》《国家宝藏》
8. 地名或旅游景点名	如武当山、长隆

（4）报价查看与合同签署。搜索引擎广告平台在进行关键词审核的同时，会反馈具体的报价情况，企业确认投放意向（词包、价格及投放时长）后，需签署品牌专属投放合同并付款。投放费用必须充值到账户的广告资金池完成充值后才可进行账户资质审核、"加V"等操作，直到账户生效。

（5）广告投放。资质审核通过后，需要进行《百度网络发布服务通用条款》的签署确认，之后才能完成整个广告资质审核的流程。签署上述条款后，即可进入品牌专区产品投放管理页面，进行品牌专区广告的投放。

任务演练

未知受众品牌推广

一、任务目标

（1）能根据主营业务内容与目标受众搜索需求，完成面向未知受众的品牌推广关键词词包选择。

（2）能根据主营业务内容和商品信息，结合品牌定位与品牌宣传需求，制作符合品牌形象的创意内容。

（3）能完成针对未知受众的品牌推广，获得品牌推广信息的曝光，提升品牌知名度。

二、任务背景

小米公司是一家以手机、智能硬件和物联网（IoT）平台为核心的互联网公司。小米的品牌个性化形象如表 5-5 所示，主推商品如表 5-6 所示。

表 5-5 小米的品牌个性化形象

品牌名称	小米
品牌 Logo	

续表

品牌定位	为发烧而生
品牌核心价值	真诚和热爱
品牌个性	低价格、高性价比
品牌愿景	让每个人都能享受科技的乐趣，和用户交朋友，做用户心中最酷的公司
品牌口号	永远相信美好的事情即将发生

表 5-6 主推商品

名称	分类	品牌特色
小米 10 至尊纪念版	手机	低价高配
小米 MIX Alpha		
Redmi Note 9		
Redmi Book Pro 14	笔记本电脑	高性价比
小米 Air 13.3		
Redmi G 游戏本		
小米电视 5	家电	智能互联
米家互联网对开门冰箱		
米家空气净化器 3		

为了更好地进行品牌宣传，塑造品牌形象，公司网站设有品牌宣传页、在线社区、售后服务页等。在"6·18"年中大促来临之际，网站推出夏季酬宾活动，活动主题为"夏季酬宾，美好不停歇"，旨在向目标受众传达共创美好未来的真诚愿望。其活动物料如表 5-7 所示。

表 5-7 活动物料

活动主题	夏季酬宾，美好不停歇
活动时间	2021 年 5 月 30 日—2021 年 6 月 25 日
活动落地页地址	https://www.mi.com/buy/seckill
活动宣传图片	
活动内容	（1）价格（薄利多销），满 1 000 元商品减 50 元；满 2 000 元商品减 200 元；满 3 000 元商品减 250 元并送价值 99 元耳机一副 （2）抽奖，凡是购买商品达到 4 000 元者，即可参与抽奖活动，买的越多抽奖次数越多哟！特等奖、一等奖、二等奖、三等奖、幸运奖，中奖概率 100%

为了向品牌未知人群展示企业品牌信息，增加品牌信息在未知人群搜索时的展现机会，周义决定利用搜索引擎，结合品牌未知人群搜索词的特点，进行面向未知人群的品牌推广，在进行品牌推广时，利用企业宣传物料，制作丰富的创意展示内容，尽可能多地展示品牌信息与商品信息。

三、任务分析

未知受众可能对企业的产品或品牌一无所知或知之甚少，此时营销人员必须首先为品牌建立知名度，以求让目标受众对品牌有更多的了解。品牌未知受众的搜索词一般为通用词，当受众想要了解品类信息时，会使用通用词作为搜索条件查询相关信息，如"手机""鲜花"等。这些关键词表明目标受众有一些模糊的欲望和兴趣，其搜索意图相对模糊。当目标受众有一定的品类购买倾向时，往往会进一步搜索，进行价格与价值的比较，会以商品品类或服务业务类型名词为核心，由其结合排行、对比、价格、外观、性能、口碑、培训、加盟、经验等需求拓展出搜索词，其搜索意图逐渐清晰，目的是辅助后期购买决策。

为了更好地展示企业的品牌形象，吸引受众眼球，缩短信息传播的路径，品牌信息要内容丰富，图文并茂，位于搜索结果的首屏首位。

四、任务操作

（1）提炼企业品牌关键词，提交企业品牌词进行询价。

（2）根据企业营销预算，结合品牌词的展现指数和点击指数数据，在营销预算范围内，选择能够获得最高展现量和点击量的品牌词或多个品牌词进行提交推广，如图5-6所示。

图 5-6 选择品牌词

（3）设置展示创意，在进行创意设置时，请至少展示以下内容：

① 主标题要展示企业的品牌名称和品牌口号，跳转地址为公司官网，显示官方图标。

② 主标题正下方展示品牌 Logo，跳转地址为公司官网。

③ 文本描述要标明官网网站属性，体现企业的主营产品或服务的分类，并体现品牌个性与品牌愿景。

④ 描述下方要能够展示三种不同类别的商品。

⑤ Tab 分为商品的三种分类，按照主营商品类目填写 Tab 标题，展示图片分别为三种

类型商品对应的图片,且所有图片在创意中仅展示一次,跳转地址为商品分类的概述,连接描述简短概括商品的特点。每个 Tab 中设置的三个链接描述为对应分类下的商品名称,链接地址为具体商品的地址。

⑥ 按钮组分别展示品牌宣传页、在线社区、售后服务页,链接地址为各自页面对应的地址。

(4) 设置右侧展示创意,在进行创意设置时,请至少展示以下内容:

① 主标题包含活动主题,跳转地址为活动落地页地址。

② 显示活动宣传图片,图片跳转地址为活动落地页地址。

③ 文本描述为活动内容的概述,跳转地址为活动落地页地址。

④ 显示分享,设置分享的平台为微信、豆瓣、微博,分享网址为活动落地页,分享文本清晰描述品牌并概述活动内容,带有活动参与的引导性语言,分享图片为活动宣传图片。

(5) 查看预估效果,并结束任务。

自测题

一、单项选择题

1. 某搜索引擎广告的访问量为 200,点击量为 500,展现量为 1 000,转化量为 200,则此广告的点击率为（　　）。

　　A. 20%　　　　B. 25%　　　　C. 40%　　　　D. 50%

2. 关键词出价（　　）关键词最低展现价格。

　　A. 要等于　　　B. 要低于　　　C. 要高于　　　D. 无关于

3. 小美在进行搜索竞价营销时,设置的关键词出价为 5 元,那么最终的实际扣费（　　）。

　　A. 等于 5 元　　B. 大于 5 元　　C. 小于 5 元　　D. 等于 10 元

4. 老张要做一个女性服装批发的销售网站进行在线销售,他最应该选择关键词（　　）进行推广。

　　A. 女装　　　　B. 女装网站　　C. 女装批发　　D. 服装批发

5. 设置完匹配方式后,当目标受众搜索该关键词或该关键词的相关词时,广告信息不展现,这种匹配方式为（　　）。

　　A. 精准匹配　　B. 短语匹配　　C. 广泛匹配　　D. 否定匹配

二、多项选择题

1. 在搜索竞价广告中,以下符合关键词添加原则的有（　　）。

　　A. 与企业产品或服务相关　　　　B. 关键词尽量要宽泛,覆盖范围广

　　C. 考虑营销预算　　　　　　　　D. 符合相关国家标准

2. （　　）会影响账户的历史表现。

　　A. 账户出现违规处罚信息　　　　B. 推广过程中添加违规内容

　　C. 推广过程中设置禁用词　　　　D. 老账户使用时间过长

3. 搜索竞价排名广告创意具有（　　）的作用。

　　A. 让目标受众看　　　　　　　　B. 降低关键词排名

C. 让目标受众点击　　　　　　　D. 提高关键词点击花费
4. 在搜索竞价营销过程中，细节维度优化是指（　　）。
A. 关键词维度　　　　　　　　　B. 渠道维度
C. 创意维度　　　　　　　　　　D. 地域维度
5. 客服团队的（　　）会影响营销转化的效果。
A. 专业知识　　B. 沟通技巧　　C. 营销意识　　D. 服务态度

三、判断题
1. 关键词出价是指商家愿意为关键词被点击一次所支付的最低价格。（　　）
2. 在搜索竞价排名广告中，不同关键词的最低展现价格都相同。（　　）
3. 在搜索竞价营销过程中，只要展示了广告主的广告内容，广告主就要为此付费。
（　　）
4. 添加通配符能够增加创意飘红的概率。（　　）
5. 为了吸引更多目标受众的关注，单元内的创意越少越好，这样比较有利于账户的管理。（　　）

项目六　推荐引擎营销——信息流广告

学习目标

知识目标

- 了解内容推荐的原理和内容优化的维度与方法
- 熟悉推荐引擎广告排名规则与扣费规则
- 掌握信息流广告原理、广告受众定向和创意编辑与设置
- 掌握推荐引擎广告营销的应用

技能目标

- 能够根据内容推荐原理，运用内容优化技巧，完成不同类型的内容的优化
- 能够根据目标受众定向及出价原理，运用目标受众定向及出价的技巧，制定有针对性的目标受众策略，完成目标受众定向及出价
- 能够根据创意编辑的原则，结合创意编辑的技巧，编辑有吸引力的创意并完成创意标签设置
- 能够结合推荐引擎广告数据分析及优化的不同维度，完成推荐引擎广告营销的数据分析和优化

思政目标

- 具备推荐引擎广告营销从业者敬业专注的工匠精神和职业素养
- 提高推荐引擎广告营销从业者应具备的职业道德
- 树立诚信、敬业的社会主义核心价值观

案例引入

光大银行的千人千面个性化营销

近年来，信用卡消费模式发生了变化，"80后""90后"已成为社会消费的中坚力量，他们追求个性、自我的生活方式。而信用卡行业长期的标准化服务，很难满足用户的个性化需求。光大银行是国内较早开展信用卡业务的商业银行，处于国内信用卡行业的第一阵营，对"80后""90后"的目标人群具有强烈的营销需求。光大银行决定迎合这一目标人群的个性化需求开展数字营销活动，同时增加自己的品牌知名度。

1. 营销目标

（1）打造品牌年轻化形象。

（2）扭转年轻用户的信用卡消费认知，激发目标人群办理信用卡的消费欲望。

2. 营销策略

（1）个性化触达兴趣用户，千人千面定制体验。

① 广告形式：开屏广告和信息流广告组合投放，实现品效合一。

② 品牌营销点：面向年轻群体推出一款主打"千人千面"的定制信用卡；结合用户兴趣标签，推出个性化的信用卡权益特色服务。

③ 受众定向：基于今日头条智能大数据，洞察用户兴趣标签，定向目标受众并打造专属个性化卡面。

（2）执行：以"千人千面"的精准效果进行预热，以"就要不凡"的个性态度进行宣传立意。

① 预热期：今日头条、光大、银联三方联合举办发布会，进行预热，发布《泛"90后"大数据报告》以吸引舆论关注，树立品牌口碑形象，提升用户黏性和品牌认知度。

② 聚焦期：通过头条大数据分析每个用户的多重兴趣属性，提取上百种兴趣标签，精准捕捉个性化年轻群体最鲜明的特征。

③ 获客期：智能分发匹配标签，基于个性化年轻群体最鲜明的特征，提炼七大兴趣标签类别，精准推荐用户，强化兴趣关联度。在用户选择了卡片宣言后，会生成个人专属的个性化卡面。

3. 营销效果

（1）宣传效果：在本次活动30天的投放期内，活动总曝光量达1.5亿次，总点击量达400万次，百度"头条信用卡"的相关词条量达272万条。投放期内光大头条指数攀升了20%，成功吸引了业内视线，在业内引发了KOL参与讨论，活动主题"我有千面，就要不凡"词条量达2.7万条。

（2）转化效果：活动期内共有42万名头条网友单击"办卡"按钮，并有4.5万名网友已完成信用卡申请，线下面签通过率高达45.38%，超出行业平均水平126.9%，性价比较高，获客质量较好。

光大银行此次营销活动的目标受众群体定位清晰，主要是"80后""90后"人群，采用信息流广告，借助推荐引擎进行广告信息的精准定位与推送。为配合此次营销活动，光大银行结合目标受众的特征，制定了"千人千面"的定制信用卡。"精准"是此次营销活动超出预期最主要的原因之一。

工作任务一　推荐内容优化

推荐内容优化是指在不投入广告费用的情况下，利用内容的优化尽可能多地获得广告展现的资格。从业人员在进行推荐内容优化时，应首先了解内容推荐的原理与过程，并能够熟记内容推荐的规则，从遵循内容推荐规则的维度和满足目标受众需求的维度优化推荐内容。本任务的主要工作过程如下：

（1）与设计人员对接，描述出图片、视频等物料拍摄的主题风格，提出落地页搭建的思路和方向。

（2）与文案策划人员对接，策划落地页文案的输出。

（3）与咨询人员对接线索质量情况，统计无效线索和有效线索并进行分析总结。

（4）监控推荐引擎营销效果数据，分析问题，及时优化落地页。

一、内容推荐机制

当企业或个人发布内容后，平台会先给予一定人数的流量池，然后根据受众的阅读、评论、转发等反馈数据决定是否将其推荐到下一个更大的流量池中，如此循环，一直到数据达到最高的推荐标准为止。

1. 推荐原理

推荐系统的本质是从一个巨大的内容池内给目标受众匹配出感兴趣的内容。这个内容池有几十万、上百万条内容，涵盖文章、图片、小视频、问答等各种各样的体裁。信息的匹配主要依据三个要素：用户画像、内容刻画、兴趣匹配。

（1）用户画像。推荐引擎会根据用户画像来推荐其感兴趣的内容，如图6-1所示。用户通过媒体账号登录并进行阅读浏览时，推荐引擎算法会解读用户兴趣，形成用户画像。在用户浏览过程中，算法还会根据用户的点击、搜索、订阅等行为优化用户画像。如果用户不登录账号，推荐引擎则会先推荐一些大众化的内容，再根据用户的点击情况来确定用户画像。推荐引擎广告平台的用户画像是指根据用户属性、用户偏好、生活习惯、用户行为、兴趣爱好等信息而抽象出来的标签化用户模型。

登录账号　　解读兴趣　　形成用户画像　　推荐信息

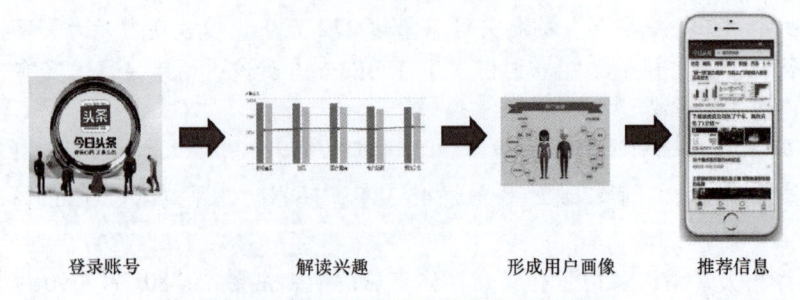

图6-1　根据用户画像推荐信息的过程

（2）内容刻画。机器提取内容中的关键词，或者利用 AI 技术识别音频与视频的具体内容，从而将内容快速分类，形成内容标签。

（3）兴趣匹配。用户的阅读标签与内容分类、内容标签的重合度越高，就越会被系统认定为对该内容感兴趣，这些内容就会被系统推荐给这批最可能对其感兴趣的用户。用户标签示例如图 6-2 所示。

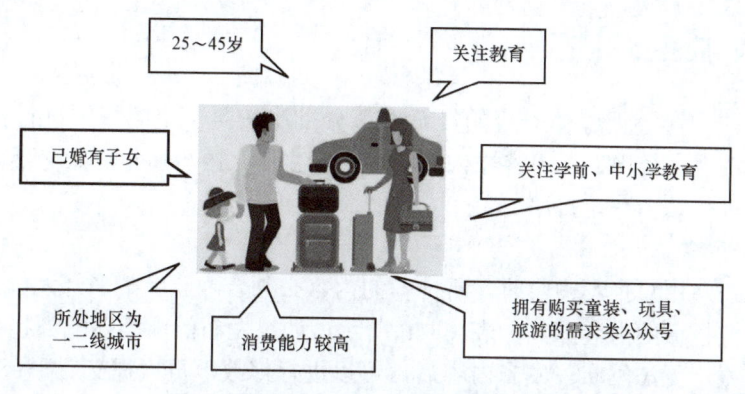

图 6-2 用户标签示例

2. 推荐过程

（1）内容初审。初审是媒体平台对内容的第一道审核，当发文不符合平台规范时，文章将被退回不予收录，或被限制推荐。如果出现严重违规行为，将导致账号被惩罚或者封禁。

虽然不同平台的内容审核规范细则不同，但一般都不允许发布违反法律法规和相关政策、地图不规范、抄袭侵权、无发布资质的内容，也不允许发布谣言或不实内容，禁止推广违规、流量作弊、宣扬不良价值观、引人不适或反感、低俗诱导、不文明用语、恶意营销等行为。

（2）首次推荐。成功发布的内容会被媒体平台的推荐引擎分批次按照一定的规则排序并推荐给用户。首先推荐给最感兴趣的用户，然后根据这批用户的反馈信息决定下一批推荐量，反馈信息包括点击率、收藏数、评论数、转发数、读完率、页面停留时间等。其中，点击率权重最高。反馈信息的数据越高，在一定程度上说明内容越优质。

（3）二次推荐。首轮推荐后，如果点击率低，系统就会认为这些内容不适合推荐给更多用户，会减少二次推荐的推荐量；如果点击率高，系统则会认为这些内容受到了用户的喜爱，将进一步增加推荐量。某平台推荐过程如图 6-3 所示。

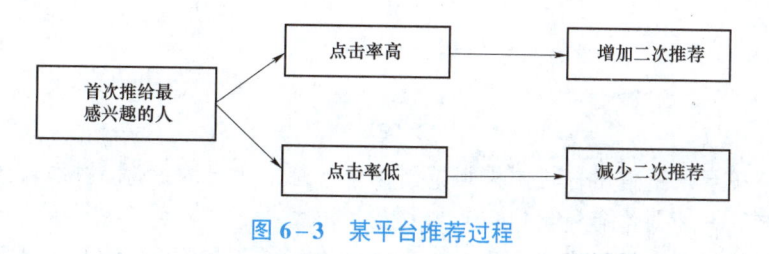

图 6-3 某平台推荐过程

以此类推，内容每一次的新推荐量都以上一次推荐的点击率为依据。此外，推荐引擎还会考虑收藏数、评论数、转发数、读完率、页面停留时间等反馈信息和内容时效性。时效期节点通常为 24 小时、72 小时和一周，内容过了时效期后，推荐量将明显衰减。

（4）内容复审。在内容被推荐展示的过程中，如果出现推荐量很大或内容负面评价较多等情况，会被送入复审。在复审中，如果发现存在"标题党""封面党"、低俗、虚假等问题，系统就会停止这一篇内容的推荐，严重违规的内容将会受到处罚。

二、内容推荐规则

成功发布的内容会被媒体平台的推荐引擎分批次按照一定的规则进行排序并推荐给用户。平台会从内容合规性、内容原创性、内容垂直度、内容质量、账号活跃度、账号权威性等多方面进行综合评定排序。

1. 内容合规性

推荐引擎在向用户推荐内容时，所推荐的内容必须合规。以某平台为例，在它的算法里包含一个可被拦截的内容库，如表 6-1 所示。如果发布的内容匹配到拦截库中，那么内容就会被拦截，无法发布。发布内容后，可以进行修改，再次提交后平台会重新审核，但内容发布后反复修改不利于内容的推荐。

表 6-1 某平台内容拦截库

内容拦截库	标题	错别字、特殊符号、全外文、含有繁体字等
		敏感信息、低俗不雅等
	正文	内容不完整、缺失内容、多段重复等
		非长时效内容等
		内容低俗等
	推广信息	含二维码、电话、网站链接等
		包含一行以上推广信息等
		广告图片等
	广告	硬广告、铺垫式广告、低质量营销文章等
	恶意推广	健康类、药物类、手表类等

拓展阅读

头条号信用分

今日头条平台采用信用分机制来规范创作者计划中作者的行为。创作者计划是今日头条为帮助作者更好地创作而提供的一系列权益，构成一个作者成长体系。其中，信用分是衡量作者内容健康与合规程度的分值，满分和初始分皆为 100 分。作者若出现违反社区规范的行为，将会扣除相应的信用分。

对于出现违规行为已扣信用分的作者，如果之后连续十天无违规情况（从扣分第二天开始计算），信用分恢复10分；如有新的违规情况，则重新开始计算。扣分规则如表6-2所示。

表6-2 扣分规则

违规内容/行为	对应扣除分值/分
违反法律法规和相关政策	30
诱导低俗	30
侵犯著作权	20
侵犯隐私权和名誉权	20
违规声明原创	20
发布谣言或不实内容	20
违规推广	20
引导互粉	10
不文明用语	10
标题夸张	10
题文不符	10
封面与内容不相符	10
发布已过时效内容	10
含商品卡内容违规	10
违规涨粉	10

2. 内容原创性

目前，各大媒体平台都对原创性有很严格的要求和技术评估手段，以保护原创内容，也会通过内容消重提高用户体验。在推荐引擎推荐内容的过程中，往往会分给原创内容较高的权重，所以，原创内容更有利于系统推荐。

3. 内容垂直度

内容垂直度是指媒体平台上的内容创造账号在其擅长的领域发表内容的专注程度。推荐引擎会对内容进行特征识别，从而判断内容的类型和涉及的领域，因此，内容发布的领域一定要垂直且定位清晰。

4. 内容质量

如果内容质量很高，平台就会优先推荐。内容质量越高，点击量和点击率就会越高，其推荐量也会越高。平台的内容质量评估是排除非法、低俗、不符合平台价值观内容后的评估，目前内容质量的评估主要包含以下五个维度：

（1）内容分。内容分主要是综合文章内容本身的图文结构、图文配比、标签分类的准确度进行计算，主要是判断段落结构是否合理、是否图文并茂、内容标签设置是否准确、语句是否通顺、是否有错别字等。

（2）效果分。效果分在首次推荐阶段都是 0，在内容被推荐出去后，系统会根据实际实时表现和上次推荐的反馈信息进行计算，主要计算的指标有点击率、点赞数、评论（正向或负向）、分享数、完读率、完播数、互动数等。

（3）时效性。内容的发布具有时效性，越及时越好。目标受众和平台对信息的时效性要求很高，越新的内容越能满足目标受众对信息及时性的需求，不同媒体平台和不同新闻热度情况下内容的时效期不同。

（4）覆盖度。覆盖度是指内容能够覆盖目标受众的数量。覆盖度越高，表示内容越能满足更多目标受众的需求，该指标一般会通过内容覆盖的标签和主题计算。

（5）稀缺度。稀缺度是指媒体平台上同类内容较少且能满足目标受众需求的内容，这样的内容会很快被推荐。稀缺度是通过内容的每个标签对应的人数与平台上同类内容数的差值进行赋分的。稀缺度越大，表示对该标签感兴趣的人越多，平台上匹配该标签的内容越少。

5. 账号活跃度

平台在进行内容推荐时会评判账号活跃度，账号长期不输出内容，活跃度就会降低，账号权重就会受到影响，推荐量也会减少。可以通过保障自己的内容更新频率、按周期稳定发布、多与用户评论互动、浏览他人内容的方法提高账户活跃度。

6. 账号权威性

在广告内容的时效期内（一般为 24 小时、72 小时、一周等），平台会选择更权威的发布者作为原创内容的来源。一则相似度很高的内容，若发布者没有申请原创，平台也会选择权威发布者作为原创内容来源。因此，要不断发布高质量的内容来增强账号的权威性。

三、内容优化执行

对于内容的优化，重点是思考产品的痛点和营销点，为目标受众提供有价值的内容，并能够从布局、设计、文案多个角度提升目标受众的体验和接受程度，最终提升落地页转化率。因此，可以从以下两个维度进行内容优化：

1. 从内容推荐规则维度优化

要按照内容推荐规则进行优化，以获得排名靠前的推荐机会与较高的推荐量。具体来说，就是要保证内容合规、内容原创、内容垂直、内容质量高、账号活跃度高、账号具有权威性。

拓展阅读

推送专项整治：让网络空间更清朗

一段时间以来，移动应用程序推送弹窗环节问题多发频发，突出表现在五个方面：一是推送来源不明或由"自媒体"违规生产的所谓"新闻"，造成虚假信息扩大传播；二是扎堆推送、渲染炒作恶性案件、灾难事故等，诱发社会恐慌情绪；三是片面追求流量，大肆炒作娱乐八卦、明星绯闻、血腥暴力、低俗恶俗等有悖社会主义核心价值观的内容，传递错误价值取向；四是滥用算法推荐进行个性化弹窗推送，加剧"信息茧房"的形成；五是未取得互联网新闻信息服务资质，违规弹窗推送新闻信息。

针对移动应用程序弹窗违规推送、过滥推送等扰乱网络传播秩序的问题，国家网信办在 2021 年 8 月 27 日启动专项整治，聚焦突出问题靶向施策，使推送弹窗传播秩序在短期内明显好转。

国家网信办此次专项整治，重点面向新闻客户端、手机浏览器、公众账号平台、工具类应用等移动应用程序，分类施策，明确六项整改要求：一是禁止弹窗推送商业网站平台和"自媒体"账号违规采编发布、转载的新闻信息，推送新闻信息必须采用规范稿源。二是弹窗推送新闻信息不得渲染炒作舆情热点，断章取义、篡改原意吸引眼球、误导网民。三是未取得互联网新闻信息服务许可的工具类应用不得弹窗推送新闻信息。四是禁止弹窗推送娱乐八卦、明星绯闻、血腥暴力、奇闻逸事、低俗恶俗等有悖社会主义核心价值观的内容。五是禁止通过弹窗推送渠道放大传播失德艺人、负面争议人物的有关言论。六是遇突发事件、灾难事故，不得渲染血腥现场，过度强调案件血腥细节等，不得扎堆弹窗推送相关信息。

网络空间是亿万民众共同的精神家园，网络空间要风清气爽、生态良好，符合人民利益。构建清朗的网络空间是每个人的义务和责任，数字广告从业人员更应该负起责任，严格自律，提高职业素养。

2. 从目标受众维度优化

（1）分渠道设计内容页。不同媒体平台的受众特征不同，需求也不同。同样的页面在不同渠道要面对不同的目标受众，内容做到"因地制宜"可以更好地满足目标受众的需求，带来更好的营销效果。

（2）展示卖点与痛点。内容页作为广告创意的承接，要用简练的文字或图片突出产品特点与价值，展示产品卖点并抓住受众眼球，如用简单的一句话击中受众痛点。

（3）精简文案。内容必须有明确的主题和关键词，尽量简明扼要、提取要点，避免堆砌大段文字。视觉焦点要显示产品介绍和活动福利，突出重点信息，其他信息（如产品背景介绍等）可以后置或放入其他导航页内。

（4）分类信息。过多的内容和信息的复杂罗列会对用户造成不必要的干扰，降低用户对信息的接受度。通过增加导航进行信息分类优化（首页、品牌介绍、产品介绍等），节省页面空间，能够让客户有层次地接收落地页传达的信息，诱导用户的注意力和行为。

（5）优化按钮。按钮是内容页上最重要的元素之一，直接关系到最终的转化效果。通常可利用各种手段让按钮变得吸引人，如采用鲜艳的颜色、个性化的文案或多处放置等。

（6）精简表单。大多数受众不愿意泄露个人信息，因此表单越简单越好，一般表单问题越多，占据的页面越多，填写的字段越多，转化率就越差。可以精简样式与问题，减少页面空间，可以用优惠活动刺激目标受众填写表单，或者用倒计时刺激消费者支付或咨询。

（7）提高信任度。通过展示产品的客户案例或合作单位、展示已有的业务数据、展示已经获得的资格证书等方法增加权威性，进而提高信任度。

（8）确保风格、色调一致。确保内容的风格、色调与广告创意和其他页面的风格、色调保持一致，不能出现太大的差异，做到视觉统一，强化目标受众的心理印象。

任务演练

落地页推广

一、任务目标

（1）能够根据营销推广目标，结合品牌数据分析，完成落地页推广账户搭建。

（2）能够根据目标受众定向策略，结合品牌数据分析，设置落地页推广目标受众定向。

（3）能够根据营销推广目标，结合推广预算，设置落地页推广广告预算和出价。

（4）能够根据推广创意定向策略，结合品牌数据分析，完成落地页推广创意设置。

二、任务背景

针对集团旗下自主开发的线上购物商城，公司决定将商城首页作为落地页，以提升广告的展现量（5万+）和点击量（3 000+）作为此次周年庆营销活动的推广目标，并且投入10万元作为投放落地页广告的预算。为了高效完成营销任务，周义需要根据品牌数据分析的结果，结合制定的营销推广目标、受众及创意定向策略，完成此次落地页推广的广告投放，投放时间为3月10—15日。

三、任务分析

在进行落地页推广时，需要设置落地页链接，此处的链接为线上商城首页，具体的营销思路可参考应用推广的任务分析，下面主要分析一下相较于应用推广，落地页推广在广告投放时的不同点。

落地页推广想要实现高效转化，需要让用户对落地页感兴趣，进而咨询下单。针对线上商城首页，在进行平台选择时，可将广告计划定向投放到PC端，从而使用PC端流量。如果投放到PC平台，在进行创意类型选择时可选小图或组图样式，缩短转化流程，提升转化率和ROI。

四、任务操作

在"推广"栏目下，选择"落地页"，依次完成广告组创建、广告计划设置、广告创意设置等操作，结合品牌分析数据、落地页推广广告投放策略、任务背景要求等完成落地页推广广告投放。

第一步：完成新建广告组（见图6-4）

图6-4 新建广告组

第二步：完成新建广告计划和新建创意（见图6-5）

图 6-5　新建广告计划和新建创意

工作任务二　推荐引擎广告营销

在进行推荐引擎广告营销时，首先要了解推荐引擎广告排名的规则，同时进行目标受众定向调研；然后根据调研结果，结合企业的实际背景，完成目标受众定向分析；再根据分析结果，制定目标受众定向策略，并能够根据目标受众出价的技巧，完成目标受众出价；最后结合营销的目标和主题，选定创意的类型，制定创意定向策略，从创意标题撰写、创意内容制作、创意标签选择三部分入手，设置有吸引力的创意，吸引目标受众点击，提高广告排名。

推荐引擎广告营销在线下门店、电子商务店铺、应用程序、图文内容等方面都有广泛的应用，本任务的主要工作过程如下：

（1）根据企业的核心业务内容，借助分析工具分析行业人群的兴趣偏好；结合以往免费或付费营销的数据，定位本企业目标受众群体，设置合理出价。

（2）与设计人员对接，提供图片或视频拍摄的主题风格以及创意编辑与设置的思路；与文案策划对接，确定创意文案的输出方案；监控推荐引擎营销效果数据，分析问题，及时调整广告投放方向，优化创意。

（3）熟悉线下门店、应用程序、电子商务店铺等应用场景的特点，科学制定投放策略；持续跟进素材投放效果，对投放效果进行数据跟踪和分析，及时优化。

一、信息流广告

1. 信息流广告含义

推荐引擎广告营销即信息流（Feeds）广告，是在社交媒体用户好友动态或者资讯媒体和视听媒体内容流中的广告，如图 6-6 所示。

数字营销技术分析与应用

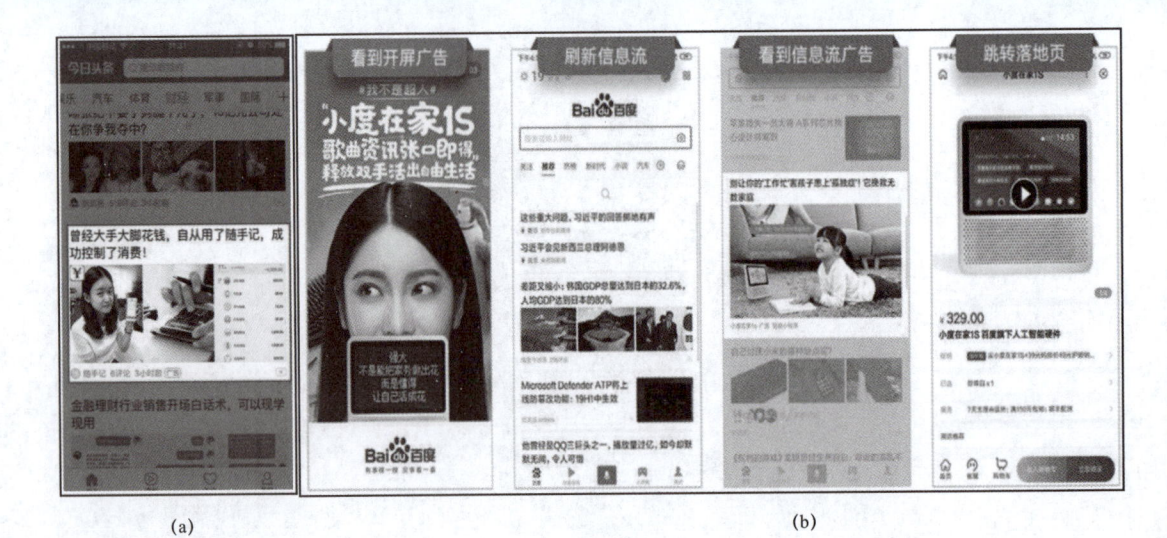

图 6-6　信息流广告
（a）示意一；（b）示意二

信息流广告夹杂在用户所浏览的信息当中，是与信息载体平台所对应的功能混在一起的原生广告。简单来说，就是信息流广告埋伏在不是广告的信息当中，与所处的环境相贴合，尽量让自己看起来不像广告友所发送的帖子，而信息流广告则隐藏在众多帖子中间等着网民去点击。从技术层面来讲，广告之所以出现，是因为运营商通过各种渠道，获取用户的行为数据及兴趣数据，再基于大数据算法，将广告与用户的兴趣和需求进行匹配，然后将广告有针对性地推送到用户面前。用户具体看到的是哪些广告内容，与其日常浏览的资讯、视频和信息等有关。例如，我们经常会在朋友圈看到一些广告，这些也是信息流广告，是根据每个用户的特征进行匹配的。

信息流广告位于资讯内容流中，方式有图片、图文、视频等，特性是算法引荐、原生体验，能够经过标签停止定向投放，依据本人的需求选择推曝光、落地页或者应用下载等，最后的效果取决于定向、创意、竞价三个关键要素。

2. 信息流广告的优势

（1）信息流广告不会在用户正操作或者浏览的时候强行展现，对平台来说，不管是商家还是用户都有比较好的平衡。

（2）信息流广告对企业来说，是根据用户喜好来投放的广告形式，很容易被用户所接受；并且可以让用户自发地去转发进行第二次传播，效果更好。

（3）根据信息流广告的特性，想要更好的广告效果，内容就要更好，所以根据这个要求，广告投放者必须不断地去优化广告，让广告更像内容的一部分，以促进广告的整体转化，完全区别于传统的强制展现的广告。

二、信息流广告原理

1. 触发机制

触发机制是指企业的广告是怎样被选择的用户看到并点击的，其中涉及以下几个

步骤:

首先,当用户在浏览过程中向下刷新内容时,系统就会从海量的广告创意中找到和这个用户相匹配的若干广告创意。

其次,系统根据预估 CTR(点击率)等指标,决定匹配的这些广告创意的具体排名顺序。

最后,系统会按照排名的顺序把广告展现在用户刷新后的页面上,如图 6-7 所示。注意,信息流广告和其他广告形式不同的是,在每两条广告中间都会有其他资讯内容。

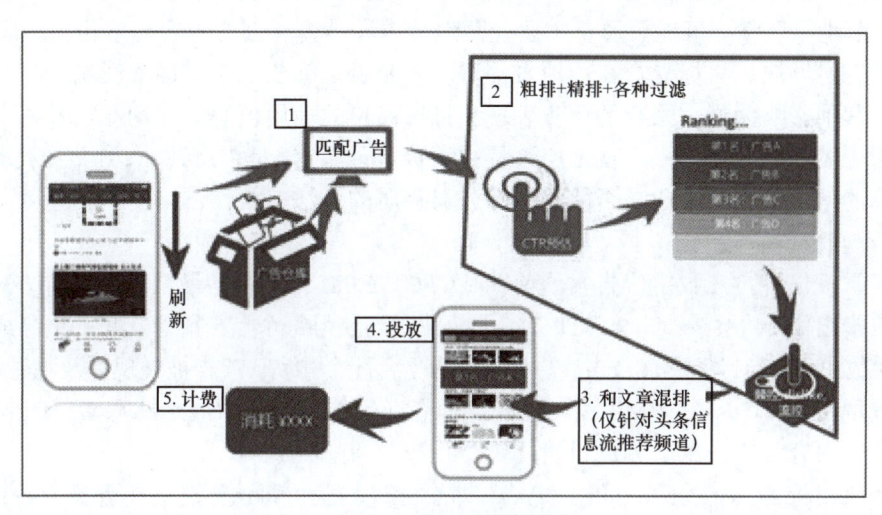

图 6-7 广告排序机制

在这个过程中,匹配是如何实现的呢?首先,平台企业(如今日头条)利用技术手段,把使用自己产品的用户的海量信息加以精准分析,并在后台设置了 11 个大类标签和若干个小类标签,通过设置不同的标签圈定不同的用户群体。其次,企业主会在后台设置具有哪些标签的人是要营销的用户群体,然后今日头条对这些用户进行跟踪定位,在他们使用今日头条产品刷新资讯时,就会把企业主的广告展现在他们面前。

2. 排名机制

虽然不同媒体平台的广告排名规则细节不同,但总体来讲,可以分为按照出价排名和按照预估收益(ECPM)排名两种。如果选择按照出价排名的方式,媒体广告平台只考虑企业的出价,出价越高广告排名越靠前。如果选择按照预估收益排名的方式,平台除了考虑企业的出价外,还要考虑广告的质量。下面将围绕按照预估收益排名介绍推荐引擎广告排名和扣费规则。

从媒体平台的角度讲,预估收益是广告能够给媒体平台带来的收益预估;从企业角度讲,预估收益则是在当前广告及出价下进行营销活动需要花费的广告费用。预估收益值越高,排名越靠前。其计算公式可以表示为:

$$预估收益(ECPM)=预估点击率×出价$$

不同媒体平台对预估点击率的定义基本相同,影响预估收益的因素主要是预估点击率和出价,预估点击率受多种因素影响,不同的出价方式下预估收益的计算方法不同。

1）预估点击率影响因素

（1）历史点击率。历史点击率越高，预估点击率就越高。在展现量一定的前提下，提升广告的点击率有两种方法：一是提供更优质的创意内容吸引目标受众点击；二是加价做排名，获得更多的点击量。点击率计算公式为：

$$点击率 = \frac{点击量}{展现量}$$

（2）创意相关性。创意相关性是图片和文字能否相辅相成，且能否与广告推广的产品或品牌信息、活动信息相关的关键，即创意要围绕推广的产品、品牌或活动编辑。

（3）落地页质量。落地页质量主要受落地页内容是否和创意内容高度相关、落地页打开速度是否足够快、目标受众在落地页停留时间是否足够长三个方面的影响。

（4）其他影响因素。账户的历史表现和推广商户的信用值等因素均影响预估点击率。账户的历史表现主要是指账户在推广过程中消费是否稳定，是否有违法、违规推广等情况。推广商户的信用值是指企业是否能够保障公司资质的合法有效性。

2）不同出价方式

（1）常规出价。在数字广告发展前期，CPC、CPM、CPA 是最常见的出价方式。

按点击出价（Cost Per Click，CPC），即企业平均获得每个点击愿意支付的最高成本，按照点击次数出价。当目标受众点击广告时，广告平台才会扣费，广告被展现以及观看不收费。

按展现出价（Cost Per Mille，CPM），即企业平均获得千次展示愿意支付的成本。只要展示广告内容，广告主就为此付费。

按转化出价（Cost Per Action，CPA），即企业平均获得每次转化行为愿意支付的成本，按广告投放的实际效果计价。例如，按回应的有效问卷或订单来计费。

CPC、CPM 是媒体认为广告被点击、被看见就算有效果的出价方式，而对于多数企业来说，获取客户的有效信息才算有效果，而不是只有点击和展现。CPA 的存在就是因为 CPC、CPM 都不能完全满足企业对效果转化的需求发展而来的按转化量付费的方式。不同行业转化难度不同，这要求媒体的平台技术手段能把控营销成本，这样才能进一步提升广告营业额。

（2）智能出价。广告中的智能出价体系包括 OCPC、OCPM，俗称"O"出价或智能出价，是全新的广告出价方式。"O"出价代表去人工化的智能投放，系统自动帮助企业做广告投放优化，并能在企业规定的金额内完成营销目标。

OCPC（Optimized Cost Per Click，优化点击出价）的本质是 CPC。企业广告主在出价基础上，依据媒体广告平台提供的多维度、实时反馈及历史积累的海量数据，根据预估转化率及竞争环境智能化的动态调整出价，进而优化广告。

OCPM（Optimized Cost Per Mille，优化千次展现出价）的本质是 CPM。广告主对媒体广告平台推送的点击率和转化率进行分析，根据企业实际的推广需求，自定义广告的优化目标并对优化目标设定出价，将广告展现给最容易转化的目标受众。

OCPA（Optimized Cost Per Action，优化行为出价）的本质是 CPA。广告主在广告投放流程中选定特定的优化目标，提供愿意为此投放目标而支付的平均价格，媒体广告平台及时、准确回传效果数据，广告主根据数据进行出价的优化。

（3）创新出价方式。单次展现出价（Cost Per View，CPV），是指推荐引擎广告展现一次所需要的费用，这种出价方式更适用于品牌推广。以视频广告为例，视频播放达到固定时长（如 10 秒）后开始计费。CPV 的出现让广告只为有效观看付费，使播放成本基本可控。随着推荐引擎广告的发展，未来出价方式还会有更多变化，但不变的一点是，每种出价方式都是付费营销发展的必然产物。

3) 不同出价方式的 ECPM

一般而言，推荐引擎自有的数据模型系统会自动根据账户设置和物料内容预估广告的点击率和转化率数值。出价方式不同，ECPM 计算也有所区别，如表 6-3 所示。

表 6-3 不同出价方式对应的 ECPM

出价方式	ECPM 计算
CPM	ECPM = CPM 出价
CPC	ECPM = 预估点击率 × 出价 × 1 000
OCPM/OCPC/CPA/CPV	ECPM = 预估点击率 × 预估转化率 × 目标转化出价 × 1 000

3. 推荐引擎广告扣费规则

推荐引擎广告根据排名的下一名进行扣费，不同出价方式对应的扣费公式有所不同，如表 6-4 所示。

表 6-4 不同出价方式对应的扣费公式

出价方式	扣费公式
OCPM/CPM	扣费 = 下一名 ECPM + 0.01
OCPC/CPC	扣费 = 下一名 ECPM/（自己预估点击率 × 1 000）+ 0.01
CPA/CPV	扣费 = 下一名 BCPM/（自己预估点击率 × 自己预估转化率 × 1 000）+ 0.01

二、广告受众定向

企业在进行推荐引擎广告营销时，先基于目标受众进行精准定向，根据业务内容分析确定目标受众群体特征，然后通过平台有针对性地将广告信息推送到目标受众面前进行广告展现，排除了向非目标受众广告展现的机会。

1. 广告展示位置定向

广告展示位置定向是选择广告出现的场景。广告展示位置直接对广告效果和广告成本产生影响。推荐引擎广告平台除了具有自己的优质广告位置外，还会整合资源，扩大自己的商业版图。不同媒体资源的目标受众特点不同，要根据不同媒体资源的特点选择符合企业主营业务内容和营销需求的广告展示位置。

以字节跳动为例，其巨量引擎广告投放平台提供了三种选择：优选广告位、按媒体指定位置和按场景指定位置。

（1）优选广告位。推荐引擎依据用户对广告的历史转化行为及广告位置的效果展现，智能分配预算到不同广告媒体资源上，由系统采用智能托管的方式为广告优选展现位置。

（2）按媒体指定位置。字节跳动旗下拥有多个媒体，通过巨量引擎可在这些媒体上投放广告，满足用户不同的阅读需求。具体的可选媒体包括今日头条、西瓜视频、火山小视频、抖音等。不同媒体的受众群体特点不同，例如，抖音的新潮年轻化特色主要迎合一二线城市受众以及年轻群体市场；而西瓜视频和火山小视频以三四线城市用户为主，其中火山小视频的用户年龄相对偏大。

（3）按场景指定位置。企业可以根据需要选定使用场景，系统将广告投放到选定场景的广告位下，使广告与场景匹配，从而提升转化效果。当前巨量引擎支持的场景有竖版视频场景、信息流位置、视频后贴和尾帧场景三种场景。

① 竖版视频场景。竖版视频场景是指全屏视频广告位，其优点是展示效率高，转化率高，适合投放视频类素材，具体场景包含抖音信息流、头条小视频信息流和火山详情页等位置。

② 信息流位置。信息流位置的优点是流量大，兼容素材样式多，如今日头条、西瓜视频、火山小视频的信息流。

③ 视频后贴和尾帧场景。与原生内容连接度高，比较适合投放图片类素材。其广告位置包括今日头条视频后贴片、今日头条图集尾帧及西瓜视频后贴等。

2. 目标受众定向

不同平台目标受众定向分类的方法不同，提供的目标受众标签不同，但定向的维度基本相同，可分为基础属性定向、行为定向、兴趣定向、场景定向。

（1）基础属性定向。基础属性定向是指通过基础属性定位目标受众。基础属性标签包括性别、年龄、收入水平、婚姻状况、是否有车、是否有子女、地理位置等。企业在进行广告发布之前需要明确哪些标签的对应受众是潜在消费者。例如，婚纱摄影类企业会选择婚姻状况标签为"未婚"的受众进行广告投放，美甲美睫类商家会选择性别标签为"女性"的受众进行广告投放，母婴产品可能需要定向"女性、25～35岁、已婚"的目标受众。在确定基础属性定向之前，企业需要了解消费者、影响决策者和产品使用者的区别。

① 消费者：最终购买产品的人，也是实际花钱的人。

② 影响决策者：影响消费者决策的人，其意见会影响消费者是否购买产品。大部分产品的影响决策者和消费者都是同一类受众。

③ 产品使用者：真正使用产品的人。

以年龄定向为例，在实际工作中，企业将根据产品和推广目标合理设置年龄定向。为了方便精细化推广，广告计划层级通过定向不同年龄段的受众，使他们观看不同内容的广告。例如，少儿书籍、中学生书籍、商务书籍的年龄定向设置不同，如表 6-5 所示。

表 6-5 书籍年龄定向表

受众属性	少儿书籍	中学生书籍	商务书籍
消费者	3～12岁儿童的父母	13～18岁青少年的父母	有工作需求的成年人
影响决策者	3～12岁儿童的父母	13～18岁青少年的父母	有工作需求的成年人
产品使用者	3～12岁儿童	13～18岁青少年	有工作需求的成年人
年龄定向（分段）	24～30岁；31～40岁；41～49岁	13～18岁；31～40岁；41～49岁	18～23岁；24～30岁；31～40岁

使用基础属性定向的时候，标签既不能过于笼统，也不能过于细分。例如，美甲美睫

企业选择年龄标签的时候，一方面不能选择0~60岁，这种受众定向太宽泛，会导致广告不精准，低年龄段和高年龄段受众可能都没有强烈的美甲美睫需求；另一方面要防止目标受众定向太过细分，例如，只选择22岁的受众可能导致受众覆盖不完整。

（2）行为定向。行为定向是指通过行为定位目标受众。行为定向主要包括APP行为定向、电子商务行为定向、资讯行为定向和再营销定向。

① APP行为定向。APP行为定向是根据用户群体的特征去分析这些用户会使用哪些类型的APP，在APP分类里进行筛选，从而圈定群体。即根据推广的产品，反向思考安装过哪类APP的人群最有机会成为潜在客户。例如，返利网利用APP行为定向做信息流推广，其认为自己的客户会对电子商务类APP感兴趣，京东、天猫、拼多多、美团、大众点评等APP都隶属于移动应用中"网上购物"的APP类别，可按照分类和具体的APP名称进行目标受众定向。按照APP名称定向时，数量不宜过少，否则覆盖的目标受众数量会非常少，很难实现营销效果。

② 电子商务行为定向。电子商务行为定向主要是定向所有与电子商务相关的页面产生互动行为（包括浏览、搜索、下单、购物车、收藏等）的用户，这类目标受众的定向方式适用于电子商务相关行业的企业。

③ 资讯行为定向。资讯行为定向是基于目标受众阅读相关资讯的行为进行的，此类用户本身已显示出对该类目的兴趣和喜爱，可根据企业产品确定兴趣类目，并根据观看时长、观看频次、是否点赞、是否转发等指标衡量兴趣程度。

④ 再营销定向。再营销定向是指根据受众的历史行为，将发生过广告展现、点击、转化等行为的受众作为企业的目标受众，完成目标受众的二次召回。通常情况下，目标受众不会在仅看过一两次的情况下记住广告内容，所以要通过再营销定向以视觉方式提醒，刺激消费或二次消费。相较于耐消品而言，快消品行业更适合通过转化行为进行再营销定向。

（3）兴趣定向。兴趣定向是指基于受众的历史兴趣图谱，选择兴趣范围定向目标受众。兴趣定向的核心思想就是将数量庞大的目标受众聚合成一个个清晰的受众画像，如喜欢买衣服的女生、热衷数码产品的中年男士、酷爱网游的大学生等。落实到推荐引擎广告营销中就是通过选择目标受众的兴趣点、爱好来实现投放。兴趣定向可以分为兴趣分类定向和兴趣关键词定向。

① 兴趣分类定向。企业要结合产品的特点，通过兴趣分类，找到对与自身产品相关内容感兴趣的受众进行广告的精准投放。可选择符合目标受众特征的多个标签，如某儿童服装企业在进行目标受众定向时，可以同时选择"孕产育儿"与"童装童鞋"分类。在使用兴趣分类定向时，多个分类取交集。

② 兴趣关键词定向。兴趣关键词定向的颗粒度比兴趣分类更细，通过关键词标签精准定位目标受众，能有效避免广告主投放资源的浪费。企业在推荐引擎广告营销的过程中必须注意一点，如果同时设置兴趣分类与兴趣关键词定向，则定向的目标受众会取交集，即覆盖人群必须既有某些兴趣点，又对兴趣关键词感兴趣，这样覆盖人群数量就有可能变得非常少，从而给推广效果带来负面影响。因此，两种定向方式并存时要避免定向过窄，要根据企业的推广目的、预算等实际要求设置合适的兴趣定向方式。

假设有3家做品牌服装的企业，每家的推广目的和预算都不相同，如表6-6所示。

对于品牌服装业务，品牌宣传就是强化产品或品牌的认知，一般不涉及转化指标的要求；而效果导向一般需要尽可能多地获取有效受众信息。预算多的企业，对于推广成本的要求不会太严苛；预算少的企业更希望精准投放，从而控制推广成本。

表 6-6 不同企业的推广目的和预算对比

项目	品牌服装企业 1	品牌服装企业 2	品牌服装企业 3
推广目的	品牌宣传	效果导向	效果导向
预算	多	多	少
定向方式	兴趣分类	兴趣分类或兴趣关键词	兴趣关键词

品牌服装企业 1 属于推广预算较多的企业，目的是品牌宣传且预算充足。对于这家企业来说，适合做兴趣分类定向，多选择一些一级兴趣，可最大限度覆盖潜在目标受众。

品牌服装企业 2 是不怕花钱但要求投放具有实际效果的企业，做较精准的兴趣分类定向或兴趣关键词定向都比较适合。

品牌服装企业 3 是要求有实际投放效果且严格控制预算的企业，最好做兴趣关键词定向，受众精准且成本可控。

（4）场景定向。场景定向主要是针对节日场景和活动场景定向、气候天气定向、平台环境定向。

① 节日场景和活动场景定向。节日场景和活动场景定向主要是配合企业的营销活动，进行季节性活动或特殊事件的广告投放。例如，企业想要开展"6·18"促销活动，可以定向于有参与电子商务活动倾向的目标受众。

② 气候天气定向。气候天气定向通过温度、紫外线指数、穿衣指数、化妆指数以及气象等维度定向目标受众。气候天气定向本质上是地域定向，基于实时天气数据更新，可按照天气数据覆盖指定气象条件下的地域，适用于具有气候天气特征的产品生产企业或销售企业。

③ 平台环境定向。平台环境定向包括操作系统、运营商、手机品牌、网络类型等方面的定向。操作系统定向除了常规的 iOS 和安卓系统，还涉及其他系统，全面覆盖移动端和 PC 端流量。运营商定向是区分目标受众的设备使用网络的情况，如移动、联通、电信等不同网络对应的目标受众；在广告和产品对操作环境和运营商有要求时，可进行具体的细分定向。手机品牌定向可以在一定程度上区分目标受众的消费能力。网络类型定向一般适用于对网络要求较高的广告或产品。例如，推广大安装包的 APP 应用时，尽量选择 WiFi 环境。

3. 目标受众出价

目标受众出价是指企业在进行推荐引擎广告营销时愿意支付的广告价格。出价一定要以目标受众为核心，根据所处的时间节点、投放的广告位置和样式、选择的定向条件等要素进行调整，出价与广告效果密切相关。目标受众出价的优化技巧通常包括以下几种：

（1）先高价后调价。开始时可以将初始价格设定为较高的值，观察该广告的展现、点击等数据，决定后续操作是降价、提价、暂停还是更换素材等，不断总结优化经验。

（2）热门人群高出价。消费能力强的热门人群是很多行业竞相争取的对象。如金融、汽车、房地产、出国游学等行业，客源重合度高，价格自然就水涨船高。如果出价过低，广告基本没机会展现在目标受众面前。

（3）紧俏资源高出价。一般情况下，按照资源紧俏程度进行出价排序，大图出价＞组图出价＞小图出价，iOS用户出价＞安卓用户和PC端出价，首页出价＞列表页和内容页的出价。

（4）旺季高出价。在品牌售卖旺季，如果出价和平时一样，会导致展现量降低。一般情况下，品牌售卖旺季目标受众的出价会高于平时的出价。

三、创意编辑与设置

本小节包括创意编辑、创意优化和创意标签设置三部分内容。

1. 创意编辑

可以分别从渠道、目标受众、场景和样式四大维度考虑创意编辑。

（1）渠道维度。推荐引擎广告的营销渠道不同，创意展现形式、创意内容表达等也应该不同。在构思推荐引擎广告创意之前，清楚渠道的类别、主调性、界面风格，才可能制作出与渠道融合的、更为原生态的内容。

① 新闻资讯类渠道。一般目标受众使用此类平台是为了获取最新热点新闻信息，因此在创意内容上，最好做成一条"类新闻"；在图片创意上，尽量选择与上下文内容相符合的、实景类图片，而非过度美化、刻意设计的图片。

② 社交类渠道。在社交平台投放的广告创意一方面要符合受众获取信息的习惯、与主内容协调混排；另一方面应当尽力帮助受众创造出一种专属的社会身份，以便激发其兴趣和引起其情感共鸣，刺激其转发、分享。

③ 视频/短视频类渠道。一般受众浏览此类平台是为了娱乐消遣，因此创意首先要做成与平台主体内容一致的广告展现形式（如视频或短视频），其次是创意内容（画面和音乐等）要有趣，以吸引受众点击。

④ 其他垂直类渠道。这类平台由于垂直属性突出、内容固定（如针对汽车、美妆、数码产品等），且受众使用是为了获取对己有用的信息，因此创意要尽量与媒体主调性、人群诉求等契合。

（2）目标受众维度。受众的购买阶段不同，广告创意也应不同。对品牌未知的潜在目标受众，创意内容需要表明"我是谁""卖什么"；对于已进入品牌了解阶段或竞品比较阶段的目标受众，创意要能结合产品、服务的优势来解决受众的"痛点"或"纠结点"，即告知产品、服务能够产生什么效果，解决什么问题，竞争优势在哪里，从而直击痛点、吸引点击；对于品牌忠诚受众，创意要突出"活动""优惠"等，刺激二次消费。

（3）场景维度。根据受众所处时间段、地理位置、天气状态等场景的不同，所呈现的创意内容也要不同，即营销者应该设计与场景高度融合的物料。例如，"出差必备""雾霾天必备""在北京打拼必备"等，基于受众当前所处的场景特征输出信息更容易与目标受众进行"有温度"的沟通，进而增加点击量。

（4）样式维度。不同渠道除了风格、调性不同，广告展现样式也不同。因此，创意的设计也要符合该渠道该类样式的特点。创意多为文字、图片和视频的组合，不同样式维度编辑的重点不同。

①"文字＋小图"展现样式。建议图片中尽量减少或不显示文字内容；图片清晰可辨，

且在有限的尺寸内尽可能突出重点。

②"文字+大图"展现样式。建议尽量采用高清、真实的图片,让广告看起来有较强的质感和可信度;同时可适当加入文字内容,如行动召唤类文案(倒计时、抢先购)、利益吸引类文案(免费送、买二送一)等。

③"文字+多图"展现样式。建议分别展示不同产品(如电子商务类推广)或不同场景(如游戏类推广)的图片,以增加卖点和吸引点。同时,所有图片之间布局要协调,颜色搭配要合理,整体完整性要强。

④"文字+视频"展现样式。文字不宜过长但要突出重点;视频画面要有趣且吸睛,让用户产生点击观看的冲动。

2. 创意优化

(1)创意相关性优化。要尽可能多地挖掘目标受众需求,从目标受众的角度出发优化创意,同时还要具体结合落地页内容,保证目标受众从点击广告创意链接到落地页后,落地页展示的产品或服务信息能够满足目标受众需求。

可以在创意文案中使用通配符,例如,设置地域通配符展示访客所在地域,设置商品品类通配符,针对不同目标受众展示不同商品等,来增加创意的相关性。

(2)语句通顺度优化。创意添加通配符后,广告触发时就会替换通配符中的默认关键词,替换后要保证创意语句通顺、不重复,行文符合逻辑。

(3)吸引力优化。要及时把握目标受众的特点与兴趣点,将产品的特点与优势传达给目标受众。企业需要不断挖掘产品的特点与亮点,进行创意内容优化,增加创意的吸引力。还可以按照创意生产的一些方法(如FAB法、角色扮演法等),编辑与优化创意内容,增加吸引力。

3. 创意标签设置

部分推荐引擎广告平台需要进行创意标签的设置。例如,在字节跳动旗下巨量引擎广告投放平台,创意标签是企业对创意的自我介绍,主要介绍创意推广产品或服务的属性。标签描述越详细、越全面,越有助于把广告推送给精准目标受众。

在操作页面中,标签是一个开放性的选择端口,可以把创意标签划分为以下三种类型:

(1)主创意标签设置。主创意标签是指核心标签,是对核心属性的描述。例如,连衣裙的核心标签可以设置为女生、夏季、穿搭、服装、裙装等。

(2)边缘标签设置。边缘标签是指围绕核心标签衍生的标签,即价值属性描述。以连衣裙为例,边缘标签可以设置为时尚、显瘦、减龄、新款等。

(3)测试标签设置。测试标签是非紧密贴合但是触类旁通的标签,即相关属性的预估性描述,可能借此吸引和转化其他客源,比如衣服材质、工作、聚会等。

四、推荐引擎广告营销应用

1. 线下门店推广——剪刀石头布家居

以门店推广为目的的推荐引擎广告营销需要设置门店信息,一般支持多门店同时投放。门店推广的目标可以细化为展现量、点击量、到店量和成交量,转化目标的实现难度从低到高依次为:展现量<点击量<到店量<成交量。在实际工作中,还需要按照公司实际营销需求选择不同的转化目标。门店推广主要针对拥有线下门店的本地广告主(如餐饮

企业、商场、培训机构、健身房等），设置好门店信息后，在进行目标受众定向时，可以在地域定向中直接进行商圈定向，一般支持地址切换并设置门店的商圈半径。

在实际展现时，目标受众会在广告下方看到门店的地理位置及距离，所以要按照产品的特性等选择半径范围，才能有效提高广告点击量和到店量。

（1）营销目标。剪刀石头布家居在此次推荐引擎广告营销中以扩大曝光度、导入更多客流为主要目标。

（2）营销方案设计与实施。

① 投放受众分析。家居装修可以彰显业主的审美水平，越来越多的家居家装消费者试图通过家居装修彰显自己的生活态度和格调。他们重视商家口碑，喜欢线上咨询、线下体验，关注产品的品质和颜值。结合家居装修产品的特点，此次活动以 45 岁以上的目标受众为主，他们的主要特征是：经济能力持续增强，购买力增强，对美好生活的意识增强，有购买国际高端品牌的欲望。需求关键词有档次、环保、大气等。

从品牌方面来说，优惠促销等价格因素对目标受众的购买影响比较小，而大部分目标受众更在意品牌和材料品质，能更理性地考察环保、设计等方面，这类高端客户对产品品质、购物环境、全程服务的要求比较高，他们不希望花过多时间关注非必需产品，节省客户的时间尤为重要。

② 市场环境分析。家装需求逐年增加，但现阶段消费者对家装的负面反馈仍远高于正面反馈，大部分客户都不满意选购耗时长、家装信息不透明的行业现状。化解"信任危机"是家居行业打动消费者的关键。

③ 广告营销方案实施。为了更好地满足家具家装类客户向线下门店引流的诉求，剪刀石头布家居结合门店信息、基于 LBS 定位技术精准定向目标受众，如图 6-8 所示。另外，企业还采取兴趣关键词定向目标受众，关键词选用窗帘墙纸类、极简轻奢类、进口品牌类及品牌拓展词类。剪刀石头布家居在创意和落地页方面注重产品品质、购物环境、全程服务的表现，并通过多种创意吸引用户到店，实现营销服务闭环。

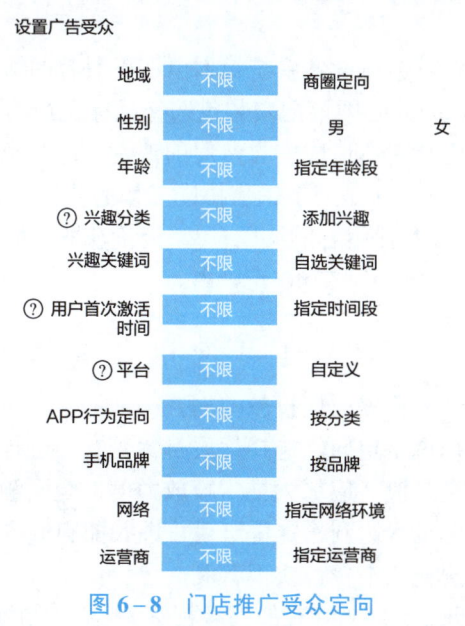

图 6-8 门店推广受众定向

剪刀石头布家居的此次营销活动基于商圈进行门店推广，利用 LBS 技术使定向更精准，精准圈定目标受众；在门店展示创意的同时提供位置标签、门店电话线索组件，方便目标受众一键完成电话拨打、一键调用百度地图导航，高效引导客户到店；落地页设计上依据客户需求，对活动页面、沟通方式、数据统计等进行个性化定制，实现精准定位展示，提高了转化效果。

拓展阅读

LBS

LBS 即基于位置的服务（Location Based Services），是利用各类型的定位技术来获取定位设备当前所在位置，通过移动互联网向定位设备提供信息资源和基础服务。用户可利用定位技术确定自身的空间位置，通过移动互联网来获取与位置相关的资源和信息。LBS 中融入了移动通信、互联网络、空间定位、位置信息、大数据等多种信息技术。利用移动互联网络服务平台进行数据更新和交互，可以使用户通过空间定位来获取相应的服务。

2. 应用推广——销帮帮 CRM（客户关系管理）APP

APP 应用的转化目标细化为激活、下载和安装。要想统计 iOS 和安卓激活转化数据，就需要进行 API 数据对接。APP 应用推广的目标可以是激活、下载、安装、转化，转化目标的实现难度由低到高依次为激活＜安装＜下载＜转化，在实际工作中，还需要按照公司实际营销需求选择不同的转化目标。

在进行目标受众定向时，APP 推广不支持 PC 定投。如果安装包过大，则网络选择为 WiFi 时可以避免因为下载缓慢或流量不足的问题影响转化量，也能合理降低推广成本。在对 APP 应用进行推荐引擎营销时，还可以过滤已安装该 APP 的目标受众，避免浪费广告费用。

APP 升级速度较快，有时会与设备系统版本出现不兼容的情况，如版本过低的系统无法安装最新 APP 应用包。因此必须根据安装包选择目标受众的设备系统及版本，否则推送给那些无法使用的目标受众就会造成广告费用的浪费，同时也会降低受众体验。

（1）营销目标。销帮帮 CRM 是一个销售协同工作的软件，此次的营销活动目标包括：① 品牌塑造，赢得市场认知和使用者的认同；② 流量获取，扩大用户规模，延长应用生命周期；③ 单个线索表单成本控制在 40 元以内。

（2）营销方案设计与实施。

① 投放周期。

测试期：测试营销方案，积累前期投放数据。

稳定期：根据投放数据调整定向，选择优质目标受众，进行精准投放。

放量期：这是推广黄金阶段，应加大推广投放力度，全面触达受众，增加获客率。

回收期：在获取的表单线索达到稳定量级后，进入控制成本、引导流量的阶段，通过线下客服再沟通，促使客户充值消费，实现营利。

② 目标受众定向。以受众身上特有的兴趣标签为导向，通过兴趣分类和兴趣关键词

定向，圈定有潜力产生转化的用户，择优定向男性和24～50岁的目标受众，同时选择"管理订单""管理客户""销售"等作为兴趣关键词定向目标受众。

③ 创意编辑与优化。创意采用"大图+组图+小图"的展示方式，在内容上分析用户核心需求点，结合自身优势因素，多维度制作创意，切中用户关注点，如"管理客户""管理订单"等突出自身"方便"的优势；同时，利用"免费试用"按钮增加下载量。

④ 落地页设计。落地页主题明确、篇幅精简，突出产品活动利益点及产品优势；报名位置突出，减少无关内容干扰，利用"免费试用"和"限时送500元现金券"的形式刺激目标受众填写表单。表单设计应以获取重要信息为主，内容简洁，减少填写的复杂度。

此次营销活动从周期到落地页都进行了详细策划，最终获得曝光量超过895万，平均千次展现费用为8.25元；点击量超过9万，平均点击单价为0.97元，点击率为1.24%；累计表单达1 945份，表单成本最低为22.73元。销帮帮CRM此次营销活动的主要目标是销售线索收集和品牌塑造，并未进行APP下载的引导，因此未涉及目标受众设备系统及版本的选择。若以APP下载为营销目标，还需要定向目标受众的设备系统及具体版本，并根据APP安装包的大小选择是否定向网络类型，保证目标受众看到广告创意点击进入后，能够正常下载。

3. 电子商务店铺推广——海澜之家

电子商务店铺推广适用于拥有成熟电子商务店铺的企业，如淘宝、天猫、京东、拼多多、1688等平台内的成熟电子商务店铺。电子商务店铺推广的转化目标是展现量、点击量、在线咨询量、表单提交量、订单成交量等。转化目标的实现难度由低到高依次为展现量＜点击量＜在线咨询量＜表单提交量＜订单成交量。

电子商务店铺推广的目标受众具有全面性、普适性的特点，受地域和时间限制性较少，且与应用推广不同，对下载速度的要求并不是特别高；与线下门店推广也不相同，对商圈的要求较弱。因此在进行目标受众定向时，只需要根据业务范围与业务特点进行定向即可。

（1）营销目标。本次营销目标是推广海澜之家电子商务店铺的新品，目的是在增加海澜之家新品曝光的同时为电子商务店铺导流，有效实现购买转化。

（2）营销方案设计与实施。

① 受众分析与定向。海澜之家通过历史广告投放数据分析发现，广告点击意愿较高的受众年龄段为18～30岁及50岁以上，地域上点击率比较高的省份为广东、山东、河南、河北、江苏。对教育培训、家装百货、法律服务、游戏、文化娱乐、生活服务、美容化妆感兴趣的目标受众对本产品更为关注。因此，在此次营销活动中，主要通过基础属性、地域和兴趣分类定向目标受众，基础属性定向为18～30岁及50岁以上受众，投放地域为广东、山东、河南、河北、江苏，兴趣分类定向为教育培训、家装百货、法律服务、游戏、文化娱乐、生活服务、美容化妆。

② 创意设置。创意采用"品牌名称+品牌Logo"的形式进行展示；使用直观的数字内容介绍活动，文案简洁明了，图片直白；使用动态智能创意实现千人千面的创意展示，引发用户点击查看的欲望。

③ 落地页设置。本次营销活动落地页设置主要从以下几个方面入手：树立品牌形象，突出企业独立检测及认证信息，展示三包保证信息；突出抢购、限时降价，突出享受当下

活动力度的诱导语言；强调价格低不是因为质量差，进行产品的专业性知识普及；突出口碑、试用体验等内容，增加信任度。

在此次活动期间，海澜之家电子商务店铺获得超过 696 万次曝光，受众引流数超过 6 万，与历史同期数据相比，点击成本降低 70%，曝光成本降低 14.2%，点击率提升 42.9%。有效实现了品牌曝光、店铺引流。海澜之家本次营销活动结合产品特点定向目标受众，创意和落地页也结合活动和产品进行介绍，层层诱导，最终引导目标受众进店，增加电子商务店铺的曝光度，实现店铺引流，也提升了海澜之家的品牌知名度。

4. 其他应用场景

除线下门店推广、应用推广、电子商务店铺推广外，推荐引擎广告营销还可以应用于销售线索收集、文章推广等场景。

（1）销售线索收集。销售线索收集适用于希望通过线索组件收集目标受众信息并需要进行后续沟通促成订单的企业。销售线索收集场景下的广告创意和落地页往往是以表单的形式呈现，推广的目的可以细化为展现量、点击量、表单提交量、表单接通量、成交量，转化目标的实现难度从低到高依次为展现量＜点击量＜表单提交量＜表单接通量＜成交量，仍然要结合企业的主要营业内容进行受众定向。

（2）文章推广。适用于有文章曝光需求的企业，文章推广首先需要设置文章内容，内容页即推广的落地页，可以为品牌宣传页、知识型产品页等。文章推广的目标可以细化为展现量、阅读量、点赞量、评论量、转发量，转化目标的实现难度从低到高依次为展现量＜阅读量＜点赞量＜评论量＜转发量。在实际工作中还需要按照公司营销需求选择不同的转化目标。

从企业角度来讲，文章推广适用于品牌宣传内容的推广，通过内容的形式讲述品牌故事，塑造品牌形象。互联网软文是最常用的普遍存在的形式，因此在进行目标受众定向时没有特别要求，只需要参考企业的营销目标确定即可。

任务演练

应用程序推广

一、任务目标

（1）能够根据营销推广目标，结合品牌数据分析，完成应用程序推广账户搭建。
（2）能够根据目标受众定向策略，结合行业受众分布特点设置目标受众定向。
（3）能够根据营销推广目标，设置应用程序推广广告的预算和出价。
（4）能够根据推广创意定向策略，结合品牌信息，完成应用程序推广创意的设置。

二、任务背景

可可（CoCo）集团针对旗下自有 APP——可可优购商城，决定将提升 APP 下载量作为此次周年庆营销活动的推广目标，并且投入 10 万元作为投放 APP 广告的预算。

为了完成可可优购商城 APP 的推广任务，周义需要根据品牌数据分析的结果，针对未安装应用程序的目标受众，结合营销推广目标、受众及创意定向策略，完成此次应用程序的广告投放。此次广告投放的工作内容包括：完成搭建广告账户，设置受众定向，设置预算和出价，设置创意等。

三、任务分析

应用程序推广一般适用于有应用下载需求的广告主，以此提升 APP 的下载、安装、激活等转化效果，主要包括搭建广告账户、设置受众定向、设置预算和出价、设置创意等工作内容。

四、任务操作

（1）根据营销推广目标，结合应用程序下载分析，完成广告组的创建。

（2）根据营销推广目标，结合应用程序下载分析，完成广告计划设置。

（3）根据营销推广目标，结合应用程序下载分析，完成广告创意设置。

（4）结合品牌分析数据、应用推广广告投放策略、任务背景要求等，完成应用程序推广的广告投放。

五、任务评价

本任务评价内容如表 6-7 所示。

表 6-7 应用程序推广任务评价

评价方式	客观评价
评价内容	能够完成广告投放流程的设置
	能够设置合理的目标受众定向
	能够获得一定的广告展现量和 APP 下载量

六、任务拓展

（1）推荐引擎广告营销不仅适用于应用程序推广，同样也适用于线下门店、电子商务店铺、图文内容等多种场景。

请结合应用程序推广的方法与不同场景的特点，完成线下门店、电子商务店铺、图文内容的推广。

（2）请结合本任务，完成数码行业某企业的推荐引擎广告营销活动。

自测题

一、单项选择题

1. 针对母婴用品感兴趣的受众，定向"女性、25~35 岁、已婚"的目标受众，这种目标受众定向方式属于（　　）。

　　A. 基础属性定向　　　　　　　B. 兴趣定向

　　C. 行为定向　　　　　　　　　D. 场景定向

2. 某推荐引擎广告的出价方式为 CPC，广告出价为 0.2 元，广告预估点击率为 50%，那么它的广告展示预估收益（ECPM）为（　　）。

　　A. 0.1　　　　B. 0.2　　　　C. 100　　　　D. 200

3. 金融、汽车、房地产、出国游学等行业，客源重合度高，价格自然就会水涨船高。这类人群适合采用（　　）的出价方式。

　　A. 先高价后调价　　　　　　　B. 紧俏的资源高出价

C. 旺季高出价　　　　　　　　　　D. 热门人群高出价
　4. 在推荐引擎广告营销过程中，不利于提高转化量的落地页内容是（　　）。
　　A. 页面内容与创意相关
　　B. 核心内容突出
　　C. 有活动信息放在落地页首屏
　　D. 落地页页面内容丰富，页面可以长一点
　5. 推荐引擎广告展现量高、点击量高、页面访问量低时，要着重排查的问题是（　　）。
　　A. 广告定向设置是否过窄
　　B. 创意内容是否与目标用户群体相关
　　C. 页面打开速度是否过慢
　　D. 页面设计是否符合用户体验

二、多项选择题

　1. 常见的广告扣费规则有按（　　）扣费。
　　A. 点击　　　　　　　　　　　　B. 展现
　　C. 时间周期　　　　　　　　　　D. 转化
　2. 下列属于预估点击率影响因素的有（　　）。
　　A. 历史点击率　　　　　　　　　B. 创意相关性
　　C. 落地页质量　　　　　　　　　D. 账户的历史表现
　3. 下列关于推荐引擎的内容推荐原则，描述正确的有（　　）。
　　A. 所推荐的内容必须合规
　　B. 标题中有错别字不影响内容推荐
　　C. 侵犯著作权的内容影响平台推荐
　　D. 内容质量高利于平台推荐
　4. 按照展现出价的出价方式有（　　）。
　　A. CPA　　　　B. CPM　　　　C. CPV　　　　D. OCPM
　5. 广告投放进行目标受众定向时，以下属于平台环境定向的有（　　）。
　　A. 气温定向　　　　　　　　　　B. 手机品牌定向
　　C. 化妆指数定向　　　　　　　　D. 网络类型定向

三、判断题

　1. 内容发布后反复修改不利于内容的推荐。　　　　　　　　　　　　　　（　　）
　2. 落地页的表单越复杂越好，表单问题越多，占据页面越多，填写字段越多，转化率越高。　　　　　　　　　　　　　　　　　　　　　　　　　　　　　　　　（　　）
　3. 推荐引擎广告排名只受预估点击率的影响，和出价无关。　　　　　　（　　）
　4. 推荐引擎在推荐信息的过程中，对于点击率低的内容会增加二次推荐，以增加内容的点击率。　　　　　　　　　　　　　　　　　　　　　　　　　　　　　　（　　）
　5. 一般来说，在新设置一个广告计划时，建议适当调高出价；等有一定展现量后，再逐渐下调出价。　　　　　　　　　　　　　　　　　　　　　　　　　　　（　　）

项目七　数字营销效果分析与优化

学习目标

知识目标

- 了解数字营销评估数据获取的途径
- 熟悉评估指标体系搭建
- 掌握数字营销效果分析方法

技能目标

- 能够准确阐述数字营销效果评估指标的含义
- 能够使用营销漏斗、AARRR 等模型方法进行数字营销效果分析

思政目标

- 遵纪守法，培养数字经济时代正确获取和使用数据的合规意识
- 践行社会主义核心价值观，养成敬业、诚信的职业品质

案例引入

江淮汽车的精准营销

江淮汽车股份有限公司是一家集全系列商用车、乘用车及动力总成等研产销和服务于一体的综合型节能汽车与新能源汽车企业集团。该公司本次营销活动的内容是"520团购会",活动主题是"江淮厂商直销,价格优惠",并在多种渠道进行广告推广。其营销目标是在预算内获得100个线索量,确保其中至少80个有购车意向。

1. 营销策略

(1) 投放节奏。

① 5月12日完成新建计划:以表单为落地页,设置合理出价,多创意布局,落地页突出价格优势。

② 5月12—13日测试:观察多创意转化率、流量消耗速度和流量时间分布,分析受众报告。

③ 5月14日优化:手动暂停转化成本高的创意,结合受众报告调整目标受众定向,合理调价,平衡消耗和成本。

④ 5月15—17日稳定:合理调价,平衡消耗和成本。

(2) 受众定向。

① 兴趣:各大国产汽车品牌以及相关类标签,如车主、司机、购车、团购等。

② 年龄:18~50岁以上。30~50岁为最主要购车人群的年龄范围,后期结合受众分析再调整优化。

③ 时间:设置为6:00—24:00。高峰期为7:00、12:00和21:00,提高高峰期出价。

(3) 灵活调价。尽量在较低的成本区间内增加消耗,提升转化数。当单日预算较多但剩余时间较少时,将出价提升到合理区间,增加投放速度,同时保持成本在较低水平。当预算较少但剩余时间较多时,降低出价以减少流量速度,更均匀地投放,从而降低成本。

(4) 创意优化。大图与组图相结合,测试多种类型文案,筛选出最能过滤用户意向度的创意。经过多文案测试发现,相同品牌下,用户关注最多的是汽车的具体首付金额、贷款利率、优惠金额以及地域属性。在文案撰写上,突出用户最关注的亮点并具体化,如突出"首付仅要3 000元"的文案。

2. 营销效果

江淮汽车在此次营销活动中通过一系列优化措施,使转化率提升了200%,转化成本降低了33%。通过投放策略可以看出,并不是完成推广计划新建后就可以完成广告营销工作,而是需要不断观察效果数据,根据数据报告不断调整、优化。数据分析效果优化是实现营销目标的关键步骤,是每个数字广告营销人员的必备技能。

项目七　数字营销效果分析与优化

工作任务一　效果分析与评估

广告效果分析是衡量广告质量的重要手段。通过广告效果分析，可以发现广告存在的问题，方便企业有针对性地调整广告策略，其也是企业提高数字广告营销活动效果的有效方法。数字广告效果分析需要工作人员按照科学的效果分析思路，采用合理的效果分析方法，对各个渠道的营销效果进行分析与评估，为数字广告营销优化方向提供数据支撑。本任务的主要工作过程如下：

（1）获取并清洗各渠道的广告效果数据。
（2）根据营销目标选取分析指标。
（3）从多种维度进行营销效果分析与评估。
（4）通过营销效果与营销目标的对比，确定优化方向。

一、评估数据获取

随着数字化转型和数字化建设的快速发展，企业愈加意识到数字营销效果分析已经成为数字化精准营销闭环中的关键环节。企业不仅可以通过数字营销效果分析与数据洞察研判营销环节中的优缺点，而且能够反向指导营销活动方案设计，形成有效的营销活动模板，进行常态化营销。

1. 数据获取的技术方式

（1）数据埋点。埋点是数据采集领域的术语，也叫作事件追踪，指的是针对特定客户行为或事件进行捕获、处理和发送的相关技术及其实施过程。数据分析师、数据产品经理和数据运营人员基于业务需求或者产品需求，对客户行为每一个事件的对应位置开发埋点并通过软件开发工具包上报数据结果，在记录汇总数据后进行分析，推动产品优化，并指导营销效果优化。

（2）数据库导入。产品数据库里是现成的数据，可以通过高效技术手段命令执行的方式对数据库进行筛选，以便找到有用的数据，也可以通过一些图形化操作工具对数据库的数据进行筛选。

（3）系统日志。日志系统会将系统运行的每个状况的信息都使用文字或者日志的方式记录下来。这些信息可以理解为业务或是设备在虚拟世界中的行为痕迹，如访客IP地址、访问时间、访问次数、停留时间、访客来源等数据。通过日志对业务关键指标以及设备运行状态等信息进行分析，进而挖掘企业营销业务平台日志数据中的潜在价值。

（4）应用程序接口（API）。数据可以通过应用对外开放的API（如社交平台的API、广告投放平台的API等）给企业返回点赞数、浏览量、转发数等相关营销数据。

拓展阅读

数据合规性

在国家政策不断明晰、行业监管力度持续加强的背景下，数据合规时代已全面到来。

对于很多企业来说，数据就是核心资产，数据的合规与安全成了企业无法回避的话题。如何排除数据风险，切实做到数据合规，是许多企业亟须解决的问题。数据合规风险主要有以下几种。

1. 侵犯个人信息

许多 APP 在使用之前会向用户请求各种授权，包括位置信息、通信录、摄像头、录音权限等。在这种索要授权的过程中，可能产生侵犯个人信息的数据风险。在 APP 过度收集用户信息时，哪怕用户同意，其行为仍然可能不合规。

2. 侵犯商业秘密

商业秘密是企业的重要数据，侵犯企业的数据安全，可能会侵犯企业的商业秘密。例如，客户名单受商业秘密保护，通过非法手段获取他人的客户名单时，就会侵犯其商业秘密。

3. 不正当竞争

侵犯他人数据的行为还可能构成不正当竞争，给企业带来涉诉风险。例如，在大数据引发不正当竞争第一案——新浪微博诉脉脉非法获取其用户信息案中，脉脉未经用户允许和微博平台授权，非法抓取、使用新浪微博用户信息，非法获取并使用脉脉注册用户手机通信录联系人与微博用户的对应关系，对新浪微博构成不正当竞争。

4. 虚假宣传和虚假广告

此类风险最常见的表现形式是通过刷单为店铺增加交易量，提高信誉，即人们常说的"刷单炒信"行为。"刷单炒信"意味着"虚构交易"，并利用虚构交易进行"虚假宣传"，此类行为违反《中华人民共和国反不正当竞争法》和《电子商务法》。可能为企业带来行政处罚。

5. 侵犯计算机、信息网络违法犯罪

（1）在数据获取环节，如果采用违法方式获取数据，会给企业带来以下刑事风险：

① 利用爬虫工具非法侵入国家事务、国防建设、尖端科学技术领域的计算机信息系统的，可能构成"非法侵入计算机信息系统罪"。

② 利用爬虫工具规避网站经营者设置的反爬虫措施，非法获取信息的，可能涉嫌"非法获取计算机信息系统数据罪"。

③ 干扰"被爬"网站的正常运营，可能构成"破坏计算机信息系统罪"。

④ 如果是提供专门用于侵入、非法控制计算机信息系统的爬虫工具，或者明知他人实施侵入、非法控制计算机信息系统的违法犯罪行为而为其提供爬虫工具，可构成"提供侵入、非法控制计算机信息系统程序、工具罪"。

（2）在数据存储、管理环节，如果企业作为网络服务提供者不履行法律、行政法规规定的信息网络安全管理义务，经监管部门责令采取改正措施而拒不改正，导致违法信息大量传播、用户信息泄露等，可能构成拒不履行信息网络安全管理义务罪。

为了规范数据处理活动，保障数据安全，促进数据开发利用，保护个人和组织的合法权益，维护国家主权、安全和发展利益，2021 年 6 月 10 日，第十三届全国人民代表大会常务委员会第二十九次会议通过了《中华人民共和国数据安全法》，自 2021 年 9 月 1 日起施行。按照总体国家安全观的要求，《中华人民共和国数据安全法》明确数据安全主管机构的监管职责，建立健全数据安全协同治理体系，提高数据安全保障能力，促进数据出境

安全和自由流动，促进数据开发利用，保护个人、组织的合法权益，维护国家主权、安全和发展利益，让数据安全有法可依、有章可循，为促成我国的数字化转型，构建数字经济、数字政府、数字社会提供法治保障。

（5）网络爬虫技术抓取。网络爬虫技术是一种按照一定的规则，自动抓取万维网信息的程序或者脚本。最常见的爬虫是经常使用的搜索引擎，如百度、360 搜索等。此类爬虫统称为通用型爬虫，能对所有网页进行无条件采集。给予爬虫初始 URL，爬虫就可以提取并保存网页中所需要的数据。

为了满足更多需求，多线程爬虫、主题爬虫等工具应运而生。多线程爬虫通过多个线程同时执行采集任务，一般而言通过几个线程，数据采集效率就会提升几倍。主题爬虫和通用型爬虫截然相反，其通过一定的策略将与主题（采集任务）无关的网页信息过滤掉，仅仅留下需要的数据，它可以大幅减少无关数据导致的数据稀疏问题。

2. 数据获取的其他方式

（1）合理利用企业内部数据。企业内部本身会产生很多数据，可以提供给营销人员进行分析。企业内部数据通常包含销售数据、考勤数据、财务数据等。销售数据是大部分公司的核心数据之一，它反映了企业的发展状况，是数据分析的重点对象。考勤数据是记录企业员工上下班工作时间的数据，通过考勤数据可以分析员工的工作效率和工作状态等，便于企业对员工进行管理优化。财务数据是反映企业支出与收入情况的数据，可以通过对财务数据的分析了解企业经营状况，及时调整企业发展战略等。

（2）通过线下调研获取数据。线下调研的方法虽然有些烦琐，但对于营销数据获取具有重要的作用。部分客户对网络调研的信赖度存有疑虑，可能在线上调研中拒绝提供数据，线下调研可以解决这一问题。而对于部分针对线下推广的产品来讲，通过线下调研的方式获取的数据更有价值。

（3）通过信息互换的方式共享数据。每个企业都会有一些有价值的数据，但这些数据往往不会公开，想要获得这些数据的难度较大，这就需要考虑信息互换和共享数据。交换数据的前提是双方不存在竞争关系，但有同样的目标客户群体。例如，奶粉商家和婴幼儿器材商的目标群体契合度很高，两者之间也不存在竞争关系，就可以进行数据共享。

数据采集本身不是目的，采集到的数据要可用、能用，且能服务于最终应用分析。数据采集的科学性决定了数据分析报告是否有使用价值。只有当数据采集具有科学、客观、严密的逻辑性时，建立在此基础之上的数据分析结论才具有现实的价值和意义。

二、评估指标体系搭建

评估指标体系搭建是数据化运营的基础，是基于对业务逻辑和商业模式的理解，通过层次化、结构化的指标定义和维度划分将复杂烦琐的业务数据清晰系统地展示出来。将业务单元细分后量化的度量值称为评估指标，它使业务目标可描述、可度量、可拆解，是业务与数据的结合，是统计的基础，也是量化效果的重要依据。评估指标体系就是将零散单点的具有相互联系的指标系统化地组织起来，通过单点看全局，通过全局解决单点的问题。

1. 内容效果评估指标

多元化的传播渠道给企业的数字营销传播者带来很多机遇,也带来诸多挑战。企业相关岗位的工作人员不仅要根据自己的业务需求和目标确定有效的渠道,制作、发布高质量、有价值的企业信息和内容,还要采用更全面、更科学的传播效果评估标准,帮助企业及时了解媒体和受众的反馈,不断优化己方的传播策略,提高传播效果。

(1) 展示数据指标。内容的展示数据是最基础的数据,它的意义和价值在于提供给内容营销者一个直观而基础的数据,用来展示内容被点击、查阅的情况,从而分析内容是否为网站(产品)提供了相应的帮助,如内容覆盖人数、内容是否符合客户兴趣等。

以一篇推广文章为例,这篇文章的链接被点击了100次,其中10次是点击后直接关闭网页,50次点击的停留平均时间为20秒,另外40次点击的停留平均时长是3秒。通过这些数据,可以对文章的质量进行评估。接下来可以深入分析那10位直接关闭网页的人还看了哪些文章,他们的行为特征是怎样的。从而了解如何通过改善类别质量,提高内容对客户的价值及与客户的契合度,进而提高内容被展示的次数。常见的内容展示指标有以下几种:

① 内容点击量,指文章的阅读总数或视频的播放总数。

② 内容页面跳失率。跳失率的计算公式为:

$$跳失率 = \frac{只浏览一个页面就离开的访问次数}{该页面的全部访问次数}$$

内容页面存在跳出行为通常是两个原因导致的:一是提供的内容与访客的期待不匹配;二是所提供的内容不能满足访客的需求。

③ 内容页面停留时间,指客户在内容页面上所花费的时间。从运营角度来看,客户在内容页面的停留时间反映了内容的黏性。一般情况下,客户的需求与内容匹配度越高,内容浏览时间越容易聚拢在一个相对集中的区间里,不会过短也不会过长。

(2) 转化数据指标。内容的转化数据相对于展示数据而言,层次更深,往往用于判断内容是否能够促进客户的转化,比如能否利用内容让客户从活跃转向付费。

以网络小说为例,从免费阅读到付费阅读的转化数据表现出该作品的"吸金"能力。从一定层面上说,内容转化数据是衡量内容能否带来高质量粉丝的依据。常见的转化数据指标有:内容中付费链接的点击次数、付费成功次数、内容页面广告的点击次数、广告的停留时间、二次转化成功率等。

(3) 黏性数据指标。黏性数据和展示数据相关,但二者有一定区别。统计展示数据时,如果进一步分析客户重复阅读的次数,那么结合每次阅读的停留时间就可以得到黏性数据。常见的黏性数据指标有:阅读页停留时长、单位客户阅读数量、客户重复活跃次数等。

(4) 扩散数据指标。内容的扩散数据或称"分享"数据,是一个新增的可监测数据。内容的分享频率和分享后带来的流量统计,可以说明内容对某类客户的价值和作用,这对于需要通过分享带来客户以及需要引爆热点和进行口碑营销的企业(产品)来说有着重大意义和价值。常见的扩散数据指标有:分享渠道、分享次数、回流率等。

一般情况下,客户流失其实指的是在一段时间内不再使用产品的客户,可以通过回流率来判断其情况,其公式为:

$$回流率 = \frac{回流客户数}{流失客户数} \times 100\%$$

2. 广告效果评估指标

以搜索引擎营销为例,在进行营销推广时,需要知道消费者对关键词的检索量。而相应地,企业在自己的推广账户中也可以查看展现次数、点击量、消费转化率等数据。由于数字平台能自动计算出点击率及平均点击价值,当导流到企业自己的网站之后就会有相应的消费者访问指标数据,包括访问次数、访客数、跳出率、平均访问数、平均访问页数等指标。企业最关注的销售指标也会出现,包括转化次数、转化率、平均转化成本、投资回报率、收益和利润等。

(1) 点击量与点击率。客户点击网页与广告的次数称为点击量。点击量可以客观准确地反映营销推广信息的传递效果。

点击率是指网站页面上某一内容被点击的次数与被显示次数之比。它反映了该内容的受关注程度,经常用来衡量广告的吸引程度。如果某一网页被打开了1 000次,而该网页上某一广告被点击了10次,那么该广告的点击率为1%。点击率是营销推广信息最基本的评价指标,也是反映营销效果最直接、最有说服力的量化指标。

(2) 转化量与转化率。转化是指受营销推广信息影响而形成的注册、购买。转化量是指受营销推广信息影响所产生的购买、注册或信息需求行为的次数,而转化量除以点击量就是转化率。转化率是指在一个统计周期内,完成转化行为的次数占推广信息总点击次数的比率。转化率的计算公式为:

$$转化率 = \frac{转化量}{点击量} \times 100\%$$

例如,共有10名客户看到某个搜索推广的结果,其中5名客户点击了某一推广结果并被跳转到目标URL上,这其中又有2名客户有了后续转化的行为。那么,这条推广结果的转化率就是 2/5×100%=40%。

(3) 阅读量与传播量。一篇好的营销推广文章或一个精彩的营销推广视频会在很长时间内被反复阅读或观看。因此,在一个确定时间段内,统计其阅读量或传播量是比较重要的。这个指标是指消费者看的营销推广文章或视频的数量,可以据此初步判断所投放的广告展示情况。

营销推广信息需要通过各种媒体渠道传播。传播量主要衡量营销信息在所确定的媒体渠道上投放和转载的数量。一般来讲,媒体渠道投放情况主要包括营销信息放在什么频道、什么位置、推荐到了什么地方、是否为热文、是否有评论等,这些都是营销信息传播效果测量的具体指标。

(4) 活动参与量与互动率。活动参与量主要统计针对数字平台推出的营销传播主题在实施推广后的参与人数。该指标测量的主要依据有两个方面:一是活动的对象;二是参与的难度。如果只是点击一下鼠标就可以参与,那这个活动就比较轻松,活动参与量达到几万人也比较正常;如果一项活动需要提交一些符合标准的作品,那么可能几千人的参与就很不容易了。

互动率指消费者与营销推广内容进行互动的数量与观看量之间的比率,互动包括重播、点击、评论、下载和转发等行为。消费者与营销信息产生有效互动后,营销效果将会大大增强。

3. 互动效果评估指标

互动效果评估指标可以从多个方面来划分，本小节的划分依据是 AARRR 模型，在"拉新—促活—留存—转化—传播"这五个环节中的重要评估指标如下所述：

（1）拉新阶段效果评估指标。在这一获取客户的阶段，可以通过以下几个指标进行效果评估：

① 渠道曝光量：有多少人看到产品推广的线索。

② 渠道转换率：有多少客户因为曝光转换成客户。

③ 日新增客户数：每天新增客户数量。

④ 日应用下载量：每天有多少客户下载了产品。

⑤ 获客成本：获取一个客户所花费的成本。

（2）促活阶段效果评估指标。在促活阶段，可以通过以下几个指标进行效果评估：

① 日活跃客户数（简称日活）：一天之内，登录或使用了某个产品的客户数。类似的还有周活跃客户数、月活跃客户数等。

② 活跃率：某一时间段内活跃客户在总客户量中的占比。根据时间频率可分为日活跃率（DAU）、周活跃率（WAU）、月活跃率（MAU）等。

③ 流失率：在产品使用的每个节点中客户的流失率。客户流失率和留存率是一对恰好相反的指标。

④ 页面浏览量（PV）：即页面浏览量或点击量，用来衡量客户访问的网页数量。在一定统计周期内客户每打开或刷新一个页面就记录 1 次，多次打开或刷新同一页面会累计浏览量。

⑤ 独立访客数（UV）：统计 1 天内访问某站点的客户数（以 Cookie 为依据）。1 天内相同的访客多次访问网站只计算 1 个 UV，UV 越高说明不同的访客越多，网站流量增加的也越多。

（3）留存阶段效果评估指标。在留存阶段，可以通过以下几个指标进行效果评估：

① 次日留存率：当天新增的客户中，在第二天使用过产品的客户数与第一天新增总客户数之比。

② 第三日留存率：第一天新增的客户中，在第三天使用过产品的客户数与第一天新增总客户数之比。

③ 第七日留存率：第一天新增的客户中，在第七天使用过产品的客户数与第一天新增总客户数之比。

④ 第三十日留存率：第一天新增的客户中，在第三十天使用过产品的客户数与第一天新增总客户数之比。

（4）转化阶段效果评估指标。在转化阶段，可以通过以下几个指标进行效果评估：

① 客单价：每位客户购买商品的平均金额。计算方法为：

$$客单价 = \frac{销售总额}{顾客总数}$$

② 付费客户占比（Pay User Rate，PUR）：指付费购买商品的客户占总客户的比重。

③ 每个付费用户平均收入（Average Revenue Per Paying User，ARPPU）：某段时间内

付费客户的平均收入（不包括未付费的客户）。计算方法为：

$$每个付费用户平均收入 = \frac{总收入}{付费客户数}$$

④ 生命周期价值（Life Time Value，LTV）：常用于游戏行业

指平均每个客户从首次登录游戏到最后一次登录游戏的时间内，为该游戏创造的总收入。

⑤ 复购率：一定时间内，消费两次以上的客户数与总购买客户数之比。

⑥ 销售额：指通过客户数、转化率、客单价和购买频率计算的总金额。销售额计算方法为：

$$销售额 = 客户数 \times 转化率 \times 客单价 \times 购买频率$$

其中，购买频率是指消费者或客户在一定时期内购买某种或某类商品的次数。

（5）传播阶段效果评估指标。在传播阶段，可以通过以下指标进行效果评估。

① 转发率：即某功能中转发客户数与看到该功能的客户数之比。

② 转化率：计算方法与具体业务场景有关。常用的有：

$$转化率 = \frac{产生购买行为的客户人数}{所有到达店铺的访客人数} \times 100\%$$

③ 广告转化率：点击广告进入推广网站的人数与看到广告的总人数之比。

④ K 因子（K-factor）：用来衡量推荐的效果，即一个发起推荐的客户可以带来多少新的客户。K＞1 时，客户群就会像滚雪球一样增大；K＜1 时，客户群成长到某个规模时自传播式的用户增长就会停止。

三、营销效果分析方法

营销效果分析是企业日常运营工作中至关重要的一环，但是由于营销本身具有特殊性，某些营销策划方案或者推广渠道有时并不能达到增加产品销售或者扩大品牌影响的目的，需要对营销效果进行分析。

1. 广告营销效果分析方法

（1）广告营销漏斗分析法。该方法主要是运用广告营销漏斗模型进行分析。广告营销漏斗模型是指营销过程中将非客户（潜在客户）逐步变为用户（客户）的转化模型。营销漏斗的关键要素包括营销的环节与相邻环节的转化率。营销漏斗模型的价值在于其量化了营销过程各个环节的效率，可以帮助企业找到薄弱环节。广告营销漏斗模型如图 7-1 所示。

广告营销漏斗模型适用于目前大多数互联网广告，整个漏斗模型是先将整个营销流程拆分成一个个步骤，然后用转化率来衡量每个步骤的表现，最后通过异常数据指标找出有问题的环节，从而解决问题，最终达到提升整体购买转化率的目的，广告营销漏斗模型的核心思想可以归为分解和量化。构建一个广告营销漏斗模型通常分为三个步骤。

第一步，梳理关键节点，绘制流程与路径。根据业务场景的设定规则或节点的定义，绘制事件的流程；例如，电子商务购物、APP 获客等场景下都有一些通用的流程与路径描述模板，借助这些模板可以快速定义关键节点，绘制出漏斗的大致轮廓。

展示量

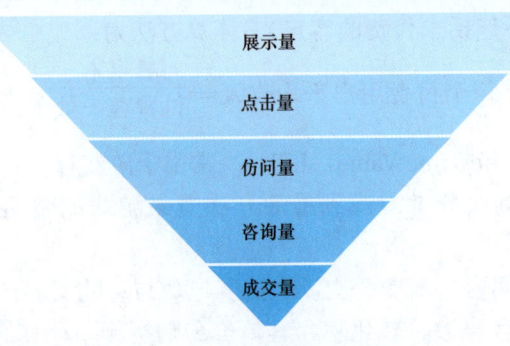

点击量

访问量

咨询量

成交量

图7-1 广告营销漏斗模型

第二步，收集各环节的痕迹数据进行数据分析。针对整个漏斗形成的过程，首先要进行指标的定义和数据的收集。指标的定义主要从行为、时间、比率等角度入手，指标对应的数据可以通过爬虫、埋点等方式获取。收集到相应数据后，就可以开始进行数据分析了。基于数据分析结果，可以用 Excel 等工具绘制出漏斗图，标上相应的数值。

第三步，确定需要优化的节点。通过在关键指标上与同类客户的平均水平、行业平均水平等进行比较，分析差距，找到自身的薄弱环节；通过与自身历史同期水平进行比较，确定某个流程中需要优化的节点，采取措施进行针对性整改。

（2）四象限分析法。四象限分析法也叫矩阵分析法，是指利用两个参考指标，把数据切割为四个小块，从而把杂乱无章的数据分成四个部分，然后依次对每一部分进行针对性分析。四象限分析法是观察和分析广告指标的工具，用于持续优化广告效果。四象限分析法能通过不同指标之间的相互关系判断具体优化步骤。

例如，在分析搜索引擎竞价广告营销效果时，可以将关键词分为四类，分别是：高消费高咨询、低消费高咨询、低消费低咨询、高消费低咨询，通过关键词四象限划分好关键词，就可以通过各个象限的属性进行数据优化。

四象限分析法在搜索引擎竞价广告营销业务问题诊断中的应用主要分为两类。

第一类类似于产品分析，先选用具有正负向意义的维度指标（如转化率、满意度等），如表 7-1 所示；再分析各营销环节在这两个指标下的表现情况，将关键词或人群属性等进行划分，找到产生问题的原因，寻求解决方法。

表7-1 正负向意义的维度指标

象限分类	产生原因		优化方法	推荐工具
低成本低转化	关键词展现量不足	排名低	提高出价	排名倾向自动出价工具
		关键词数量不足	拓展新的关键词	关键词拓展工具
		关键词触发概率小	拓宽匹配方式	区分匹配模式的出价工具
		没有搜索量	查看搜索词报告，寻找合适的搜索词	搜索词报告
	关键词点击率过低	创意无吸引力	优化创意标题和创意图片	创意撰写规则
		排名低	提高出价	排名倾向自动出价工具

续表

象限分类	产生原因		优化方法	推荐工具
高成本高转化	CPC（按点击付费）高	排名过高	适当降低排名	分匹配模式出价工具
		质量度差	提升关键词质量度	质量度优化工具
		起价过高	降低出价	区分匹配模式的出价工具
高成本低转化	转化率低，网页跳出率高		提高网站打开速度	网页测试工具
			提高落地页相关度	落地页 URL
			提升网页吸引力	离线宝、百度商桥
低成本高转化	出价合理，关键词选择精准		将这部分词作为核心关键词进行拓展，进而挖掘更有价值的关键词	关键词推荐工具、其他拓词工具

第二类是诊断各业务在同一指标不同时间维度下的表现情况。例如，当整体业务出现问题时，可以使用四象限分析法对各业务或产品同比或环比的表现进行分析，定位关键问题业务或产品并进行改善。

在日常业务分析中，经常会遇到转化率等指标出现恶化的情况，首先进行多维度拆分，分析是哪些品类或者商品导致的问题；在维度拆分后，为消除各业务或产品之间的差距，往往需要对该品类或商品历史值（即同比）和近期值（即环比）进行对比分析。

（3）对比分析法。这种分析法是将两个对象或者元素同时随机分配给两组浏览者，经过一段时间的交互之后，通过比较两组浏览者的转化率、点击率、下载率或者其他评价指标来评价两者中谁最优的量化分析方法。

对比分析法之所以能在数据分析领域广泛应用，是因为它能够解决大多数关于"选择"的问题，通过对比分析法选择出来的方案大部分情况下会使投入产出比最大化。对比分析法可以辅助业务方选出最优方案，在现有流量中获得更高的投入产出比。

对于广告营销来说，对比分析法本质上就是把平台的流量均匀分为几个组，每个组添加不同的策略，然后根据这几个组的客户数据指标（如留存、人均观看时长、基础互动率等核心指标）选择一个最好的策略组。

对比分析之所以能在数据分析领域广泛应用，是因为它能够解决大多数关于"选择"的问题，通过对比分析选择出来的方案大部分情况下会使投入产出比最大化。

对比分析可以辅助业务方选出最优方案并且在现有流量中获得更高的投入产出比。

对比分析法的实施流程可以归纳为以下步骤：

① 设定指标。确定比较指标是进行对比分析的第一步，需要根据测试的目的来决定选取哪些指标进行对比。对比分析中的指标可以分为三类，分别是核心指标、辅助指标和反向指标，在进行对比分析时，建议同时选择三类指标作为试验指标。

例如，要通过对比分析确定客户对网页的偏好，可以选择点击率作为比较的核心指标。为了排除同一个客户进行多次点击而造成的统计偏差，可以将点击率的统计口径定为去重的点击人数与去重的页面访问人数的比值。

除了核心指标，还需要一些辅助指标和反向指标。辅助指标的确定可以根据客户行为

· 203 ·

漏斗进行设定；也可以选择重要的下游指标，如平均点击次数、下单成功率、复购率等；反向指标是可能对产品产生负面影响的指标，如回跳率、退货率、回撤率、应用删除率等。

② 创建变量。选定指标之后，就需要进行变量的创建，即对网页的元素进行更改，这部分工作由前后端配合完成。

③ 生成假设。有了变量之后，可以基于经验对试验结果做出假设。例如，可以假设客户更喜欢改版后的网页或者创意内容。

④ 确定分流（抽样）方案。如何分配流量、分配多少流量涉及对比分析的成败，尽量选择同质性较高的客户，也就是各个维度特征较为相似的客户进行测试，同时需要确定分流比例和其他分流细节。

⑤ 确定测试时长。根据业务的特点和用户量确定测试时长。在用户数量较少的情况下，测试时间太短，可能会导致用户不精准；测试时间太长，则会造成营销成本投入过大，导致浪费。

⑥ 收集数据。适时收集测试数据并进行有效性和效果判断。通常统计显著性达到95%或以上并且维持一段时间，测试就可以结束；统计显著性在95%以下，则可能需要延长测试时间；如果很长时间内统计显著性始终不能达到95%甚至90%，则需要决定是否中止试验。

⑦ 分析数据。对收集到的测试数据进行分析，根据分析结果确定下一步行动计划，一般包括发布新版本、调整分流比例、继续优化方案、重新测试等。

（4）TOP-N分析法。TOP-N分析法是指基于数据的前N名进行汇总，与其余汇总数据进行对比，从而得到最主要的数据所占的比例和数据效果。其基本原则就是分析典型化和分析差异化，在数据选取时越是差异化的数据越有价值。

这种分析法可以有效帮助企业定位出需要持续关注消费或转化的重要关键词。搜索引擎广告营销常利用该分析法对营销效果数据进行分析。

① 关键词报告。根据消费降序排列，选取消费排名前50的关键词，筛选掉与产品或服务相关性较弱的关键词；对出价高的关键词进行适当调整。

② 搜索词报告。将一段时间（如一周或一个月）内的搜索词按点击和展现分别进行降序排列，可以重点检查前100或200名的搜索词；通过点击列表可以查看是否有遗漏的重要关键词；通过展现列表可以知晓存在哪些展现量大但点击量小的关键词。同样可以对其他后台报告或数据报告进行类似分析，都能得到一些有价值的信息，从而进一步优化账户。

2. 互动营销效果分析方法

主要采用AARRR（Acquisition、Activation、Retention、Revenue、Referral）模型进行分析，它对应客户生命周期的5个重要环节：客户获取、客户激活、客户留存、客户变现（转化）、推荐传播。通过该模型可以有针对性地对出现问题的重要节点进行分析，达到提升ROI的目的。AARRR模型如图7-2所示。

AARRR模型是互动营销中常用的一种模型，也是一个典型的漏斗模型，可以用来评估连续的业务流程节点转化率。从获客到推荐，整个AARRR模型形成了客户全生命周期的闭环模式，不断扩大客户规模，实现持续增长。AARRR模型通常会用在流量监控、活动营销效果监控、APP运营、商品活动分析、产品转化分析等方面。通过分析各个环节的转化率，优化互动营销效果。

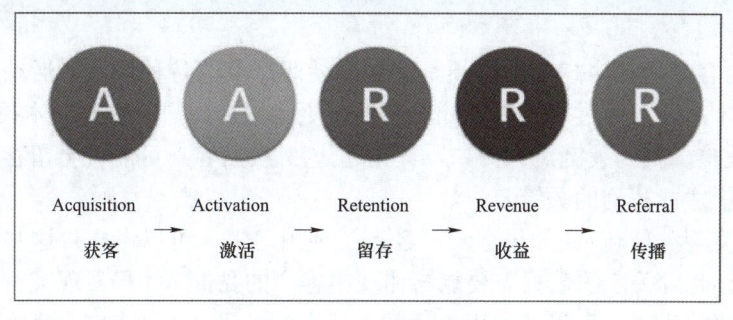

图 7-2　AARRR 模型

（1）客户获取。从客户获取的角度来看数据，一般关注的重点会放在获客渠道、不同渠道的付费推广费用、下载量等数据上，根据这些数据再进行细致分析，便可以在客户获取环节上尽可能降低成本，提升获取的客户数量。

例如，某 APP 在不同的渠道都做了付费推广，前期在各个平台上投入的费用都是一致的，推广一段时间后发现，A 渠道带来的下载量较低，可以考虑继续分析下载量低的原因是什么，是在 A 渠道的投放位置不佳还是落地页不够吸引人？或者是 A 渠道本身的客户群体与企业自身 APP 的目标人群不太一致？通过表现出来的现象可以进一步发现各种问题，然后逐一去验证。如果是人群不匹配，那么后面可能就会将该渠道的推广费用转移到其他渠道上；如果是因为投放位置或者落地页的问题，那么就做出相关改进。

（2）客户激活。客户激活紧跟在客户获取之后，此时更需要提升客户对平台的第一印象以及基础体验。客户激活对应的数据有注册率、注册后客户关注的功能等。如果在获取客户时已经有大量客户下载，但到了这个环节注册客户并没有达到预期数量，就需要针对注册流程当中的每一步进行数据分析，看客户是在哪一步跳出了，然后对流程或者页面进行调整。

为了给后续的客户留存带来提升，一方面要通过数据分析来发掘问题继而改进产品，另一方面在产品设计上要加入适当的引导和福利。

（3）客户留存。当客户被激活并开始活跃时，接下来考虑的重点就需要放在提高客户留存率上。因为客户虽然开始活跃，但如果没有长期地留在平台上，最终还是很难为平台带来预期收益。在这方面需要关注的数据主要是留存率，包括次日留存率、周留存率、月留存率等。

在得到留存率的数据基础上，还可以进一步分析，如次日留存比正常水平高、周留存却远低于正常水平，可能对于客户而言，平台针对新人的引导或者福利更有吸引力，但平台没有长期激励客户的机制，导致客户几天后就逐渐不再依赖平台。对此可以尝试建立打卡机制，采用连续打卡会有额外奖励等方式，促使客户尽可能长期留存。

客户激活与留存息息相关，必须放在一起去分析，主要有以下四种提升方式：

① 有效触达，唤醒客户。手机推送、短信和微信公众号提醒等能够触达客户、唤醒沉睡客户的方式是提升留存非常有效的方法之一，如老客户短信召回。召回肯定是有成本的，所以要根据客户的以往行为进行分析定位，找到召回率最高的那部分客户。

② 搭建激励体系，留存客户。好的激励体系可以让平台健康持续发展，让客户对平台产生黏性，提升留存率。通常使用的激励方式有成长值会员体系、签到体系、积分任务

体系等。

③ 丰富内容，增加客户使用时长。例如，游戏产品的各种玩法、活动本身就吸引客户投入时间成本；游戏通过不断强化社交属性，更能增加用户黏性与成本投入。

④ 数据反推，找到关键点。例如，评论超过 3 次后客户可能就会留存下来。这是需要通过数据分析才能找到的关键节点。

（4）客户变现（转化）。如果客户已经有了使用习惯，可以考虑将这些客户转化为企业的付费客户。此时关注的数据需要能够体现出客户的黏性。如果发现某些客户的类似数据表现超出了平均水平，可以考虑用合适的方式在产品设计上将其转化为付费客户。

（5）推荐传播。平台发展到一定的阶段后，一方面需要不断拓展渠道拉新，另一方面如果能够让老客户形成自发的口碑式传播，无论是从成本方面还是从品牌推广方面，都会给平台带来良性影响。在这个过程当中，客户的忠诚度以及与客户传播相关的数据就成了需要关注的重点，如客户分享量、分享到不同渠道量、生成相应海报量等。在不同的数据情况下再进行细分和分析，根据不同的数据情况进行调整。

应该注意 AARRR 模型在客户生命周期中各个环节上的不同指标数据，最重要的还是对不同阶段的营销效果进行具体分析。

拓展阅读

AARRR 模型应用——喜马拉雅 FM 分析

下面利用 AARRR 流量漏斗模型对喜马拉雅 FM 的营销行为进行分析。

1. 客户获取

（1）线下推广（城市代理地推＋线下广告）：城市服务商招募主要将产品推广渠道下沉，通过当地的人脉资源和活动组织等带来客户流量，作为线上推广的补充。

（2）线上推广（冠名大型活动/节目＋跨平台合作）：喜马拉雅与浙江卫视曾在春节来临之际合作组织"思想跨年活动"，让各大 KOL 围绕年轻人关注的热门关键词进行讨论直播。

2. 客户激活

为提升客户体验，喜马拉雅在"千人千面"的产品推荐定制界面、运营（会员权益和新人优惠）营销（硬件产品）上下了不少功夫。例如，通过策划一系列小雅 AI 音箱的故事，让不同年龄段的孩子对其音频内容的不同需求都能得到满足，解决孩子的文化娱乐需求。同时该产品在成人工作、休息场景中均有智能应用设置，让客户为该硬件产品的接入感到兴奋，从该衍生品间接拉动喜马拉雅的客户量。

3. 客户留存

在"66 会员日会员 5 折解锁攻略"上通过三部曲、分享免费领会员进行大范围的推广和营销，通过"限量 6 666 件 0 元秒杀、分享即可得××月会员＋××张券＋××礼物抽奖"的促销设计，让客户产生稀缺心理。该活动迅速在全网得到宣传推广，不仅让老客户继续使用产品，而且直接促进拉新率提升，提高客户增长量。

4. 客户变现

利用付费课程（大师课、精品小课、直播微课），会员（包月/包年）畅听套餐以及商城内部的智能硬件产品拉动客户消费。同时通过位置广告、音频广告、电台广告等进行活动变现。

5. 推荐传播

通过分享课程赚取佣金，分享课程打卡拉新得优惠券，赠送好友听书、免费领取福利等促销活动，以及喜马拉雅小程序课程免费派送活动达到裂变传播的目的。通过以上关键运营步骤与产品生命周期的梳理，可以看出喜马拉雅FM产品的营销过程涉及AARRR模型中的各个要素，但它并未按照模型的传统顺序进行客户的增长与筛选，而是并列或者同时出现其中的多个环节或过程。

3. 其他数字营销效果分析方法

（1）逻辑树分析法。逻辑树分析法是把复杂问题拆解成若干个简单的子问题，然后像树枝那样逐步展开。在逻辑树中，每一层都是下一层的总结概括，同个树干内的延伸范围相同，不同树干的延伸范围相互独立。在使用问题树时，将一个已知问题当成树干，然后根据相关问题增加树干或树枝，可以更全面地找到相关项。在拆解时，应注意树干间的平衡，假设某个树干上的树枝过多或过长，其上层的拆解维度可能不正确。

例如，需要对站外推送触达率低的问题进行分析，可以按照逻辑树分析法将问题拆解为安卓和iOS送达率低的问题，然后再继续拆分，严密地探索问题背后的原因，将问题表面化，以因果逻辑为线索，在深度与广度上寻找问题的原因。

（2）5W2H分析法。5W2H即何因（Why）、何事（What）、何人（Who）、何时（When）、何地（Where）、如何做（How）、何价（How Much），主要用于客户行为分析、业务问题专题分析、营销活动分析等。该分析方法是一个简单、方便又实用的工具。下面以营销活动效果分析为例进行说明。

① Why：活动的目的和意义是什么。线上活动主要关注拉新、促活和留存这些数据指标。因此，在活动运营方面可以分别针对这三个指标进行活动设置。

② What：活动的主题是什么，具体介绍如表7-2所示。

表7-2　线上线下活动介绍

分类	项目	说明
线上活动	收入	收入关联的因素有客单价和销量，活动中需要针对爆款以及销售模式进行包装，如一人多单（商品打包出售）、一单多人（团购）、预售抢购、限时限量秒杀、全场折扣、积分兑换等
	定位	面向人群特点，结合时下公众关注的热点
	客户	分别针对拉新、促活和留存这三个指标进行营销活动设计
	活动成果及产出	企业或商家的收获
线下活动	主题	好的主题往往意味着强大的号召力与传播力
	收入	门票、报名费、服务费等
	定位	针对核心客户（全体客户、高端客户、行业）的大会，结合时下公众关注的热点等
	客户	转化、曝光、传播等
	活动效果及产出	企业的收获

③ Who：活动面向哪些群体，具体群体分析如表7-3所示。

表7-3 活动具体群体分析

分类	项目	说明
线上活动	受众群体	客户画像：年龄、性别、岗位、地域、行为习惯、兴趣爱好、合作伙伴等
	活动组织者	主要包含产品、设计师、程序员、测试员、项目经理、客服等；负责人统筹全局，协作者负责跨部门、跨第三方进行邀约、整体活动策划、内容策划、活动推广、数据分析、活动后期跟进等
线下活动	组织方	企业市场部、运营部、品牌部、公关部等
	协作方	以企业内部其他部门作为内部协作方，以企业外部各第三方机构作为外部协作方（如广告设计公司、物料公司等）
	客户方	老客户、意向客户等
	媒体方	邀请的各方媒体
	嘉宾方	邀请分享的嘉宾或出席的嘉宾等
	领导方	公司老板是否出席，公司活动是否邀请母公司重要领导等

④ When：如何安排活动时间和周期，具体时间安排如表7-4所示。

表7-4 活动具体时间安排

分类	项目	说明
线上活动	时间节点	即活动预热时段，包括活动开始的时间节点，活动结束及复盘的时间节点
	活动周期	即活动的时长，活动多久举办一次？是可复制的长期活动，还是一次性活动？若是周年庆，则是一年一次，若是常规活动，则可以设置一定周期并规划下次复盘周期，以针对不同的时间段调整活动力度
线下活动	活动节点	预热、传播、结束、复盘时间和时机的选择
	人员节点	各方人员到达的时间、出席的时间、返回的时间等
	活动流程	活动流程以及每个流程持续的时间
	特殊情况	特殊或意外事件耽搁的时间等

⑤ Where：活动地点在什么地方，具体地点分析如表7-5所示。

表7-5 活动具体地点分析

分类	项目	说明
线上活动	流量入口	站内入口：自身产品广告位（Banner、贴片、按钮、链接等） 站外入口：搜索引擎、新媒体、微信、微博、短信、电子邮件等
线下活动	目标地点	各方人员的到达地点、送回地点
	活动地点	活动举办场所、签到区、互动区（如产品体验区、拍照互动区、抽奖区等）

续表

分类	项目	说明
线下活动	休憩地点	各方人员的住宿地点、用餐地点、转场地点等
	物料地点	各物料布置区及放置地点
	协作地点	第三方协作机构站位区（如礼仪、保安站位区等）
	划分地点	其他区域或场所划分
	预热地点	活动预热、传播场所

⑥ How：活动策略是怎样的，具体策略安排如表7-6所示。

表7-6 活动具体策略安排

分类	项目	说明
线上活动	明确重点	产品的卖点、主推爆品、主题、话题、活动形式
	人员分工	主要包括设计师、程序员、测试员、项目经理、客服等
	工作内容	线上主要画流程图、原型、写需求文档、交互、视觉、重构、开发、培训、发布
线下活动	明确重点	活动主题、嘉宾、活动形式、销售线索、互动环节等
	人员分工	主要包含策划、文案、设计、现场人员等
	工作内容	线下主要写策划书、预订场地、培训、场景布置等
	渠道推广	主要方向是整合自身渠道资源，挑选合适的自媒体和有影响力的媒体等
	时间把控	详细列出每个事项的开始和验收时间节点，及时跟进每项任务的进展情况等

⑦ How much：活动投入产出是怎样的，具体分析如表7-7所示。

表7-7 活动投入产出具体分析

分类	项目	说明
线上活动和线下活动	成本	举办活动的所有投入成本，包括人力成本和时间成本
	产出	举办活动的所有利益所得，不仅限于实际收入

（3）群组分析法。群组分析法（也叫同期群分析方法）是按某个特征将数据分为不同的组，然后比较各组数据的方法。群组分析法在生活中经常可见。例如，在学校上体育课的时候，考虑到男生和女生的运动项目不一样，体育老师会把男生分为一组打篮球，女生分为一组跳绳。这其实是按性别对学生进行分组。

群组分析法是分析客户的留存率与流失率随着时间发生的变化，以及客户留下或离开的原因的重要方法。例如，很多访客在首次访问时不会注册，多次访问后才进行注册。这些网站会存在许多未注册的访客。通过群组分析法可以查看客户平均注册转化的天数。这时，群组分析法是检验网站持续影响力和再营销效果的方法。

再如，产品版本更新是导致客户增长还是流失？可以按照客户使用产品的月份特征进行客户数据分组，分为1月客户组和2月客户组。对比两个数据组的客户留存率随着时间变化的结果，按月份特征分组分析留存流失问题，再细致分析每组客户的留存率和流失率变化的原因。

拓展阅读

中国平安保险集团营销数据分析职位的岗位职责及任职要求

1. 岗位职责

（1）负责公司电子商务渠道的日常运营，收集和汇总营销数据。

（2）搭建业务监控与数据分析体系，分析、定位问题和原因，帮助管理层和业务部门及时发现问题，把握运营方向。

（3）基于数据使用场景对数据进行梳理，推动底层数据建设，制定数据采集方法和数据使用规范，负责口径管理、原数据管理、数据清洗等工作。

（4）通过每天的数据，找出异常情况并编制报表，形成报告。

（5）配合产品、运营的需求，对用户行为数据进行数据挖掘、深度分析并形成分析报告。

（6）负责提供相关日、月结算统计报表与分析报表。

（7）判断、理解并快速响应业务数据需求。

2. 任职要求

（1）具有3年以上数据分析经验，具有丰富的电子商务行业数据分析和数据产品经验。

（2）熟悉传统电子商务、微商及其他相关平台电子商务模式，具有较强的商业、数据和业务敏感性，具备良好的逻辑分析能力，对数字敏感，能够系统性地思考和分析问题，同时具有较好的分析总结能力和数据报告呈现能力。

（3）熟练使用相关工具，能够熟练编写数据产品相关文档。

（4）熟练掌握 Hive SQL，熟悉 Excel 各类函数，能够熟练使用 Excel 与 Python 两种工具分析数据。

（5）工作细心，执行能力强，能够承受一定的工作压力。

工作任务二　数字营销效果优化

一、营销效果优化思路

1. 识别各渠道重要性

目前，跨渠道营销活动正在更大范围中应用，数字营销人员通过对各渠道的效果进行评估，以确定哪些渠道可以实现最终转化，因为在重要性上，并不是所有渠道都是平等的。数字营销人员需要通过对转化过程中各个渠道的接触点进行分析，确定每个渠道对最终转化的影响程度，以掌握哪些是促进转化的关键渠道，哪些是次要的辅助渠道，集中精力于重要环节，合理分配资源。

2. 分析促进转化的渠道

由于来自不同渠道的流量转化效果会有所区别，所以企业在评估营销效果时，需要考虑流量的渠道类型。企业可以通过各渠道转化率的对比，分析不同渠道的转化效果以及每个渠道的性价比和创造客户的能力。根据每次活动的预算，来进行渠道选择和预算分配，从而让数字营销效果最大化。

如果两个渠道提供相同数量或相当体量的转化，但是其中一个渠道需要 2 个接触点，另一渠道可能需要 20 个接触点，那么它们的价值就是不平等的。针对每个促进转化的渠道进行预算和资源量的分析，以确保每个渠道发挥其最佳效果。

3. 开发长尾渠道价值

"长尾渠道"是指主流渠道之外的一些中小型规模的细分渠道。例如，对于电子商务而言，互联网广告、搜索引擎推广、电子邮件营销等是其主流渠道，而相对来说社交媒体渠道是其长尾渠道。相对于主流渠道来说，长尾渠道未必和行业直接相关或直接带来大量流量和转化，但由于其规模庞大，数量大，整体效果也不容小觑。在现实的操作中，一些数字营销人员常常因为长尾渠道需要的投放时间长，投放工作更琐碎，转化所需时间可能更长，而无法有效开拓和利用这部分市场潜力。但是在行业内大企业纷纷占据了主流渠道资源，中小企业面临挤压和资源限制时，通过分析目标受众和潜在客户，深挖长尾渠道价值的蓝海，正确投入资源预算，也可以取得可观的 ROI。

4. 优化利用促销策略

如果企业计划在市场上推出促销策略时有三种选择：免运费、10%折扣、买一赠一，那么，如何确定优先使用哪种策略，在什么时间使用这些策略可以获得最好的结果呢？应该根据最有利于企业促销策略的优先排序和相关信息，来确定如何吸引潜在客户，以及使用何种最有效的组合策略推动最终转化。

5. 寻找定位目标客户的最优渠道

许多企业组织习惯利用自身已有的各种资源渠道寻找目标客户，如广告、邮件、短信等。这些企业通常是全渠道推送内容触及客户，这通常会导致客户抱怨信息骚扰，其结果并不尽如人意。因为企业并不清楚目标客户在哪里，以及这些目标客户是如何转化的，所以也就无法找到触及这些目标客户成本较低但效果更好的合适渠道。例如，触及某部分目标客户的最优渠道是电子邮件，而企业用的是显示广告或其他组合渠道，那么营销资源就无法得到有效的利用。

6. 研究 SEM 关键词

虽然付费搜索引擎营销是费用最高的营销推广渠道之一，但事实上许多公司的市场营销人员并不重视它，在关键词的投放及竞价策略上往往缺乏研究或过度依赖服务商。事实上，不同行业或不同公司的关键词选择策略效果差异巨大，市场营销人员需要掌握哪些关键词真正驱动了客户转化，哪些关键词最能吸引客户的点击关注，哪些关键词虽然看起来重要但是可有可无。此外，还应花费精力研究那些未含品牌名但促进了转化的潜力关键词。

7. 建立绩效评估基准线

品牌特质所赋予的独特价值，使每个品牌都具有即使没有采取任何营销工作，依然能够吸引消费者并带来转化的能力。如何区分和衡量数字营销的价值，需要有一个评估所有渠道的基准线，这个基准线可以帮助数字营销人员确定哪些数字营销活动及策略实际上是有效的，哪些甚至可能导致了负面的影响；企业也可以避免品牌主观假设和数据误判，对自己的营销活动进行客观评价和预算优化。

8. 全方位多渠道整体运作

基准线的建立让数字营销人员可以评估所有的渠道，以确定客户转化路径中发挥作用的有效渠道。从整体视野来看，这种营销效果可以明确如何最有效地分配资金和资源，从而在全方位多渠道数字营销环境中了解每个渠道的作用和情况，而不是单个渠道的分割表现。

拓展阅读

中国电信搜索门户"10000 知道"的搜索引擎优化

"10000 知道"是中国电信集团公司推出的首个面向客户的互助开放式电信客服知识搜索门户。在此平台上，公众可进行自发询问，搜索获取匹配结果，也能自答问题并通过以上行为获得奖励。这意味着，通过这一模式，公众不再只是单纯的受众，而同时成为信息的传播源，使知识分享效果达到最佳。

营销问题：

（1）"10000 知道"网站创立以来，流量虽稳步上升，但上升幅度较小，用户基数仍低于预期。

（2）"10000 知道"需要进行专业网站指导优化，提升排名和曝光率，建立知识搜索门户网站和深度互动社区。

优化成果：

通过对行业特性和竞争对手进行研究，获取网上热门标签词，再结合"10000 知道"自身情况对网站进行整体优化，提升其排名和曝光率。

（1）日均搜索 UV 较上月增长 75，增长率达 15%；日均搜索 PV 较上月增长 107，增长率达 18%。

（2）月搜索流量增长，搜索 UV 较上月增长 3 808，增长率达 28%；搜索 PV 较上月增长 5 128，增长率达 30%，网站流量实现有效增长。

二、营销效果优化技巧

1. 曝光优化

（1）渠道（媒体）优化。在数字营销活动及广告投放执行中，根据媒体目标人群匹配度（即媒体能覆盖到的目标人群比例）、媒体重合度（即多媒体之间的目标人群重合比例）、媒体饱和度（即该媒体中已投放覆盖到的目标人群占总目标人群的比例）以及媒体投放表现（即点击率、转化率等）等来合理分配投放预算配比，做出最优的媒体组合策略，从而以最少的投入获得最大的广告回报。

（2）广告资源位优化。选择了正确的广告资源位，意味着能产生更多的曝光，也才有可能让受众与广告进一步互动，如点击、咨询或转化等。可以根据广告位的可视化数据（广告可视率）来进行优化，分析不同广告位的可见程度，从而过滤可见度较低的广告位，抢占优质广告位，以最大化提升广告可见性和最终效果。

（3）出价优化。广告出价可以遵循以下几大基本优化原则：第一，新广告应在系统建议出价的基础上再提升 30%～50% 出价，以争取最初曝光；第二，持续关注广告投放数据，如果数据走势上扬或稳定，可尝试降价。降价幅度不宜过大，应平缓降价并观察曝光率、点击率变化；第三，广告的定向越窄、人群越精准、质量度越高，相应的客户获取成本越高，因此要针对不同精准度的流量采用阶梯出价法。

（4）频次优化。进行频次优化的主要目的是降低客户干扰和投放成本、保证广告或活动的投放效果。一般而言，通常会采用 3 次或 3 次以上的频次。控制理论认为这样可以让客户对品牌产生一定的记忆度。在实际频次优化过程中，必须针对不同行业、品牌的多次真实投放数据表现来分析、制定出差异化的频次控制标准。例如，根据投放经验总结和投放数据分析，汽车行业的最优频次是 6 次左右；而女性化妆品行业，频次在 2 次左右时效果最佳。

2. 点击优化

（1）创意（素材）优化。要想在效果类广告或活动中多抓取一批客户，吸引他们注意到广告或活动，使他们愿意去点击并进一步深入了解，高质量的创意尤其重要。创意优化可遵循以下几个原则：第一，在新广告训练期内（1～7 天），若点击数据持续不佳，可考虑暂停或更换素材；第二，建议将可用规格均提交上线，以避免因规格缺失而造成曝光不足；第三，制作多版创意（建议每个广告位 6 版左右）以进行个性化展示，在实际广告活动投放执行中利用群组分析等方法，用实际数据反馈来选择出点击率最好的创意（素材）；第四，建议每周更新素材量。

（2）定向优化。定向，是为了将广告或活动精准地投放给想要投放的对象，从而提高投资回报率。在充分了解品牌的市场定位、产品功能、人群定位、活动预算等信息，进行初步的定向设置以后，需要根据不同定向维度的点击率情况进行调整优化，对优质项进行延展，对劣质项进行止损。此外，根据细分行业不同，采用"通用定向（性别、年龄、地域）+兴趣定向"等多种定向组合投放的形式进行测试，并逐步选出最优定向组合策略。但这里需要注意：并不是选择的定向条件越多越好——因为设置很多标签虽然可以定向精准人群，但也会导致广告曝光不足，并且会提高客户获取成本。最后还要注意，若点击中出现异常点，需要分析是否为恶意点击现象，进而实时、有效地规避。

3. 转化优化

在从访问到转化的过程中，落地页是关键，所以转化优化主要是指落地页优化。由于落地页导致客户流失的现象主要有以下几种：落地页的访问打开速度慢，客户点击广告后等了半天，页面却没打开；广告或活动素材和落地页相关性弱，如广告"点击即领优惠券"，结果落地页完全看不到这个活动；落地页内容没有吸引力、杂乱无章或让客户毫无安全感；整体转化流程（如注册）太麻烦；点击广告后，没有跳转至相关落地页，而是需要先下载

· 213 ·

APP；客户进入网站后，有问题找不到客服QQ或电话，想付款却看不到明显的付款按钮。

在进行落地页优化时要关注跳出率、二次跳出率等数据，还要重视客户评价等反馈信息并结合热图工具分析客户访问落地页后的行为，了解落地页哪些内容吸引了大多数访客的注意、哪些页面内容会造成客户的快速流失，从而根据监测分析来指导品牌进行落地页调整，从而最大化提升转化率。

曝光、点击、转化三个阶段息息相关。而优化的目标就是在每一阶段的影响要素拆解细分的基础上，使各个要素环环相扣、相辅相成，从而找到最佳投放组合策略，让它们产生良好的化学反应，最终实现广告效果的最优化。

拓展阅读

联想集团数字营销经理（数据分析方向）岗位职责及任职要求

联想集团在智联招聘发布的数字营销经理（数据分析方向）职位的具体岗位职责及任职要求如下所示：

1. 岗位职责

（1）负责数字营销管理平台数据系统底层数据的梳理，能参与产品设计、开发跟进、功能测试、数据整合、标签分类、迭代优化等全链路的工作。

（2）深度了解市场营销各渠道推广方式，进行数据指标体系的建设及分析模型的建设及优化，推动部门数据化运营。

（3）基于客户的旅程（偏商用方向）提供实时监控和效果优化，提升每一个节点的KPI。

（4）针对各业务现状进行专项分析，找出问题并给出解决方案，用数据驱动业务增长。

（5）根据各业务和平台需求提供数据分析维度，参与、设计且形成可视化报表。

（6）按需求提供日报、月报、季报以及专项报告。

2. 任职要求

（1）有5年以上数据分析经验，对数据敏感，有直接通过数据驱动业务增长的典型案例。

（2）有5年以上互联网公司工作经验，深度了解营销渠道推广方式，有电子商务互联网数据运营经验、市场推广经验者优先。

（3）具备较强的沟通表达能力，思维敏捷，学习能力强，执行力强，有良好的责任与服务意识并能承担高强度工作压力。

（4）熟悉数据运营的各种工具，有较好的数据敏感性，精通Excel，熟练使用PPT。

任务演练

数字广告综合应用

一、任务目标

（1）能根据给定的数据图表，分析企业网站信息、企业产品或服务信息等数据、目标受众特征。

（2）能根据数据分析结果，借助推荐引擎，完成推荐引擎广告营销。

（3）能根据数据分析结果，借助搜索引擎，完成搜索排名优化和搜索竞价排名广告。

二、任务背景

在给定的营销预算范围内，为舒果集团开展一系列的数字营销活动，通过搜索引擎与推荐引擎增加网站展现量、点击量和点击率，提升品牌认知度，达到品牌传播的目的。舒果的企业网站与重点产品的介绍如下：

（1）网站介绍。舒果——诠释"自然养肤"理念，开发出一系列美白、保湿、控油产品，让肌肤内在重获健康，自然、主动而且持久地筑起肌肤外在的美丽。舒果官网是舒果集团面向全国服务的官方网站，直营公司旗下所有产品，包括眼霜、精华、面膜、防晒霜、洗面奶等多种护肤产品，同时提供客户服务及售后支持。

（2）眼霜。眼霜是指可以缓解由紫外线照射、长时间计算机辐射、不良生活习惯等导致的黑眼圈、眼袋、鱼尾纹和脂肪粒等问题的化妆品。基本参数包含产品名称、品牌、产品类型、适用人群、产地、净含量、功效、主要成分、产品颜色、产品气味、包装设计、适用部位、限制使用日期、批准文号、规格类型、是否为特殊用途化妆品等。

（3）精华。精华是含有功效成分多、功效齐全、使用效果明显，可以改善皮肤状况的化妆品。基本参数包含产品名称、品牌、净含量、功效、主要成分、产品质地、产品气味、包装设计、保质期、上市时间、产地、适合肤质、批准文号、规格类型、是否为特殊用途化妆品等。

（4）面膜。面膜是敷在脸上用于美容的护肤品。基本参数包含产品名称、品牌、面膜分类、净含量、功效、主要成分、包装设计、保质期、上市时间、产地、适合肤质、批准文号、规格类型、是否为特殊用途化妆品等。

（5）防晒霜。防晒霜是指添加了能阻隔或吸收紫外线的防晒剂来达到防止肌肤被晒黑、晒伤的化妆品。根据防晒原理，可将防晒霜分为物理防晒霜、化学防晒霜。基本参数包括产品名称、品牌、净含量、PA 值、防晒指数、适合肤质、适用部位、适用对象、功效、主要成分、包装设计、保质期、上市时间、产地、批准文号、规格类型、是否为特殊用途化妆品等。

（6）洗面奶。洗面奶属于洁肤化妆品，其目的是清除皮肤上的污垢，使皮肤清爽，有助于保持皮肤正常生理状态。基本参数包括产品名称、品牌、界面分类、净含量、适合肤质、适用部位、适用对象、功效、起泡程度、产品质地、主要成分、包装设计、保质期、上市时间、产地、批准文号、规格类型、是否为特殊用途化妆品等。

三、任务分析

本任务要求在给定的营销预算范围内进行一个周期的营销推广。需要查看企业背景，分析企业信息与商品详细信息；查看目标受众的基础信息、兴趣信息、时间地域分布情况，明确搜索引擎营销和推荐引擎营销的方向。在进行推荐引擎营销时，最重要的是根据目标受众分析的结果，确定目标受众定向的方式，进行定向受众出价时，可以参考兴趣人群的建议价格，在建议价格的左右出价。搜索竞价营销主要是关键词的购买与出价，可以按照商品建立多个推广计划，逐个商品添加关键词，关键词可以根据商品的核心关键词进行拓展，添加时要参考关键词本身的搜索人气、点击率等数据，对于添加后的关键词，需要进行质量度判断，删除质量度为"0"的关键词或质量度较低的关键词。出价的调整需要参考预估排名。搜索排名优化过程中，要不断判断关键词与企业信息的相关性、关键词的搜索人气、相关关键词的个数等因素。

四、任务操作

（1）推荐引擎广告营销。根据企业网站介绍与产品或服务介绍，结合营销预算，制定并落实推荐引擎广告营销策略。通过人群标签定向，圈定目标受众，以付费方式获得不同广告位置网页信息的强势展现机会并带来更多的点击。将信息传递给目标受众，促进品牌认知度与商业价值变现。具体包括设置推广计划、设置推广单元、设置精准投放条件、添加创意等操作。

（2）搜索竞价营销。根据营销预算、企业信息及企业商品进行搜索引擎竞价营销；通过关键词定位主动搜索的目标受众，以付费方式获得目标受众检索关键词时网页的展现机会并带来更多的点击；将信息传递给目标受众，促进品牌认知度与商业价值变现。具体需要进行推广计划、推广单元、关键词添加与出价、创意添加等操作。

（3）搜索排名优化。根据企业网站介绍与产品或服务介绍，进行网站主页标题、关键词的优化与产品或服务页的标题、关键词优化。通过搜索中心对每个关键词进行检索，查看网页的实时排名，在以免费的方式获得目标受众检索关键词的同时，尽可能多地增加展现机会，将信息传递给目标受众。

五、任务评价

本任务评价内容如表 7-8 所示。

表 7-8　数字广告综合应用任务评价

评分方式	客观评价
评分内容	展现量、点击量、搜索排名优化得分
	推荐引擎营销与搜索引擎营销的效果反馈均通过展现量和点击量，搜索排名优化的效果通过 SEO 值反馈，均由系统自动计算。展现量满分 5 分、点击量满分 6 分、搜索排名优化满分 4 分，总分 15 分。采用常模参照型评分方式，即在整个班级账号内，每项效果最好的学员获得该项成绩的满分，其余选手以与该项第一名的比值作为权重进行加权计算，总分为三项成绩之和。 具体计算为：展现量最高的学员获得展现量得分 5 分，点击量最高的学员获得点击量得分 6 分，SEO 值最高的学员获得搜索排名优化得分 4 分。其余名次参赛学员的展现量成绩=5 分×本参赛学员展现量/展现量第一名学员的展现量，点击量成绩=6 分×本参赛学员转化量/点击量第一名学员的点击量，搜索排名优化成绩=4 分×本参赛学员搜索排名优化 SEO 值/搜索排名优化第一名的 SEO 值。各参赛学员最终成绩=展现量成绩+点击量成绩+搜索排名优化成绩

六、任务拓展

服翔官网是服翔集团面向全国服务的官方网站，风格清新明快、现代简约。服翔官网直营公司旗下所有产品，包括衬衫、T恤、卫衣、连衣裙、半身裙、西装、棉衣、羽绒服、外套等多种女装服饰产品，同时提供客户服务及售后支持。

在给定的营销预算范围内，为服翔官网开展一系列的数字营销活动，需要分析平台给定的企业网站信息、企业产品或服务信息等数据，结合目标受众的偏好，借助推荐引擎进行推荐引擎营销；结合目标受众的搜索行为，借助搜索引擎进行搜索排名优化与搜索竞价营销。通过搜索引擎与推荐引擎可以增加网站展现量、点击量和点击率，提升品牌认知度，达到品牌传播的目的。

自测题

一、单项选择题

1. 以下属于线上数据获取的技术方式是（　　）。
  A. 免费开源　　　　　　　　　B. 线下调研数据
  C. 数据埋点　　　　　　　　　D. 企业内部数据
2. 以下可以用来分析内容黏性的指标有（　　）。
  A. 阅读页停留时长　　　　　　B. 内容覆盖人数
  C. 分享渠道　　　　　　　　　D. 分享次数
3. 在客户获取阶段，可以进行效果评估的指标是（　　）。
  A. 流失率　　　　　　　　　　B. 日新增客户数
  C. 次日留存率　　　　　　　　D. 活跃率
4. 互动营销常用的效果分析方法是（　　）。
  A. SWOT 分析法　　　　　　　B. AARRR 分析法
  C. RARRR 分析法　　　　　　 D. RFM 预测分析法
5. 以下属于曝光优化内容的是（　　）。
  A. 渠道（媒体）优化　　　　　B. 落地页优化
  C. 点击量优化　　　　　　　　D. 转化量优化

参考答案

二、多项选择题

1. 以下属于广告营销效果分析的常用方法有（　　）。
  A. 四象限分析法　　　　　　　B. 广告营销漏斗分析法
  C. 对比分析法　　　　　　　　D. TOP-N 分析法
2. 以下属于互动营销客户获取阶段评估指标的有（　　）。
  A. 渠道曝光量　　　　　　　　B. 次日留存率
  C. 日新增客户数　　　　　　　D. K 因子
3. 以下属于营销效果优化思路的有（　　）。
  A. 识别各渠道的重要性　　　　B. 开发长尾渠道价值
  C. 建立绩效评估基准线　　　　D. 全方位多渠道整体运作
4. 以下属于点击优化内容的有（　　）。
  A. 广告位优化　　　　　　　　B. 创意（素材）优化
  C. 定向优化　　　　　　　　　D. 出价优化
5. 为了提升客户留存率与活跃度，可采用的方法有（　　）。
  A. 有效触达，唤醒客户　　　　B. 搭建激励体系，留存客户
  C. 丰富内容，增加客户在线时长　D. 数据反推，找到关键点

三、判断题

1. 逻辑树分析方法是把若干简单问题整合成一个综合问题。（　　）

2. "长尾渠道"在数字营销中并无用处。　　　　　　　　　　　　（　　）
3. 在采集营销效果数据时，只需要采集企业内部数据即可。　　　（　　）
4. 在进行落地页优化时，既要关注跳出率等数据，又要重视客户评价等反馈信息。
　　　　　　　　　　　　　　　　　　　　　　　　　　　　　（　　）
5. 广告营销漏斗模型适用于目前大多数互联网广告。　　　　　　（　　）

参 考 文 献

[1] 百度营销研究院. 百度推广搜索营销新视角［M］. 北京：中国工信出版社，2021.
[2] 徐汉文. 数字广告营销［M］. 北京：高等教育出版社，2021.
[3] 王华新. 商务数据分析［M］. 北京：中国工信出版社，2021.
[4] 罗丹，马明泽. 信息流广告实战［M］. 北京：中国工信出版社，2021.
[5] 阳翼. 数字营销［M］. 北京：中国人民大学出版社，2022.
[6] 王鑫，张晓红. 数字营销基础［M］. 北京：高等教育出版社，2021.
[7] ［美］查克·希曼，肯·布尔巴里. 数字营销分析［M］. 北京：机械工业出版社，2021.